JN086366

新・MINERVA
福祉ライブラリー
35

社会を変えるソーシャルワーク

制度の枠組みを越え社会正義を実現するために

東洋大学福祉社会開発研究センター 編

ミネルヴァ書房

ま え が き

　いま様々な「社会問題」が潜在化し，また顕在化してきている。ソーシャルワークの実践では，「いま・ここ」(Here and Now) をとらえる視点が重要だとされている。「いま・ここ」にある場面が，未来の「いま・ここ」に大きな影響を及ぼすことになるからである。ソーシャルワークにおける相談援助は，まさに「いま・ここ」におけるクライエントとソーシャルワーカーの信頼関係を基盤として，クライエントを取り巻く環境・時間・空間の交互作用を通じて展開される。また相談援助の場面でとらえられた問題の背景には，ミクロレベルだけではなく，メゾ・マクロレベルの問題があり，これらを包括的に把握することがソーシャルワークには求められている。つまり「いま・ここ」という「ローカル」な視点を持つことは，それらと密接に関係している異なる地域，国および人々，宗教，自然，環境等を世界，宇宙を含めて「グローバル」な視点を持つという「グローカル」な視点が，社会を変えるソーシャルワークに不可欠となる。また「いま・ここ」という視点と合わせて，そこに関わりをもつ「わたし」がいかに考え，どのように行動するのかが問われている。

　しかし国内外の現実は「いまだけ・ここだけ」そして「わたしのことだけ」を考えているのではないだろうか。地球温暖化，各国の経済政策，社会正義を振りかざしたテロリズム，国内では，文書改ざんや汚職等は後を絶たず，これらはその場面において「わたしだけ」の利益を追求した証左であろう。これらのニュースに多くの人々は辟易しつつも，そこにいる「わたし」は，「仕方がない」という言葉によってあきらめ，問題に向き合うことをせず，結局その「わたし」も「いま」「ここ」いる「わたしだけ」がなんとかなればよい，との思いに駆られてしまうのである。

　ソーシャルワークにおいても，この「仕方がない」と思われる場面が多く存在する。「人が集まらないから」「障がいが重いから」「認知症が進んでいるから」「社会資源が足りないから」「法律や制度で決まっているから」といった声

i

である。しかし，この「仕方がない」という言葉を使うことによって，自らを正当化し責任転嫁しているにすぎない。その結果，そのしわ寄せは福祉サービスの利用者が受けることになる。専門職の「仕方がない」は，専門職として「何もしない」と同義である。ソーシャルワークは，社会にあるこの「仕方がない」に向き合うことから，真の役割が発生する。「障がいが重いから，高齢化が進んでいるから，認知症が進んでいるから」こそ，何ができるのかを考えるのである。社会資源が足りないのであれば，社会資源を改変・開発しなければならない。利用者の声を代弁し，より良い制度や法律に変えていくことがソーシャルワークの働きである。

　「貧困とは…共に考えた」（「朝日新聞」2019年12月10日付朝刊）に，以下の対話が掲載された。貧困とは何か。自分にできることはあるのか。京都の高校生が2019年12月に，バングラデシュの経済学者でノーベル平和賞受賞者のムハマド・ユヌス氏と語り合った。高校生からの「『貧困とは』のカードを書くとしたら，ユヌスさんは何を書きますか」の質問に，ユヌス氏は，「機会を否定すること，と書きます」と答えた。また「どうすれば，貧困でない人たちが貧困の解決を望むようになるのでしょうか」という問いに対しては，「貧困は貧しい人たちの怠慢が原因ではなく，私たちのシステムが生み出したものだということです」「彼らに責任を押しつければ，罪悪感を抱かずにすむかもしれない。でも，彼らに何か足りないのではなく，私たちに足りないのです。私は，このシステム自体を変えるべきだと思う」と語気を強めた。さらに「資本主義，社会主義に代わるどんなシステムにすればよいと考えますか」に対しては，「現状に問題があるのは，我々のゲームが間違っていたからです。だったら，それを変えなければ。あなたたちが，再びゲームをデザインしなければなりません」と訴えた。

　社会問題の解決が困難なのは，それらが関わる複雑な歴史的，構造的，地政学的な「システム」によるからだ。したがって，どんなにお金と時間を費やしても解決できない。問題解決には，長い時間を要するものも少なくない。しかし一人ひとりが社会問題に向き合うことで，問題解決の糸口が見つかりやすく

なる。自分には関係ないと思わず，自分が当事者となったら，自分だったらどうするかを想像すること，また身近にある当たり前を当たり前だと思わないことが重要となる。また他者の痛みを，自らの痛みとして感じることができるかが求められている。この意識を高めていくことが，社会福祉学，ソーシャルワーク教育の命題である。

　ソーシャルワーク教育は，ムハマド・ユヌス氏が語る「再びゲームをデザイン」する力を修得するために，意識を変える教育のあり方を模索してきたのかもしれない。社会問題を自らの生活に引き寄せて考えることと，ソーシャルワークの価値を基盤に社会問題の解決に結びつけていく道筋を伝達できる力を修得するための教育体系づくりの議論を重ねてきた。特に本学科のソーシャルワーク教育を牽引してきた佐藤豊道先生との研究会の中で，佐藤先生の壮大なジェネラリストの考え方を教員が共有し，社会福祉学，ソーシャルワーク教育のベクトルを合わせていくための教材がほしいという強い思いから，本書の企画は始まった。佐藤先生の『ジェネラリスト・ソーシャルワーク研究——人間：環境：時間：空間の交互作用』（2001年）では，「我が国の社会福祉教育，特に，ソーシャルワーク教育においては，どの実践分野に進んでも，共通基盤をふまえた仕事が可能なように，ジェネラリストの養成が主流となっている。しかしながら，ソーシャルワーカーとしての仕事に就く場は，スペシフィックな場であるので，ソーシャルワーカーは急ピッチでスペシフィック・ソーシャルワークを取り組む必要に迫られることになる。この過程で，理論と実践の乖離が不用意に唱えられたり，悪しき現場主義が横行したりすることもないわけではない」と現状に警鐘を鳴らしつつ，「人間：環境：時間：空間の交互作用」の視座から，ジェネラリスト・ソーシャルワークの必要性を述べておられる。同時にそれは，「具体的な社会状況等に連動して仕事を行うソーシャルワークの特性からいって，体系化が完成することはありえないからである。ありえるのは，体系化の過程で，状況変革の努力や，状況に適合するように自らを作り替える時々の様相をさらけ出すこと」だからである。このように佐藤先生は，社会変革を志向するソーシャルワーカーは「いま・ここ」で自らも変革しつつ，

ソーシャルワークの価値を具現化していくこと，そしてそれを，誠実にさらけ出していくことができるソーシャルワークを目指すことの必要性を常に強調されていた。

　佐藤先生を中心に本書の執筆を重ねていたが，諸事情により先生のご退職が早まり，大黒柱を失った私たちが暗中模索の中にある時に，『ソーシャルワークのグローバル定義』が示された。その内容は，まさに佐藤先生のジェネラリスト・ソーシャルワークの考えそのものであり，これを基盤に本書を再構成していくことは，当初の企画と合致するとの思いを強くして，本書の出版に至った。『ソーシャルワークのグローバル定義』は，「ソーシャルワークは，社会変革と社会開発，社会的結束，および人々のエンパワメントと解放を促進する，実践に基づいた専門職であり学問である」から始まる。ソーシャルワークは，「よりよい社会をつくるために，社会を変えていく」ものであり，『ソーシャルワーカーの倫理綱領（社会福祉専門職団体協議会）』にある「人間の尊厳を大切にし，権利を擁護していく専門職であることを自覚すること，これを意識することなしには社会変革はなしえない」という考えにつながる。そしてまず，ソーシャルワーク教育に携わる私たちが，「いま・ここ」で自らも変革しつつ，誠実に『ソーシャルワークのグローバル定義』と真摯に向き合い，伝え続けていかなければならない。本書がソーシャルワークのミッションを確認することにつながり，パッションが高まるように活用していただければ幸いである。

　2020年2月

髙山直樹

目　　次

第1章 社会正義・人権・集団的責任・多様性尊重とソーシャルワークのグローバル定義 ——「ソーシャルワークの中核をなす諸原理」の関係性を考える

　ソーシャルワークのグローバル定義（以下，グローバル定義，2014年7月 IFSW 総会で採択。日本語定義は第2章参照）では，「社会正義」「人権」「集団的責任」「多様性尊重」が「ソーシャルワークの中核をなす諸原理」とされている。そこで本章では，この4つの原理に焦点を当てながらグローバル定義の意義を考えたい。

　まず，この4つの原理が相互に結びついていることを，福祉サービスの担い手の「義務」，とりわけ専門職の「義務」の視点から明らかにする。その上で，ソーシャルワークの価値としてすべての前提となる人権について，国連で採択された人権に関する主な宣言・条約や，日本国憲法の「公共の福祉」に関する議論を通じて学ぶ。次に，多様性を尊重する「人権に基づくアプローチ」（rights-based approach）の重要性と合理的配慮について考える。ここでは人権擁護の視点と対話に基づく実践の重要性を理解してほしい。また，自由と平等を追求する「社会正義」について，ロールズとセンの理論を通じて検討し，さらに「ラディカルソーシャルワーク」（radical social work）の視点から，抵抗のための「集団的責任」の意味について学ぶ。

　このようにそれぞれの原理の意味を理解した上で，最後に改めて諸原理の関係性について考えたい。本章では，社会を構成する一人ひとりはかけがえのない存在であり，その価値の前提に人権があるという立場で論じている。そしてその人権を考察する上で必要なのが社会正義であり，それに基づいて活動することが集団的責任であり，その努力の積み重ねによって成し遂げられるのが多様性尊重の社会であると捉えている。これらの諸原理の関係性を正しく理解することによって，社会を変えるソーシャルワークを展開する基盤を身に付ける

ことができると考える。

1 「ソーシャルワークの中核をなす諸原理」

　2014年7月にオーストラリアのメルボルンで開催された国際ソーシャルワーカー連盟（International Federation of Social Workers, IFSW）の総会でグローバル定義が採択された。この定義はその後，日本国内のソーシャルワーク関係団体（社会福祉専門職団体協議会国際委員会と日本社会福祉教育学校連盟）によって，次のように訳出され，後にこれが定訳となった。

　　　「ソーシャルワークは，社会変革と社会開発，社会的結束，および人々
　　のエンパワメントと解放を促進する，実践に基づいた専門職であり学問で
　　ある。社会正義，人権，集団的責任，および多様性尊重の諸原理は，ソー
　　シャルワークの中核をなす。ソーシャルワークの理論，社会科学，人文学，
　　および地域・民族固有の知を基盤として，ソーシャルワークは，生活課題
　　に取り組みウェルビーイングを高めるよう，人々やさまざまな構造に働き
　　かける。この定義は，各国および世界の各地域で展開してもよい。」

　本章では，このグローバル定義の中で「ソーシャルワークの中核をなす諸原理」とされている「社会正義」(social justice)，「人権」(human rights)，「集団的責任」(collective responsibility)，「多様性尊重」(respect for diversities) に焦点を当て，グローバル定義の意義を探究したい。

2 福祉サービスの担い手の義務

　まず，福祉サービスの担い手の「義務」の視点から，4つの原理について考えてみたい。「義務」の視点から考えるのは，専門職であるソーシャルワーカーの職責から4つの原理のつながりを確認するためである。

（1）義務の先行性

「義務の概念は権利の概念に優先する」というのは，フランスの思想家ヴェーユ（S. Weil'）の言葉である。彼女はそれに付け加えて「宇宙にたった一人しかいないと仮定するなら，その人間はいかなる権利も有せず，ただ義務のみを有することとなろう」（ヴェーユ 1967：21）と主張している。それは権利の成立のためには義務の裏づけが必要であることを意味している。

また，イギリスの歴史家でロンドン・スクール・オブ・エコノミックス（LSE）の教授であったトーニー（R.H. Tawney）は，『獲得社会』（*The Acquisitive Society*）の中で「社会は権利の維持のためではなく義務の遂行のために第一義的に組織されなければならない。…（中略）…しかし義務は権利と違って，それが課せられる目的に対して相対的なものである。権利は分裂の原理であって，人々が反抗することを可能にするが，義務は結合の原理であって人々を協力に導く。したがって根本的なことは，人々がその心を目的の理念に集中して，その理念にすべての付随的な問題に対する優越性を与えることである」（Tawney 1921：18）と述べている。

ここでトーニーは，権利保障がなされる社会を獲得し，維持するためには，まずその前提として人々が結合し，協力し合う社会を構築しなければならず，そのための人々の責務の重要性を論じていると考えられる。例えば，権利を獲得するための市民運動を展開する際も団結して行動することが求められる。そのような時も運動に関わる個々人がそれぞれ与えられた役割を義務として果たすことが求められる。

福祉サービスの「義務」にはその主体によっていくつかの種類がある。公的部門の義務，民間部門の義務，一般市民の義務，専門職の義務，福祉サービスを利用する者の義務などである。ここでは，福祉サービスのフォーマルな提供主体の中心に位置づけられる「公的部門の義務」，インフォーマルな提供主体として近年注目されている「一般市民の義務」，さらにソーシャルワーカーの役割を確認するために「専門職の義務」を取り上げる。

（2）公的部門の義務

　「公的部門の義務」は，福祉国家における福祉サービスが，国民の権利を保障するための国家の義務履行と考えると理解しやすい。例えば，ナショナルミニマムの原則に基づく公的扶助は，公的部門である国家がその責任で人々の最低限生活を義務として保障するものである。福祉サービスの柱である社会保障の原点を示したベヴァリッジ（W.H. Beveridge）は，『ベヴァリッジ報告』で，「（社会保障の構想は）何よりもまず，保険に関する計画案である―拠出と引き換えに最低生活水準までの給付を権利として，かつ資力調査なしに与えようとするものであって，個々人はその水準の上に，それを超える生活を自由に築き上げることができる」（Beveridge 1942 : 7）と述べている。すなわち，国民の最低限度の生活を営む権利を保障するために国家が義務として資力調査をせずに給付を行うことを明記している。

　このようにベヴァリッジは「国家の義務」を重視していたが，同時に一般市民の義務の重要性も『民間活動』（*Voluntary Action*）の前文で指摘している。「二度の世界大戦によって中断され，その結果停滞していた文明の進歩を，人類（humanity）が取り戻すことができる唯一の条件は，権利（rights）の確認よりむしろ義務（duty）の強調である」（Beveridge 1948 : 14）。そこで次項では，「一般市民の義務」について考えてみたい。

（3）一般市民の義務

　一般市民の義務は，納税など国で定められた「受動的な義務」と，自由かつ有徳な市民として当然行うべき「能動的な義務」がある。一般市民が近隣住民をサポートする義務は基本的に能動的なものであるが，福祉サービス利用者は受動的な義務が課される場合と，そうでない場合がある。例えば，アメリカの「個人責任・就労機会調停法」における貧困家庭への TANF と呼ばれる一時的扶助などは，貧困の状態にあっても勤労・職業訓練への参加をしなければ，給付金を受け取ることができないので，その時の勤労・職業訓練は，国家から定められた受動的な義務となる。その一方で福祉サービス利用者が，自らの自

立のために主体的に義務を果たす場合もある。その時の義務は能動的なものである。

　「義務」を自己のための義務と他者のための義務で分ければ，有徳な市民が行う義務は他者のため，福祉サービスを利用する者が負う義務は自己のためのものと考えられる。この能動的な義務は，一般に倫理学や法律学で「不完全義務」と呼ばれるものと酷似している。「不完全義務」とは「完全義務」に対する用語で，特定の人に権利を生み出さない義務である。「完全義務」は，義務を果たすべき相手に権利を生み出し，義務を果たさないと，相手の権利を侵害したことになってしまう義務である。

　ただ，ここで用いる「能動的な義務」は，個人の「法的な地位」に基づく自由主義的思想に基づくものではない。むしろ，古代ギリシアの都市国家や共和制ローマを起源とする「市民共和主義のシティズンシップ論」でいう所の「共同体の成員である市民の義務」である。「共同体の成員である市民の義務」とは，共同体の成員である市民の特権と結びついた責務の遂行を重視する主張で，外部から強制されたり束縛されたりするのではなく，市民として共同体でなすべきことを考え行動することに価値をおくものである。

（4）専門職の義務

　専門職の義務は，これまで述べてきた公的部門の義務とも一般市民の義務とも異なる。専門職はどのような人に対してもその人の人権を擁護する立場から支援を展開する義務がある（第3節参照）。また，集団的責任として，市民同士が環境に対して責任をもつように，共同体の中で互恵的な関係を促進する活動を展開する義務がある。例えば，近年，地域のあらゆる住民が役割を持ち，支え合いながら，自分らしく活躍できる地域コミュニティを育成する必要性が叫ばれているが，地域の中で「コミュニティづくり」をすることもコミュニティソーシャルワーカーなどの専門職の重要な役割とされている。さらに，専門職は，社会正義に基づいて，属性がもたらす自然的な不利益や，社会的・経済的不利益へと拡大していくような人為的な制度（習慣・法・システム）に気づかな

ければならない。そして多様な価値を相互に認め合い，多様性尊重の社会を構築するための役割が求められている。

このように，専門職の義務という立場からソーシャルワーカーの役割について考えた場合，私たちは，グローバル定義の「ソーシャルワークの中核をなす諸原理」である人権，集団的責任，社会正義，多様性尊重が相互に結びついていることを理解することができる。

3　人権はすべての前提となる価値

本節では，まず，国連で採択された人権に関する宣言・条約を日本がどの程度批准しているか，その現状を確認すると共に，日本国憲法にある「公共の福祉」に関する議論から，日本の権利保障の課題をみていきたい。そしてそれらの検討を通して，すべての前提となる価値としての人権について改めて考えたい。

（1）国連で採択された人権に関する主な宣言・条約

人権は，長い年月の間，各国で展開されたさまざまな革命や運動など，人類の闘いの中で獲得してきたものである。一般に，それらの人権は確立した時期によって，「第一世代の人権」「第二世代の人権」「第三世代の人権」の3つに整理されている。

第一世代の人権は，主に19世紀までの自由権の獲得の過程で表出し，個人の自由と国家による侵害からの保護という考え方に基づくものを指す。具体的には，生命・身体の自由，思想・良心および宗教の自由，表現の自由，結社の自由などが含まれている。

第二世代の人権は，20世紀に入り貧富の格差など社会的不平等が生じたことが背景となり，すべての人が人間らしく暮らせるように最低限の生活を保障することが国家の役割であるという考え方に基づいて確立された。具体的には，教育を受ける権利，労働の権利，健康を享受する権利などが含まれている。

　第三世代の人権は，20世紀後半からさまざまな社会の民族などの集合的な権利として提案され，国際的な連帯によって実現される人権とされている。

　第2次世界大戦後に国連で採択された福祉・人権に関する主な宣言や条約は，表1-1の通りである。そのうち1948年12月に採択された世界人権宣言は，直接的な拘束力をもつものではない。そのため国連は，世界人権宣言の趣旨を具体化した国際規約として「国際人権規約」を1966年に採択した。国際人権規約は，A規約（社会的・経済的・文化的な権利に関する規約），B規約（市民的・政治的な権利に関する規約）選定議定書からなっている。1976年に発効され，日本は1979年に批准している。⁽³⁾

　また，1979年の国連総会で採択され，1981年に発効した「女子に対するあらゆる形態の差別の撤廃に関する条約」は，女子に対する差別が権利の平等の原則および人間の尊厳の尊重の原則に反し，社会と家族の繁栄の増進を阻害するものであるとの考えのもとに，各締約国が男女の完全な平等の達成を目的として，女子に対するあらゆる差別を撤廃することを基本理念としている。日本は1985年6月に批准している。なお，本条約の違反に関し，個人または集団が女子差別撤廃委員会に申立をすることなどを定めているのが「女子に対するあらゆる形態の差別の撤廃に関する条約の選択議定書」であるが，日本は未だ批准していない。

　1989年の国連総会において採択され，1990年に発効した「児童の権利に関する条約」は，18歳未満を「児童」と定義し，国際人権規約において定められている権利を児童について敷衍し，児童の人権の尊重および確保の観点から必要となる詳細かつ具体的な事項を規定したものである。日本は1994年4月に批准し，158番目の締約国となった。2011年には「児童の権利に関する条約の選択議定書」（個人通報制度および調査制度）が国連で採択されたが，日本は未だ批准していない。また，「武力紛争における児童の関与に関する児童の権利に関する条約の選択議定書」は，武力紛争における関与から児童を一層保護するため，18歳未満の自国の軍隊の構成員が敵対行為に直接参加しないこと，自国の軍隊に志願する者の採用についての最低年齢を引き上げることなどについて定める

表1-1　人権に関する主な宣言・条約

1948年	世界人権宣言 国連採択　高齢者の権利宣言 国連採択
1959年	児童権利宣言（子どもの権利宣言）国連採択
1966年	国際人権規約 国連採択
1975年	障害者の権利宣言 国連採択
1979年	女子に対するあらゆる形態の差別の撤廃に関する条約 国連採択
1989年	児童の権利に関する条約 国連採択
2000年	武力紛争における児童の関与に関する児童の権利に関する条約の選択議定書 国連採決 児童の売買，児童買春及び児童ポルノに関する児童の権利に関する条約の選択議定書 国連採択
2006年	障害者の権利に関する条約 国連採択

出所：金子（2010）より抜粋。

もので，2000年の国連総会において採択され，2002年に発効した。日本は2004年8月に批准した。さらに，「児童の売買，児童買春及び児童ポルノに関する児童の権利に関する条約の選択議定書」は，性的搾取などから児童を保護するため，児童の売買，児童買春及び児童ポルノに係る一定の行為の犯罪化，裁判権の設定，犯罪人引渡し，国際協力などについて定めるもので，2000年の国連総会において採択され，2002年から発効されている。日本はこれを2005年1月に批准している。

　「障害者の権利に関する条約」は，2006年12月に国連総会で採択され，日本は2014年1月に批准し，140番目の締約国となった。障害者の権利に関する条約は，障害者の人権および基本的自由の享有を確保し，障害者の固有の尊厳を促進することを目的として，障害者の権利を守るための措置などを定めた条約である。なお，「障害者の権利に関する条約の選択議定書」（条約違反について個人や集団が，障害者の権利に関する委員会に通報できることを定めたもの）は，日本は未だ批准していない。

　このように国際的にさまざまな人権条約や宣言が国連で採択されているが，全体的に日本の批准は諸外国に比べて遅く，また未だ批准していない選択議定書も多い。このような状況を改善することも人権を尊重するソーシャルワー

カーの責務といえる。具体的には，国際社会の中で日本がおかれている状況を正確に捉え，人権保障の諸課題を社会に訴えるソーシャルアクションを展開するなど，専門職としての主体性，積極性が求められる。

（2）「公共の福祉」という概念

　これまでみてきたように，日本は国連で採択された人権に関する条約の多くを批准してきた。そして政府は，各条約の国内実施状況を関連の条約実施監督機関に定期的に報告している。その際しばしば規約違反につながる危険性があると国連規約人権委員会から指摘されるのが，日本国憲法における「公共の福祉」（英語では public welfare と訳されている）である。周知の通り，日本国憲法で「国民の権利及び義務」を取り上げているのは第3章（第10条〜第40条）である。その第12条では，「この憲法が国民に保障する自由及び権利は，国民の不断の努力によつて，これを保持しなければならない。又，国民は，これを濫用してはならないのであつて，常に公共の福祉のためにこれを利用する責任を負ふ」とあり，第13条では，「すべて国民は，個人として尊重される。生命，自由及び幸福追求に対する国民の権利については公共の福祉に反しない限り，立法その他の国政の上で，最大限の尊重を必要とする」と明記されている。そしてこの「公共の福祉」による制限は，原則として，日本国憲法に定めるすべての人権に及ぶものと解釈されている[4]。

　このように「公共の福祉」という曖昧な概念によって，すべての人権を規制していることに対して問題視する論者は多い。B規約人権委員会の委員の経験のある安藤仁介もその一人である。安藤は「『公共の福祉』の具体的な内容が一定しないことは，この概念が本質的に，それを解釈・適用すべき裁判所の判断いかんで，過度に人権を制限し，濫用される危険性をもつ原理であることを意味する」と述べている（安藤 1993：62）。

　前述の規約違反につながる危険性の指摘に対して，政府は「公共の福祉」の概念の下，国家権力によって恣意的に人権が制約されることはあり得ないとしながら，基本的人権の相互間の調整を図る内在的な制約理念により一定の制限

に服することがあるという説明をしている。確かに社会が複雑化すれば，お互いの人権と人権がぶつかり合うことはあり得る。例えば，人格権としての個人の名誉の保護（憲法第13条）と表現の自由の保障（憲法第21条）とが衝突し調整を要することはある。ただそうした対立を調整し，互いの人権を調和的に行使することのために，「公共の福祉」の概念を用いる必要があるかどうかは論者によって意見が分かれるところである。

　「公共の福祉」という概念が著しい人権侵害の根拠となった典型的な例が，ハンセン病患者をめぐる国の対応である。ハンセン病患者は特効薬プロミンの実用化で完治の方向が明らかにされながら，戦後も戦前の対応が続けられ，1953年には療養所への入所を促進するらい予防法が制定された。その第1条には，次のように明記されている。

　　　　「この法律は，らいを予防するとともに，らい患者の医療を行い，あわ
　　　　せてその福祉を図り，もつて公共の福祉の増進を図ることを目的とする。」
　ハンセン病訴訟支援活動と隔離政策の真相究明活動に力を注いでいる藤田豊は，「例えば，ハンセン病患者への隔離政策を規定した『癩予防法』の改正が議論されていた1952年10月23日，東京の多磨全生園で開かれた全国国立癩療養所患者協議会との懇談会に出席した厚生省医務局国立療養所課の高橋技官は『国民は公共の福祉を取り上げて入所を拒む人達を収容するように言うであろう』と，『公共の福祉』を掲げて強制隔離を正当化したことが，当日の議事録に記されている。…（中略）…国民が求める『公共の福祉』，これこそが厚生省が戦後の強制隔離政策を正当化し，1996年まで維持した論理である」と論じている（藤田 2003：256-257）。また，窪誠はこの問題について「『公共の福祉』が，差別の方向のみに機能するイデオロギーとして，かなりゆがんだ形で用いられてきたことを表している」と指摘している（窪 2017：22）。

　1948年に定められた優生保護法でハンセン病などに優生手術を認め，不妊手術は生殖腺を除去しないことを条件にしていたにもかかわらず，子宮摘出などは引き続き行われていた。そしてその差別が「公共の福祉」の名の下に行われていた史実を私たちは忘れてはならず，そのような過ちを繰り返してはならな

い。ソーシャルワーカーは当事者に寄り添いながら，時に大きな勢力に対抗する活動を「人権に基づくアプローチ」（rights-based approach, RBA）を柱として展開することが求められる。

4　多様性を尊重する人権に基づくアプローチ

　本節では，多様性に対応した具体的な実践アプローチとして人権に基づくアプローチを取り上げ，その有効性について考える。また，障害者領域で注目されている合理的配慮が，障害に限らず，差別を受けやすい人々の社会参加を促進し，対話に基づく社会的つながりを作り出す手段となる得ることを検討したい。

（1）人権に基づくアプローチの重要性

　2000年のモントリオールでの IFSW（国際ソーシャルワーカー連盟）と IASSW（国際ソーシャルワーク学校連盟）の総会で採択され，これまで用いられてきた定義（「旧定義」と称す）は次の通りである。

　　　「ソーシャルワーク専門職は，人間の福利（ウェルビーイング）の増進を
　　　目指して，社会の変革を進め，人間関係における問題解決を図り，人びと
　　　のエンパワーメントと解放を促していく。ソーシャルワークは，人間の行
　　　動と社会システムに関する理論を利用して，人びとがその環境と相互作用
　　　に影響し合う接点に介入する。人権と社会正義の原理は，ソーシャルワー
　　　クの拠り所とする基盤である。」（日本語訳版：IFSW 日本国調整団体 2001）

この旧定義でも，本章で焦点化している新しい定義の「ソーシャルワークの中核をなす諸原理」の「人権」や「社会正義」といったキーワードは含まれている。ただ「多様性尊重」という用語は明記されていない。これは，もちろん2000年の段階でのソーシャルワークが多様性の尊重を重視していなかったことを示している訳ではない。むしろ21世紀になり，社会全体がこれまで以上に多様化し，多様性を尊重する必要性がより一層高まったことが背景にある。所得

格差，貧困，低所得に苦しむ人たち，社会的孤独状態におかれている人たち，家庭内暴力に脅かされている人たちなどは，もちろんこれまでも存在したが，それぞれの人たちが置かれている状況は複雑化している。また，多様な文化的な背景をもつ人たちや犯罪被害者の人たちに対する支援の重要性も認識され，それが社会的要請となっている。

　近年，多様性に対応した具体的な実践アプローチとして注目されているのが，人権に基づくアプローチである。国連は，差別，貧困，人身売買，HIV エイズ，そして先住民の権利を擁護するためにテーマごとの専門家と連携を取りながら加盟国と協力し，それぞれの国家の開発のために，人権に基づくアプローチをその原則とガイドラインに即して実践している。武田丈は，この人権に基づくアプローチが注目される理由の一つは，「社会の中の多様性を構成するマイノリティなどの社会的排除の対象となっている人たちの問題を，人権という観点から総合的に扱うことができる点である」（武田 2016：11）としている。

　JICA（国際協力機構）は，人権に基づくアプローチには一つの定義がある訳ではないとしながら，国連や援助機関などの定義を整理すると，①貧困を権利の剥奪と考える，②人権基準と「人権の原則」を重視する，③権利保有者と責務履行者の役割を考える，の 3 つの共通点があることを示している（国際協力機構企画部 2014）。この中で，多様性の尊重と密接に関連するのが「②人権基準と『人権の原則』を重視する」であろう。人権の原則である差別のない平等な社会の実現という視点に立てば，当然少数者や特定の地域の包摂は人権に基づくアプローチと適合する。また，「③権利保有者と責務履行者の役割を考える」もこれまで述べてきた「義務」の視点から捉えると重要である。権利をもちながら権利保有者として扱われないことがある人たちには，前述のハンセン病患者の他に，アイヌの人々，HIV 感染者，性同一性障害者，刑を終えて出所した人などがおり，それぞれが抱える多様な課題に対して，人権に基づくアプローチが求められている。

（2）「合理的配慮」の推進

　グローバル定義の柱に人権を据えている意味は，市民間の対等性の確認であり，これによって市民間の相互承認の可能性を開くことを目的としていることはいうまでもない。自律的な個人を基盤とする社会において多様性を尊重するためには，まず自分を認知し，また相手との違いを理解し，相互に認め合うことが必要である。そして，人権保障が確立されたにもかかわらず生じてしまう差別や偏見など（「歪められた承認」）に対しては，差別禁止立法などの制定によって是正するための措置を講ずる必要がある。障害者領域の差別禁止立法で近年注目されている概念が合理的配慮である。

　合理的配慮という概念は，アメリカで1960年代半ばに宗教的差別への対応として生まれた。障害をもつアメリカ人法（ADA）で使われ，その後，国連の文書や各国の障害者差別禁止法で規定されるようになった。また，2006年に国連で採択された「障害者の権利に関する条約」でも，第2条で次のように定められている。

　　　「『合理的配慮』とは，障害者が他の者との平等を基礎として全ての人権及び基本的自由を享有し，又は行使することを確保するための必要かつ適当な変更及び調整であって，特定の場合において必要とされるものであり，かつ，均衡を失った又は過度の負担を課さないものをいう。」（日本政府公定訳）

　合理的配慮の英語の原文は reasonable accommodation である。reasonableは，「正当な，ほどよい」という意味をもち，accommodation は，「便宜」「助け」「調和」などの意味をもつ。すなわち，障害者から何らかの助けを求める意思表現があった時，過度な負担にならない範囲で社会的障壁を取り除くための「正当な便宜」「ほどよい助け」と捉えることができる。

　この合理的配慮という考え方は，配慮（便宜・助け）を必要とする者と配慮（便宜・助け）を求められた者との対話を促し，具体的な場面でどのような合理的配慮を提供できるかを検討するという意味では個別的な対応と考えられる。また，普遍的な権利を有していると考えられる側面は，合理的配慮を提供しな

13

ければ，その時点で差別と認定される点にある。このような考え方は，障害に限らず，人種，宗教，性的指向，年齢などにより差別を受けやすい人々の社会参加を促進し，対話に基づく社会的つながりを作り出す上でも有効であるといわれている（日本学術会議 2018：15-16）。

　対話に基づく社会的つながりは，「福祉の逆機能（6）」を防止する効果もある。対話をせずに一方的に「正当な便宜」と考えて政策や実践を推進すると，それにそぐわない生活者（利用者）の利益を逆に侵害してしまうことがある。前節で取り上げたハンセン病患者の処遇においても，1925年にキリスト教の信者が中心となり結成された日本 MLT（Mission to Lepers）に属し，「民族浄化」を掲げて隔離政策（「無癩県運動」）を推進した社会事業家がいたことは広く知られている。また，1930年代には真宗大谷派光明会など仏教者による無癩県運動も展開された（7）。

　多様性を尊重する社会を形成するためには手段をもたなければならない。その手段の一つとして主務大臣のガイドライン（対応指針）に違反すると行政措置の対象となる合理的配慮は有効なものであり，「歪められた承認」の是正を期待できるものである。ソーシャルワーカーは合理的配慮を手段の一つとしながら，人権に基づくアプローチを広く展開することが求められる。

5　自由と平等を追求する社会正義の考え方

　重度障害や難病などに苦しむ人たちに寄り添い，共感することは大切なことである。しかし，そのような人たちに対する共感や利他主義に基づく行為には限界があり，その人たちの真の利益にはなかなか届かない。そのような場面では権利や人権などの普遍的な価値に基づいた実践を具体的に検討する必要がある。そして，その人たちに与えられた権利や，その権利を享受するために必要なことを考察する上で，手がかりとなるのが社会正義である。

　社会正義がソーシャルワーク実践で重要なものであることを否定する者はいないであろう。しかしその言葉の中身は，広範囲に及ぶため明確に捉えること

がなかなか難しい。ここでは，ソーシャルワークの領域で最も関心をもたれている政治哲学者のロールズ（J. Rawls）の「正義論」とセン（A. Sen）の「潜在能力理論」を中心に検討したい。ロールズとセンがソーシャルワークの領域で関心がもたれるのは，人々の自由の重要性に着目しながら，格差や不平等を捉えようとしたところにある。

（1）ロールズの「正義論」

ロールズの「正義論」は，社会正義の意味を社会の構成員間の恩恵（権利）とお礼（義務）の道徳的に正しいとされる配分の議論から始まる。ロールズは，正義論の主題について「主要な社会制度が基本的な権利（rights）と義務（duties）を分配し，社会的協同（social cooperation）が生み出した相対的利益の分割を決定する方法」（Rawls 1971：7）と述べている。

そして恩恵とお礼の関係を規定する概念が「相互性」（reciprocity）である。ロールズはこの相互性を公平性と共に重視した。それは個々人の双方向の関係を律する規範であるにもかかわらず，きっちりお返しをするといった「つりあい」を含んでいないからである。

ロールズは，正義の原理を，政治的自由や言論の自由などを含む基本的な諸自由を平等に配分する原理（第一原理）と，最も不利な状況にある人たちの利益を最大化するための原理（第二原理の一部）に分け，その特徴を私たちに示している。ロールズが第二の原理の一部に着目したのは，天賦の才能やその人の属性・運など自然的・社会的偶然性に対する制度的な取り扱いに疑問を感じたためであった。ロールズは，天賦の才能や属性・運などを特定の社会的・経済的不平等と結びつけることは，それらを特定のやり方で取り扱うことを決めた社会のしくみに他ならないと考えた。

この考えに基づいてロールズは，よく知られている「格差原理」（difference principle），すなわち「社会的・経済的な不平等は次の2つの条件を満たすように整えなければならない——(a)最も不遇な人びとの利益を最大に高めること，そして(b)機会の公正な平等という条件のもとですべての人に開かれている職務や

地位に付随すること」（Rawls 1971：83）を提案している。但し，ロールズの「正義論」には「最も不遇な人たち」を捉える具体的な指標が示されていなかった。また，彼の「正義論」において重度の身体障害，精神障害などは，困難事例として例外的に扱われていた。

　そこで後藤玲子は，ロールズの「正義論」を，彼が困難事例として排除した事柄を入れて再編する試み，すなわち，ロールズが構想した「社会的協同システム」（social cooperation）を，システムの中にいると認識されていない人たちを包含する形で展開させていく必要性を説いている（後藤 2016：8）。そしてロールズが公平性と並んで注目した「相互性」の概念を援用して「公共的相互性」を構想している。また，ロールズが「正義論」の構築に当たって後回しにした困難事例を例外として扱わず，それらを丁寧に記述して，分析する方法を編み出しながら，考え得る限りの最適な社会的支援につなげていく必要があると述べている（後藤 2016：12）。

（2）センの「潜在能力アプローチ」

　ロールズの「正義論」を権利保障の視点から福祉的自由に向かって大きく前進させたのが，センの「潜在能力理論」であるといわれている。彼が用いた「潜在能力」（capability）は，「機能」の集団として表現される。「機能」とは，人の福祉（暮らしぶりの良さ）を表すさまざまな状態（○○であること）や行動（○○できること）を指す。すなわち，社会の枠組みの中で，その人がもっている所得や資産や個人の能力で何ができるかを表すものである。差別を受けていて，できることが限られている場合には，「潜在能力」はそれだけ小さくなる。逆に「潜在能力」が大きいほど，価値ある選択肢が多くなり，行動の自由も広がる。センはこの「潜在能力」を用いて社会における差別や不平等の分析を行った。具体的には，「潜在能力アプローチ」と呼ばれる人間が生きていく際の質そのものを考慮して，人間の福祉と自由を評価する方法を用いた。

　「潜在能力アプローチ」の特徴は，実際に本人が達成した行い（行為）や，ありようの背後にある潜在能力を捉えることにあった。すなわち，本人が達成

しようと思ったら達成できること（潜在能力の内部にあること）と，本人が達成しようと思っても達成できないこと（潜在能力の外部にあること）を区別することにより，達成しようと思ってもできない理由が，選択する行為が外部から阻まれているからなのか，達成する手段が不足しているためなのか，判断できることを明らかにした。

センの「潜在能力アプローチ」が評価される理由として，一般的に次の3点が指摘されている。まず，その人の存在状態のよさに対する客観的評価（センはこれを「ウェルビーイング」と称している）と，その人自身の評価（センはこれを「エージェンシー」と称している）を区別し，公的部門や市民社会が義務を負うのは前者であることを明確にした点，次に，「潜在能力」の平等が実現しても，人はそこに含まれる機能に関わらず自由に幸福を追求できる点，そして，その人の能力とその人を取り巻く環境を具体的な生活場面で評価することによって不平等を見つけ出すことができる点である。

なお，このようにセンはウェルビーイングとエージェンシーを区別し，さらにそこにおける成果と自由をそれぞれ分割して議論したが，ウェルビーイングとエージェンシーは無関係であると言っている訳ではないことは改めて確認しておく必要がある（秋元 2016：104）。また，センは，次のように述べている。

　　「ウェルビーイングの側面は，社会保障，貧困緩和，経済的不平等の除去，より一般的には社会正義の追求において特に重要になる。…（中略）…ウェルビーイングは，不平等の分析や公共政策の評価において極めて重要である。異なる階級や集団間の社会的不正義や不平等は，ウェルビーイングにおける著しい格差と強く結びついている。…（中略）…しかしながら，その分析を行う時でさえ，エージェンシーの側面との関連性は視野にとどめておかねばならない。なぜなら，ウェルビーイングの自由を人々が実際に行使するかどうかは，その人自身のエージェンシーの目的になかんずく依存しているからである。（これらが実際の選択に影響をあたえるからである。）」（Sen 1992：71-72）

ここまでロールズの「正義論」とセンの「潜在能力アプローチ」について考

えてきた。ロールズが構想した「社会的協同システム」の考え方の基本に「相互性」の概念があることを把握した。それと同時に、センの「潜在能力に関わらず自由に幸福を追求できる」という主張において、福祉的自由に対する権利について確認することができた。ただ、その権利を享受する上で求められる義務についても併せて検討することが必要である。それはグローバル定義の「ソーシャルワークの中核をなす諸原理」の「集団的責任」と関連するものである。

6　抵抗のための集団的責任

　2004年にイギリスで誕生したソーシャルワーク・アクション・ネットワーク（Social Work Action Network：SWAN）と、それを支えるラディカルソーシャルワーク（Radical Social Work：RSW）[9]は、人権と社会正義の価値を支柱とし、利用者との協同的活動の必要性を訴えており、グローバル定義にも沿うものと見なすことができる。ラディカルソーシャルワークの批判的描写は、現代社会を再構築するためのアンチテーゼとしての視点と方法を示しているといわれている。

　ソーシャルワーク・アクション・ネットワークのメンバーでラディカルソーシャルワークを牽引するバンクス（S. Banks）は「社会正義を志向するソーシャルワーク倫理のための価値試論」として、①ラディカルな社会正義（radical social justice）、②共感的連帯（empathic solidarity）、③関係における自律性（relational autonomy）、④抵抗のための集団的責任（collective responsibility for resistance）、⑤道徳的勇気（moral courage）、⑥複雑さと矛盾の中で働くこと（working in and with complexity and contradictions）を挙げている。彼女が4番目に挙げた「抵抗のための集団的責任」は、集団的責任を理解する上で有益である。そこでは次のように論じられている。

　　「ソーシャルワーカーは、優れた公正な実践を行い、不当で不公正な実践や政策に抵抗する責任を持つべきである。…（中略）…このことは、

　ソーシャルワーカーが，サービス利用者や他の仲間と共に，社会問題の原因や解決の責任を，個人，家族，共同体に転嫁することに積極的に抵抗すべきことを意味する。」（Banks 2012：93-94）

　集団的責任という考え方は，一般的に2つの意味を指す。一つは，人々がお互い同士，そして環境に対して責任をもつべきであるという考え方である。その状況に至ることによって初めて個人の権利が日常レベルで実現される。もう一つは，共同体の中で互恵的な関係を確立することの重要性を強調する考え方である。それは，ソーシャルワークの主な焦点が，人々が互いのウェルビーイングに責任をもち，人と人の間，そして人と環境の間の相互依存を認識し尊重することに当てられていることと関連している。

　厚生労働省が2015年9月に示した「誰もが支え合う地域の構築に向けた福祉サービスの実現——新たな時代に対応した福祉の提供ビジョン」では，いわゆる互助・共助の取り組みを育みつつ，誰もが支え，支えられる社会の実現を目標に掲げている。また，2016年7月に示した「『我が事・丸ごと』地域共生社会実現本部について」では，次のように書かれている。

　　「今般，一億総活躍社会づくりが進められる中，福祉分野においても，パラダイムを転換し，福祉は与えるもの，与えられるものといったように，『支え手側』と『受け手側』に分かれるのではなく，地域のあらゆる住民が役割を持ち，支え合いながら，自分らしく活躍できる地域コミュニティを育成し，公的な福祉サービスと協働して助け合いながら暮らすことのできる『地域共生社会』を実現する必要がある。」

　これらの主張の背景には，地域住民は相互に支え合うべきであるという集団的責任の考え方がある。そして，地域住民は誰でも支援の「担い手」となり，支援の「受け手」にもなることが強調されている。しかしながら，ここで考慮しなければならないことは，地域社会を基盤に市民が行う支援の「義務」が，能動的な義務であるという点である。地域住民に課せられる支援の「相互負担義務」は，国家が定めた義務でも，専門職が果たすべき義務でもなく，自由かつ有徳な住民が正しく自己の利益を理解した上で行う義務である。

前述のラディカルソーシャルワークが主張する「抵抗のための集団的責任」に基づけば，社会問題の解決を安易に家族や地域住民に委ねるべきではなく，ソーシャルワーカーは行政主導の過度な傾向に対して積極的に抵抗する姿勢も求められる。そのことは，「他人事」になりがちな地域づくりを，地域住民が自分のこととして主体的に取り組んでいく仕組み（例えば，「見守り」支援システムなど）を否定するものではなく，むしろ住民が集団的責任として主体的に取り組む活動に，それぞれの専門職と職能団体などの専門職集団がどのように関わるべきかを考え，認識することが重要である。[11]

7　社会を変えるソーシャルワーク
——社会正義・人権・集団的責任・多様性尊重の関係性を踏まえて——

　ここまでグローバル定義の「ソーシャルワークの中核をなす諸原理」について考えてきた。そこで最後に改めて「社会正義」「人権」「集団的責任」「多様性尊重」の関係性について検討したい。

　まず本章では，ソーシャルワークの価値としてすべての前提となるのが「人権」と位置づけてきた。ただ，民主主義社会の土台を形成する人権に対する日本の理解は，諸外国と比べて必ずしも十分とはいえない。それは，国連人権機関からの指摘にも表れている。例えば，思想，良心，宗教の自由や表現の自由を享受する権利に対しては，いかなる制限も課すことは差し控えなければならない。それが国際基準であり，グローバル定義で中核をなす原理として謳っている「人権」である。そして人権に基づくアプローチは，そのことを基礎として展開されている。人権という観点からさまざまなことを総合的に扱うことができる人権に基づくアプローチは，まさに「社会正義」「集団的責任」「多様性尊重」を包摂するスケールを有している。

　本章で紹介したロールズの正義論にみられるように，人が有利な偶然性のもとで利益を得られるのは，そうでない人たちもまた利益を得られる時であり，それが公然と認められる社会は正義に反する。そこで利益を得られない人にも利益が得られるようにする必要があるが，その支援は対話に基づく便宜である

べきで，結果の平等だけを目標にすべきではない。また，ソーシャルワーカーの活動そのものを表している「集団的責任」は，コミュニティや利用者への呼びかけ活動であったり，強固な勢力や圧力に対して向かっていく運動であったり，さまざまなソーシャルアクションと結びついている。ソーシャルワーカーはそれらに対して集団的に責任をもつ専門職であることを自覚しなければならない。そして「多様性尊重」は，それらの活動・運動の成果であり，ソーシャルワーカーを含むすべての人が努力して築いた社会において実現するものである。

　近年，地域共生社会を目指して多様な価値を認め合うことが求められている。本章では，そのような社会を実現するための方法の一つとして，合理的配慮を障害者領域ばかりではなく広く適用することの有効性について述べたが，それが単なるスローガンに留まってしまっては意味がない。対話に基づく社会的つながりは，マイノリティの人たちに寄り添い，当事者の声に耳をかたむけ，共感し，共に活動や運動を展開することで獲得できるものである。そしてその原動力になるのが「社会正義」であり，それを支えるのが人権思想である。このように 4 つの「ソーシャルワークの中核をなす諸原理」は，相互に関連しており，それらの原理が強く結びつき，活動の基盤を形成することによって，ソーシャルワーカーの実践が展開できることを，私たちは認識しなければならない。

　世界にはさまざまな国や地域がある。先進国と称される一部の国々が決めたルールに反発したり，抵抗感を抱いたりする国や地域も少なくない。とりわけ，近年ナショナリズムや自国第一主義などグローバリゼーションに逆行するような動きもある。グローバル定義に対しても，国や地域によって捉え方は多様であろう。しかしながら，そうであってもグローバル定義に 4 つの原理が盛り込まれたことは重要な意味がある。定義に明記されたことにより，それぞれの国や地域で，その原理をもう一度考え，原点に立ち返る機会となるであろう。ソーシャルワークが社会を変えるためには，そのような営為が常に求められるのである。

注

(1) 2014年7月にメルボルンにおける IFSW（国際ソーシャルワーカー連盟）総会およびIASSW（国際ソーシャルワーク学校連盟）総会において定義が採択され，日本語定義の作業は社会福祉専門職団体協議会と日本社会福祉教育学校連盟が協働で行った。2015年2月13日，IFSW としては日本語訳，IASSW は公用語である日本語定義として決定した。社会福祉専門職団体協議会は，日本ソーシャルワーカー協会，日本社会福祉士会，日本医療社会福祉協会，日本精神保健福祉士協会で構成され，IFSW に日本国代表団体として加盟している。

(2) ここでの価値は，社会を構成する一人ひとりがかけがえのない存在であるという基本理念を指す。

(3) 国内法との関係で一部保留している。

(4) 第22条，第29条においても「公共の福祉」は明記されているが，これらの条項は，人権の特質を考慮した注意規定と解されている（芦部 1978：144-145）。

(5) らい予防法が廃止され，優生保護法が母体保護法に改正されたのは，1996年である。

(6) 公益（国益）と私益（生活者の利益）が，常に一致するとは限らない。また，それが一致することを前提に福祉政策や福祉実践を推進すると，それにそぐわない生活者（利用者）の利益を逆に侵害してしまうことがある。そのような現象をここでは「福祉の逆機能」として捉える（金子 2014：16）。

(7) 社会的・文化的背景を踏まえたハンセン病患者の処遇史については，藤野豊や平田勝政などの実証的な研究がある。

(8) ロールズは，現代正義論のパイオニアと位置づけられている。センは，インドのベンガル地方出身で，1998年に福祉と自由に関する研究の成果が認められ，ノーベル経済学賞を受賞した。

(9) ラディカルソーシャルワークの研究は，伊藤文人らによっていくつかの研究成果が示されている（伊藤文人（2007）「ソーシャルワーク・マニフェスト――イギリスにおけるラディカルソーシャルワーク実践の一系譜」『社会福祉論集』116，161-176頁）。

(10) 岩田正美は，「地域（コミュニティ）に戻すというのは，どこの国でも，社会福祉の財源拡大を阻止するうえで，常に有力な方法であったし，これからも有力な方法として模索されよう。とりわけ日本の場合は，『含み資産』としての家族への注目が失敗した後も，分権化のほか，首都圏一極集中化で地方の危機が叫ばれるにしたがって，地域ケアが『地域おこし』という側面と容易に結びついて『地域』が無条件に歓迎されている状況がある」（岩田 2016：416）と述べている。

(11)　東京都では，地域における「緩やかな見守り」を推奨している。「緩やかな見守り」とは，地域住民や民間事業者が日常生活，日常業務の中で，いつもと違う，何かおかしいと感じる人がいたら，専門の相談機関に相談するなど，地域で緩やかに行う見守り活動である。ここでの集団的責任は，当然専門職の集団的責任とは異なるものである。

参考文献

IFSW 日本国調整団体（日本ソーシャルワーカー協会，日本社会福祉士会，日本医療社会事業協会）（2001）「国際ソーシャルワーカー連盟（IFSW）のソーシャルワークの定義」（http://www.jasw.jp/kokusaiinfo/IFSW_SWTEIGI.pdf，2019年12月12日アクセス）。

秋元美世（2016）「人権としての生存と自立」後藤玲子編『正義』ミネルヴァ書房。

芦部信喜編（1978）『憲法Ⅱ人権（1）』有斐閣。

安藤仁介（1993）「人権の制限事由としての『公共の福祉』に関する一考察——日本国憲法と国際人権規約」『法学論叢』132（4）（5）（6）。

岩田正美（2016）『社会福祉のトポス——社会福祉の新たな解釈を求めて』有斐閣。

ヴェーユ，シモーヌ／山崎庸一郎訳（1967）「根をもつこと」『シモーヌ・ヴェーユ著作集』Ⅴ，春秋社。

金子光一（2005）『社会福祉のあゆみ——社会福祉思想の軌跡』有斐閣。

金子光一（2010）『福祉・人権年表』全教図。

金子光一（2014）「福祉の逆機能——歴史研究による『構造＝機能的理解』」岩崎晋也・岩間伸之・原田正樹『社会福祉研究のフロンティア』有斐閣。

窪誠（2017）「なぜ，日本国憲法『公共の福祉』概念が国連人権機関で問題とされるのか？」『大阪産業大学経済論集』18（1）。

国際協力機構企画部（2014）「Rights Based Approach とは」（https://www.jica.go.jp/activities/issues/special...att/with_rights_based_approach.pdf，2019年3月25日アクセス）。

後藤玲子（2016）「福祉国家の忘れもの」後藤玲子編著『正義』ミネルヴァ書房。

武田丈（2016）「多様性の尊重とソーシャルワーク——人権を基盤とするアプローチ」『ソーシャルワーク研究』42（2）。

日本学術会議 社会学委員会 社会福祉学分科会（2018）「提言 社会的つながりが弱い人への支援のあり方について——社会福祉学の視点から」。

平田勝政（2009-12）「日本ハンセン病社会事業史研究（第1報～第4報）」『長崎大学教育学部紀要——教育科学』73-76頁。

藤野豊（1993）『日本ファシズムと医療——ハンセン病をめぐる実証的研究』岩波書店。

藤田豊（2003）『厚生省の誕生——医療はファシズムをいかに推進したか』かもがわ出版。

Banks, S.（2012）*Ethics and Values in Social Work*, 4th Edition, Published in Association with BASW, Palgrave Macmillan.（＝2016, 伊藤文人ら監訳『ソーシャルワークの倫理と価値』法律文化社。）

Beveridge, W. H.（1942）*Social Insurance and Allied Services*, HMSO.

Beveridge, W. H.（1948）*Voluntary Action -A Report on Methods of Social Advance-*, George Allen & Unwin.

Rawls, J.（1971）*A Theory of Justice*, The Belknap Press of Harvard University Press Cambridge, Massachusetts.

Sen, A.（1992）*Inequality Reexamined*, Oxford University Press.

Tawney, R. H.（1921）*The Acquisitive Society*, Wheatsheat Books.

United Nations（2006）*Annual Report 2006*, Office of the High Commissioner for Human Rights.（https://www.ohchr.org/Documents/AboutUs/annualreport2006.pdf, 2019.3.25.）

（金子光一）

コラム1　井上円了とソーシャルワーク

（1）「諸学の基礎は哲学にあり」

　東洋大学の創立者であり，日本の哲学の黎明期の学者が，井上円了である。1919年6月に61歳で死去してから2019年は，没後100年を迎えた。明治期の日本においては哲学が大きく発展した。その中心人物の一人が円了であった。円了は日本の近代化のためには，哲学を基礎とする物の見方，考え方を修得することが不可欠との信念から，東洋大学の前身である哲学館を創立し，180冊に上る著書・論文を発表した。また交通網が発達していない時代において，全国の市町村の約6割を回り，5,291回もの講演を行い，あらゆる地域や階層へ向けて哲学の伝道者としての活動に力を注いだ。

　哲学とは古代ギリシャに始まる知的活動の基本にある「智慧を愛し求める（philosophy）」の思想を意味する。ソクラテスが自分は「知者」ではなく，自分が何も知らないということを知っているがゆえに，「知りたい者」になる，としたように何事にも謙虚に「知りたい」から出発し，真理を探究していくことが哲学の考え方である，とした。円了は「諸学の基礎は哲学にあり」と述べ，これを教育理念として，東洋大学の誕生となった。昨今の企業における，営利のみを追求する姿勢からの不祥事やブラック企業の存在を鑑みると，まさに「経営哲学」が求められている時代と言えよう。したがって医学，経営学，工学，教育学等すべての学問においても哲学が大切であることは言うまでもない。

　学問の進展と哲学は切っても切り離すことはできず，社会福祉という学問においても同様である。社会福祉学において「哲学」とは，いかなるものと捉えればよいのだろうか。社会福祉とはそもそも利他的行為のための実学（実践学問）である。目の前に困っている人がいて，この人に対して何かしらの助けをしたいという思いが出発点となる。そのためには，その人のことを「知る」，その人を取り巻く環境を「知る」ということが原点となり，人間存在の意味を追求していくことになる。具体的には，その人の真の声を聴く，声なき声を聴いていく姿勢が求められる。そこに社会福祉の哲学がある。

　また現代社会の社会福祉の諸問題は，政治，経済，国際関係等の複雑な問題が絡み合っており，さまざまな知識や方法論としての技術が必要になる。しかし，これまでの知識や技術を総動員しても太刀打ちできない状況に遭遇した場合はどうするか。たとえば，未曾有の自然災害において，たまたま援助者は，どうするか。自分の持っている知識や既存の制度だけでは歯が立たなかったとき，それを超越する対応が求められる。

　その時，援助者として目の前の問題に対応する際の「尺度（ものさし）」が問われる

ことになる。答えがない問いに直面したとき，常に目の前の問題やその問題に直面している人に寄り添いより良い方法を模索し続ける。答えを見つけ出していくということは，知識や技術の前にどれだけ目の前の人を理解できるか人間理解を支える，社会福祉の哲学という「ものさし」を養うことが重要である。

（2）民族固有の知と井上円了

　ソーシャルワークのグローバル定義における民族固有の知を，井上円了の民族固有の知についての日本語訳は以下のとおりである。

> 「植民地主義の結果，西洋の理論や知識のみが評価され，地域・民族固有の知は，西洋の理論や知識によって過小評価され，軽視され，支配された。…（中略）…ソーシャルワークは，世界中の先住民たちの声に耳を傾け学ぶことによって，西洋の歴史的な科学的植民地主義と覇権を是正しようとする。こうして，ソーシャルワークの知は，先住民の人々と共同で作り出され，ローカルにも国際的にも，より適切に実践されることになるだろう。」

　円了の「哲学館改良の目的に関して意見」の第1に「いやしくも日本国あり日本国固有の学術，宗教ある以上は，まずこれを講究し傍ら西洋の学術を講究せざるべからず」とある。円了自身，欧米には幾度も視察を行っているが，西洋の思想をそのまま日本に取り入れることを良しとはしていない。もちろん西洋の学術も研究すべきであるが，日本の独立を全うするためには，まずは伝統の学問を究め，傍ら西洋の学問を究明しなければならないとするものだった。当時の日本は帝国主義時代だったこともあり，円了が提唱したのは日本主義（国粋主義）と呼ばれる思想であり，民族固有の知と比較することに違和感を覚える読者もおられよう。

　しかし，興味深いことは，円了はこうした日本主義の背景に宇宙主義をおいている点である。この宇宙主義というのは，普遍的な真理の尊重を意味し，哲学的究明の重視をその内容としている。哲学的視点に立ってみれば，先住民の知・民族固有の知は古来の文明が発展していく中で普遍的な真理を追い求める中で人々によって編み出され，定着していったものであるから，まさに「世界中の先住民たちの声に耳を傾ける」民族固有の知をソーシャルワークの分野が広げていく上で，円了のいう宇宙主義を再検討していく必要がある。

（3）円了の「地域」へのまなざし

　円了は14年の間に国内外5,400カ所で講演を行っている。井上円了研究で著名な三浦節夫は，その活動の目的を次のように述べている。

> 「修身協会運動は，欧米諸国の社会道徳や実業道徳のレベルまで，日本の民衆の道徳や思想を向上させ，それによって日本社会の改良を達成しようとするというのが目的であった。対象となるのは一般民衆であり，自ら田楽と称したように，円了

は日本の基盤を支えている地方都市や市町村などのいわゆる『地方』を重視し，そこに自分の身を運び，教育の重要性を訴えようとしたのである。」

それは「余資なき者，優暇なきものにも教育の機会を開放する」という円了自身が哲学館を創設したという実践に通じ，一般市民に働きかける，全国に教育の必要性を伝えようとする社会教育活動であった。この講演活動はまさに，ソーシャルワークの実践であるといえる。

一体，円了の活動を支えた原動力とは何であったのであろうか。三浦は，円了が全国巡業という途方もない大事業を実現した行動力の背景は信仰（真宗）によるものではないかと考え，東本願寺の高僧にその理由を聞いたところ，高僧からの回答は「越後（新潟県）の人だから」というものであったと著書の中で述べている。

円了は新潟県長岡地方（越後国三島郡来迎寺村字浦村，現・長岡市浦）の慈光寺という真宗大谷派の寺院に長男として生まれた。浦は，今も昔も新潟平野南西部の信濃川沿いにある。越後を悠々と流れる信濃川は，多くの恵みを与えてくれるとともに，時には洪水となって牙を向き，越後の人を苦しめてきた。冬には毎年のように豪雪が人々の生活を襲った。こうした災害の連続が，じっと苦難に耐える辛抱強い越後人気質を作り上げ，円了の在野精神（官と距離を保ち，民間の学者である様）もここで育まれたのかもしれない。

円了は青年になり，京都の東本願寺，東京大学へと「留学」することになる。旅先では，下記の漢詩を綴っている。

『客愁』

「ひとたび異郷の地に逗留し，すでに二年もの歳月が経った。しばしば故郷を夢見ては心迷い，楽しかった日のことを思う。川べりの柳は誰のために緑をたたえ，林の鴬は私を愁い鳴くのか。悠々と流れる鴨川の水は，どうして北の故国へと流れていかないのであろうか。」

感傷にひたる円了の漢詩からは，当時から哲学者の片鱗が垣間見えると同時に，ふるさとへの思いが見て取れる。彼を晩年まで地方に駆り立てたのは，そこに住む人々の暮らしを改良することへの強い思いとともに，彼自身が少年時代をすごした越後長岡の風景が常にあったからに違いない。当時の明治の世での中央集権の時代にあって，地方の発展に奔走した円了の功績ははかりしれないものがある。

今日のわが国は超少子高齢社会を迎え，地域包括ケアシステムの構築はこれからの高齢化を迎えるアジア各国においてもモデルとなりうる。社会福祉における制度やサービスも充実し専門分化してきている。地方分権，地域重視という言葉は聞こえはよいが，虐待やいじめ，地域における孤立死など痛ましいニュースが後を絶たない。どれほどシステムが充実したとしても，そこに住む人たちの生活をよくするための哲学がなければ，

社会福祉学は机上の空論になりかねない。

　円了は，学問を修めることは，他者や社会のためではなくては意味がないことを強調し，世のため人のためにはたらいてやまないことを信条とした。『ソーシャルワークのグローバル定義』は，まさにソーシャルワークの哲学である。この哲学を基盤とした社会福祉学の学びが求められている。

　　参考文献：三浦節夫（2014）『井上円了』（新潟県人物小伝）新潟日報事業社。

　　　　　　竹村牧男（2012）『井上円了の哲学・思想』（東洋大学史ブックレット②）白峰社。

　　　　　　NHK 総合テレビ（2011）「歴史秘話ヒストリア　井上円了　颯爽登場！“妖怪博士”の不思議な世界」。

（髙山直樹）

ソーシャルワークのグローバル定義を読み解く
──アジア太平洋地域・日本における展開

第 2 章ではソーシャルワークのグローバル定義（以下，グローバル定義）について学ぶ。グローバル定義は，すでに多くの社会福祉，ソーシャルワークのテキストでも紹介されているとおり，社会福祉を学ぶにあたって必ず登場するトピックである。グローバル定義を学び，その理解を深めるためには一行一行を丁寧に読み解くこと，そしてその注釈も確認することが必要である。しかしグローバル定義はもともと英語で書かれたものが日本語訳されたものであり，決してわかりやすい文章であるとはいえない。それゆえグローバル定義の中で，どのようなソーシャルワークの重要なキーワードが，どのように使われているのか理解しておきたい。

グローバル定義はまた，「各国および世界の各地域で展開してもよい」とされている。これに基づいてグローバル定義が策定された後，アジア太平洋地域，そして日本の展開が相次いで文章化された。地域や国の実情に合わせたソーシャルワークの役割，目指すべき方向性を理解することも重要である。

グローバル定義は実践されることで生きてくる。ソーシャルワークは何に動機づけられ，何を意識し，何を目指して実践されるのか，重要な部分は第 1 章での学びと重なる部分も少なくないが，地球規模で展開されるソーシャルワークの基軸を学びたい。

1 ソーシャルワークのグローバル定義

（1）ソーシャルワークの国際化と標準化
誰もが平穏で幸せを実感しながら日常を過ごせるのであれば，それに越した

ことはない。しかし，現実は中々そういうわけにはいかず，多かれ少なかれ何らかの問題が発生し，その対応に追われながら過ごしている。自分の力で，また家族，友人，知人の協力で問題が解決すればよいが，専門的な支援が必要な場合も生じることがあり，それは世界のどこにいてもあり得ることだ。

　このように日々の生活を送る上で生じるさまざまな問題に対応するために，ソーシャルワークは世界中で実践されている。その実践が同じソーシャルワークの名の下であまりにも違っていたら困りはしないだろうか。グローバル化は人や物資，資金，情報が国境を超える。それに伴ってソーシャルワークが必要となる問題が国境を越えた時，それに対応する各国のソーシャルワーカーが，同じ方向性で支援を展開することが重要になる。ソーシャルワークの取り扱う問題は，それぞれの国レベルで解決できるものから，国際的な努力，連携によってのみ解決できる問題まで幅広い。そのためには，世界中でソーシャルワークがどういうことなのか，共通した理解をしておく必要があるだろう。グローバル定義はまた，難民の問題や人身売買の問題等，国際的な地球規模の問題に対応するための基軸ともなる。一つの国の問題に対応するだけにとどまらず，実践が国境を越えたソーシャルワークはどのように定義されているか，本書の目的に沿って考察してみたい。

（2）ソーシャルワークの国際定義
——ソーシャルワークのグローバル定義と差異との共通点

　グローバル定義が策定される以前は，ソーシャルワークの国際定義が存在しており，その定義がソーシャルワークの定義として教科書等で紹介され，広く用いられてきた（第1章4参照）。

　このソーシャルワークの定義が紹介された当時は empowerment をエンパワーメントと表記していた。なお，この定義には解説が付記されており，その主張はグローバル定義にも引き継がれていることから，以下，紹介しておきたい。

解　　説

　様々な形態をもって行われるソーシャルワークは，人びととその環境の間の多様で複雑な相互作用に働きかける。その使命は，すべての人びとが，彼らのもつ可能性を十分に発展させ，その生活を豊かなものにし，かつ，機能不全を防ぐことができるようにすることである。専門職としてのソーシャルワークが焦点を置くのは，問題解決と変革である。従ってこの意味で，ソーシャルワーカーは，社会においての，かつ，ソーシャルワーカーが支援する，個人，家族，コミュニティの人びとの生活にとっての，変革をもたらす仲介者である。ソーシャルワークは，価値，理論，および実践が相互に関連しあうシステムである。

価　　値

　ソーシャルワークは，人道主義と民主主義の理想から生まれ育ってきたのであって，その職業上の価値は，すべてに人間が平等であること，価値ある存在であること，そして，尊厳を有していることを認めて，これを尊重することに基盤を置いている。ソーシャルワーク実践は，1世紀余り前のその起源以来，人間のニーズを充足し，人間の潜在能力を開発することに焦点を置いてきた。人権と社会正義は，ソーシャルワークの活動に対し，これを動機づけ，正当化する根拠を与える。ソーシャルワーク専門職は，不利益を被っている人びとと連帯して，貧困を軽減することに努め，また，傷つきやすく抑圧されている人びとを開放して社会的包摂（ソーシャル・インクルージョン）を促進するよう努力する。ソーシャルワークの諸価値は，この専門職の，各国別並びに国際的な倫理綱領として具体的に表現されている。

理　　論

　ソーシャルワークは，ソーシャルワークの文脈で捉えて意味のある，地方の土着の知識を含む，調査研究と実践評価から導かれた実証に基づく知識体系に，その方法論の基礎を置く。ソーシャルワークは，人間と環境の間の相互作用の複雑さを認識しており，また，人びとの能力は，その相互作用が人びとに働きかける様ざまな力——それには，生体・心理社会的要因が含まれる——によって影響を受けながらも，同時にその力を変えることができることを認識している。ソーシャルワーク専門職は，複雑な状況を分析し，かつ，個人，組織，社会，さらに文化の変革を促すために，人間の発達と行動，および社会システムに関する理論を活用する。

実　　践

　ソーシャルワークは，社会に存在する障壁，不平等及び不公正に働きかけて取り組

む。そして，日常の個人的問題や社会的問題だけでなく，危機と緊急事態にも対応する。ソーシャルワークは，人と環境についての全体論的なとらえ方に焦点を合わせた様ざまな技能，技術，および活動を利用する。ソーシャルワークによる介入の範囲は，主として個人に焦点を置いた心理社会的プロセスから社会政策，社会計画及び社会開発への参画にまで及ぶ。この中には，人びとがコミュニティの中でサービスや社会資源を利用できるように援助する努力だけでなく，カウンセリング，臨床ソーシャルワーク，グループワーク，社会教育ワークおよび家族への援助や家族療法までも含まれる。ソーシャルワークの介入には，さらに，施設機関の運営，コミュニティ・オーガニゼーション，社会政策および経済開発に影響を及ぼす社会的・政治的活動にも携わることも含まれる。ソーシャルワークのこの全体論的な視点は，普遍的なものであるが，ソーシャルワーク実践での優先順位は，文化的，歴史的，および社会経済的条件の違いにより，国や時代によって異なってくるであろう。

　人権と社会正義がソーシャルワークの動機となり，またソーシャルワークが人と環境の相互作用するところに働きかけること，ソーシャルワークがミクロからマクロまでを対象とすることは，現在のソーシャルワークにも引き継がれている。

（3）ソーシャルワークのグローバル定義

　ところが，この定義は有効期間が10年となっており，その後改定するという決議が付帯しており，付帯決議に基づいて定義を改定するための取り組みが世界中で展開された。その成果が第1章でも紹介されたグローバル定義である。なお，日本語定義の作業は社会福祉専門職団体協議会と日本社会福祉教育学校連盟が協働で行った。以下は，日本語定義である。

　　ソーシャルワークは，社会変革と社会開発，社会的結束，および人々のエンパワメントと解放を促進する，実践に基づいた専門職であり学問である。社会正義，人権，集団的責任，および多様性尊重の諸原理は，ソーシャルワークの中核をなす。ソーシャルワークの理論，社会科学，人文学，および地域・民族固有の知[i]を基盤として，ソーシャルワークは，生活課題に取り組みウェルビーイングを高めるよう，人々やさまざまな構造に働きかける[ii]。

この定義は，各国および世界の各地域で展開してもよい。[iii]

(i)　「地域・民族固有の知（indigenous knowledge）」とは，世界各地に根ざし，人々が集団レベルで長期間受け継いできた知を指している。中でも，本文注釈の「知」の節を見ればわかるように，いわゆる「先住民」の知が特に重視されている。

(ii)　この文の後半部分は，英語と日本語の言語的構造の違いから，簡潔で適切な訳出が非常に困難である。本文注釈の「実践」の節で，ここは人々の参加や主体性を重視する姿勢を表現していると説明がある。これを加味すると，「ソーシャルワークは，人々が主体的に生活課題に取り組みウェルビーイングを高められるよう人々に関わるとともに，ウェルビーイングを高めるための変革に向けて人々とともにさまざまな構造に働きかける」という意味合いで理解すべきであろう。

(iii)　今回，各国および世界の各地域（IFSW/IASSW は，世界をアジア太平洋，アフリカ，北アメリカ，南アメリカ，ヨーロッパという 5 つの地域＝リージョンに分けている）は，このグローバル定義を基に，それに反しない範囲で，それぞれの置かれた社会的・政治的・文化的状況に応じた独自の定義を作ることができることとなった。これによって，ソーシャルワークの定義は，グローバル（世界）・リージョナル（地域）・ナショナル（国）という 3 つのレベルをもつ重層的なものとなる。

（4）ソーシャルワークのグローバル定義の注釈

　実はグローバル定義そのものは，前述のようにわずか 3 文のみのシンプルな文章である。これに「この定義は，各国および世界の各地域で展開してもよい」という但し書きといえる文が 1 文追記されている。この部分については追って解説する。重要なのは，その後に以下の注釈（Commentary）が付けられていることで，これは注釈というより解説とした方がふさわしい情報を含む注釈であるにもかかわらず，注釈まで含めてセットで掲載している文献が少ないことから，あえて注釈も，以下，全文掲載しておきたい。

注　釈

　注釈は，定義に用いられる中核概念を説明し，ソーシャルワーク専門職の中核となる任務・原則・知・実践について詳述するものである。

中核となる任務

　ソーシャルワーク専門職の中核となる任務には，社会変革・社会開発・社会的結束の促進，および人々のエンパワメントと解放がある。

　ソーシャルワークは，相互に結び付いた歴史的・社会経済的・文化的・空間的・政治的・個人的要素が人々のウェルビーイングと発展にとってチャンスにも障壁にもなることを認識している，実践に基づいた専門職であり学問である。構造的障壁は，不平等・差別・搾取・抑圧の永続につながる。人種・階級・言語・宗教・ジェンダー・障害・文化・性的指向などに基づく抑圧や，特権の構造的原因の探求を通して批判的意識を養うこと，そして構造的・個人的障壁の問題に取り組む行動戦略を立てることは，人々のエンパワメントと解放をめざす実践の中核をなす。不利な立場にある人々と連帯しつつ，この専門職は，貧困を軽減し，脆弱で抑圧された人々を解放し，社会的包摂と社会的結束を促進すべく努力する。

　社会変革の任務は，個人・家族・小集団・共同体・社会のどのレベルであれ，現状が変革と開発を必要とするとみなされる時，ソーシャルワークが介入することを前提としている。それは，周縁化・社会的排除・抑圧の原因となる構造的条件に挑戦し変革する必要によって突き動かされる。社会変革のイニシアチブは，人権および経済的・環境的・社会的正義の増進において人々の主体性が果たす役割を認識する。また，ソーシャルワーク専門職は，それがいかなる特定の集団の周縁化・排除・抑圧にも利用されない限りにおいて，社会的安定の維持にも等しく関与する。

　社会開発という概念は，介入のための戦略，最終的にめざす状態，および（通常の残余的および制度的枠組に加えて）政策的枠組などを意味する。それは，（持続可能な発展をめざし，ミクロ-マクロの区分を超えて，複数のシステムレベルおよびセクター間・専門職間の協働を統合するような）全体的，生物―心理―社会的，およびスピリチュアルなアセスメントと介入に基づいている。それは社会構造的かつ経済的な開発に優先権を与えるものであり，経済成長こそが社会開発の前提条件であるという従来の考え方には賛同しない。

原　　則

　ソーシャルワークの大原則は，人間の内在的価値と尊厳の尊重，危害を加えないこと，多様性の尊重，人権と社会正義の支持である。

　人権と社会正義を擁護し支持することは，ソーシャルワークを動機づけ，正当化するものである。ソーシャルワーク専門職は，人権と集団的責任の共存が必要であることを認識する。集団的責任という考えは，一つには，人々がお互い同士，そして環境に対して責任をもつ限りにおいて，はじめて個人の権利が日常レベルで実現されると

いう現実，もう一つには，共同体の中で互恵的な関係を確立することの重要性を強調する。したがって，ソーシャルワークの主な焦点は，あらゆるレベルにおいて人々の権利を主張すること，および，人々が互いのウェルビーイングに責任をもち，人と人の間，そして人々と環境の間の相互依存を認識し尊重するように促すことにある。

　ソーシャルワークは，第一・第二・第三世代の権利を尊重する。第一世代の権利とは，言論や良心の自由，拷問や恣意的拘束からの自由など，市民的・政治的権利を指す。第二世代の権利とは，合理的なレベルの教育・保健医療・住居・少数言語の権利など，社会経済的・文化的権利を指す。第三世代の権利は自然界，生物多様性や世代間平等の権利に焦点を当てる。これらの権利は，互いに補強し依存しあうものであり，個人の権利と集団的権利の両方を含んでいる。

　「危害を加えないこと」と「多様性の尊重」は，状況によっては，対立し，競合する価値観となることがある。たとえば，女性や同性愛者などのマイノリティの権利（生存権さえも）が文化の名において侵害される場合などである。『ソーシャルワークの教育・養成に関する世界基準』は，ソーシャルワーカーの教育は基本的人権アプローチに基づくべきと主張することによって，この複雑な問題に対処しようとしている。そこには以下の注が付されている。

　　文化的信念，価値，および伝統が人々の基本的人権を侵害するところでは，そのようなアプローチ（基本的人権アプローチ）が建設的な対決と変化を促すかもしれない。そもそも文化とは社会的に構成されるダイナミックなものであり，解体され変化しうるものである。そのような建設的な対決，解体，および変化は，特定の文化的価値・信念・伝統を深く理解した上で，人権という（特定の文化よりも）広範な問題に関して，その文化的集団のメンバーと批判的で思慮深い対話を行うことを通して促進されうる。

知

　ソーシャルワークは，複数の学問分野をまたぎ，その境界を超えていくものであり，広範な科学的諸理論および研究を利用する。ここでは，「科学」を「知」というそのもっとも基本的な意味で理解したい。ソーシャルワークは，常に発展し続ける自らの理論的基盤および研究はもちろん，コミュニティ開発・全人的教育学・行政学・人類学・生態学・経済学・教育学・運営管理学・看護学・精神医学・心理学・保健学・社会学など，他の人間諸科学の理論をも利用する。ソーシャルワークの研究と理論の独自性は，その応用性と解放志向性にある。多くのソーシャルワーク研究と理論は，サービス利用者との双方向性のある対話的過程を通して共同で作り上げられてきたものであり，それゆえに特定の実践環境に特徴づけられる。

この定義は，ソーシャルワークは特定の実践環境や西洋の諸理論だけでなく，先住民を含めた地域・民族固有の知にも拠っていることを認識している。植民地主義の結果，西洋の理論や知識のみが評価され，地域・民族固有の知は，西洋の理論や知識によって過小評価され，軽視され，支配された。この定義は，世界のどの地域・国・区域の先住民たちも，その独自の価値観および知を作り出し，それらを伝達する様式によって，科学に対して計り知れない貢献をしてきたことを認めるとともに，そうすることによって西洋の支配の過程を止め，反転させようとする。ソーシャルワークは，世界中の先住民たちの声に耳を傾け学ぶことによって，西洋の歴史的な科学的植民地主義と覇権を是正しようとする。こうして，ソーシャルワークの知は，先住民の人々と共同で作り出され，ローカルにも国際的にも，より適切に実践されることになるだろう。国連の資料に拠りつつ，IFSW は先住民を以下のように定義している。

- 地理的に明確な先祖伝来の領域に居住している（あるいはその土地への愛着を維持している）。
- 自らの領域において，明確な社会的・経済的・政治的制度を維持する傾向がある。
- 彼らは通常，その国の社会に完全に同化するよりも，文化的・地理的・制度的に独自であり続けることを望む。
- 先住民あるいは部族というアイデンティティをもつ。

http:ifsw.org/policies/indigenous-peoples

実　　践

　ソーシャルワークの正統性と任務は，人々がその環境と相互作用する接点への介入にある。環境は，人々の生活に深い影響を及ぼすものであり，人々がその中にある様々な社会システムおよび自然的・地理的環境を含んでいる。ソーシャルワークの参加重視の方法論は，「生活課題に取り組みウェルビーイングを高めるよう，人々やさまざまな構造に働きかける」という部分に表現されている。ソーシャルワークは，できる限り，「人々のために」ではなく，「人々とともに」働くという考え方をとる。社会開発パラダイムにしたがって，ソーシャルワーカーは，システムの維持あるいは変革に向けて，さまざまなシステムレベルで一連のスキル・テクニック・戦略・原則・活動を活用する。ソーシャルワークの実践は，さまざまな形のセラピーやカウンセリング・グループワーク・コミュニティワーク，政策立案や分析，アドボカシーや政治的介入など，広範囲に及ぶ。この定義が支持する解放促進的視角からして，ソーシャルワークの戦略は，抑圧的な権力や不正義の構造的原因と対決しそれに挑戦するために，人々の希望・自尊心・創造的力を増大させることをめざすものであり，それゆえ，介入のミクロ-マクロ的，個人的-政治的次元を一貫性のある全体に統合することがで

きる。ソーシャルワークが全体性を指向する性質は普遍的である。しかしその一方で，ソーシャルワークの実践が実際上何を優先するかは，国や時代により，歴史的・文化的・政治的・社会経済的条件により，多様である。

　この定義に表現された価値や原則を守り，高め，実現することは，世界中のソーシャルワーカーの責任である。ソーシャルワーカーたちがその価値やビジョンに積極的に関与することによってのみ，ソーシャルワークの定義は意味をもつのである。

※「IFSW 脚注」

2014年7月6日の IFSW 総会において，IFSW は，スイスからの動議に基づき，ソーシャルワークのグローバル定義に関して以下の追加動議を可決した。

IFSW 総会において可決された，ソーシャルワークのグローバル定義に関する追加動議

「この定義のどの一部分についても，定義の他の部分と矛盾するような解釈を行わないものとする」

「国・地域レベルでの『展開』は，この定義の諸要素の意味および定義全体の精神と矛盾しないものとする」

「ソーシャルワークの定義は，専門職集団のアイデンティティを確立するための鍵となる重要な要素であるから，この定義の将来の見直しは，その実行過程と変更の必要性を正確に吟味した上ではじめて開始されるものでなければならない。定義自体を変えることを考える前に，まずは注釈を付け加えることを検討すべきである。」

2　ソーシャルワークのグローバル定義を読み解く

　本節では，グローバル定義の理解を深めるために，各文を注釈を参照しながら解説する。グローバル定義の内容に関する解説であるため，特に明記しない限り鉤括弧で括った引用はグローバル定義，またその注釈からの引用である。

（1）第1文目

　まずは第1文目「ソーシャルワークは，社会変革と社会開発，社会的結束，および人々のエンパワメントと解放を促進する，実践に基づいた専門職であり学問である」について考えてみたい。主語はソーシャルワークなので，グロー

バル定義によればソーシャルワークは専門職でもあり，学問でもあることが理解できる。ソーシャルワークが専門職のみによって実践されているかというポイントについては後述するが，ここでは，ソーシャルワークが実践に基づいていることに注意したい。そして，その実践に基づく専門職であり学問であるソーシャルワークは，「社会変革と社会開発，社会的結束，人々のエンパワメントと解放を促進する」と書かれている。前述した注釈の最初の部分を合わせて確認すると，ニーズに応じて社会を変えること，期待される社会を創っていくこと，社会につながりを構築すること，人々をエンパワーし，抑圧等から解き放つことが，ソーシャルワーカーの中核となる任務であるとしている。

　社会変革というと，何かとても大きな革命のようなものを想像するかもしれない。しかし，注釈には，「社会変革の任務は，個人・家族・小集団・共同体・社会のどのレベルであれ，現状が変革と開発を必要とするとみなされる時，ソーシャルワークが介入することを前提としている」と書かれており，日々の個人的な課題から社会全体のシステムを変えるような取り組みまで，あらゆる規模を対象とした取り組みが社会変革であることがわかる。人々の生活に密着している人と人のつながり，家族，集団から，組織や地域社会を必要に応じて変えることがソーシャルワークの任務になっている。

　すでにこの部分に開発というキーワードが含まれているが，注釈では「社会開発という概念は，介入のための戦略，最終的にめざす状態，および（通常の残余的および制度的枠組に加えて）政策的枠組などを意味する」とされており，「それは，（持続可能な発展をめざし，ミクロ-マクロの区分を超えて，複数のシステムレベルおよびセクター間・専門職間の協働を統合するような）全体的，生物—心理—社会的，およびスピリチュアルなアセスメントと介入に基づいている」とある。すなわち社会開発も社会変革と同様に，そのレベルにこだわらず，全体的，総合的なアセスメントと支援に基づく開発を意味している。

　ソーシャルワークが，人と環境，そしてその相互作用に着目することは前述したが，そのためには，対象となる人について，そしてその人が存在する環境について，多角的にアセスメントを実施しなければならない。その意味で重層

的，多角的なアセスメントのありようは，ソーシャルワークの独自性である。そのようなアセスメントをベースに計画，実施されるソーシャルワークの実践は，対象が人や社会を含むものとなり，幅広い対応を求められることになる。

　注釈では「構造的障壁は，不平等・差別・搾取・抑圧の永続につながる」ことを認識し，「人種・階級・言語・宗教・ジェンダー・障害・文化・性的指向などに基づく抑圧や，特権の構造的原因の探求を通して批判的意識を養うこと，そして構造的・個人的障壁の問題に取り組む行動戦略を立てることは，人々のエンパワメントと解放をめざす実践の中核をなす」とされている。

　人々のエンパワメントと解放のためには構造的，個人的障壁の問題に取り組む必要があり，それは，ソーシャルワーカーだけが取り組むのではなく，「不利な立場にある人々と連帯」しながら実践するとされる。さらに，ソーシャルワーカーは「貧困を軽減し，脆弱で抑圧された人々を解放し，社会的包摂と社会的結束を促進すべく努力する」と記されている。インクルーシブな社会の構築のために社会的に弱い立場の人たちと協働すること，それが人々のエンパワメントと解放につながる。

（2）第 2 文目

　第 2 文目は「社会正義，人権，集団的責任，および多様性尊重の諸原理は，ソーシャルワークの中核をなす」という一文である。ソーシャルワークの中核をなす原理について述べられている一文であり，「社会正義」「人権」「集団的責任」「多様性尊重」の 4 つの原理が明記されており，第 1 章では，このグローバル定義の中で「ソーシャルワークの中核をなす諸原理」とされている「社会正義」（social justice），「人権」（human rights），「集団的責任」（collective responsibility），「多様性尊重」（respect for diversities）に焦点を当て，グローバル定義の意義が考察された。これらの原理は注釈中の原則のセクションで解説されている。まずは，人権と社会正義の擁護と支持がソーシャルワークの動機になり，正当化につながることが述べられている。そして対立関係にありそうな一人ひとりが大事にされるべき人権尊重と，集団的責任の共存の必要性が認

識されている。なお，ソーシャルワークの尊重する権利は，第一世代から第三世代の権利とされており，第1章での解説を参照されたい。

　原理の一つに挙げられている社会正義については，注釈の中で十分に解説されていないが，これも第1章で解説されている。

　ソーシャルワークの考える集団的責任は「人々がお互い同士，そして環境に対して責任をもつ限りにおいて，はじめて個人の権利が日常レベルで実現されるという現実，もう一つには，共同体の中で互恵的な関係を確立することの重要性を強調する」とされている。これは「ソーシャルワークの主な焦点は，あらゆるレベルにおいて人々の権利を主張すること，および，人々が互いのウェルビーイングに責任をもち，人と人の間，そして人々と環境の間の相互依存を認識し尊重するように促すことにある」と解説されているように，人と環境との関係性を重視することを示した一文であり，人に着目するサービスや，社会に着目するサービスとの違いが明確になっており，ソーシャルワークの特徴が描かれている。

　多様性の尊重は一人ひとりの権利を尊重することで必然的に多様性が確保されると理解できよう。中核となる任務で挙げられている人種・階級・言語・宗教・ジェンダー・障害・文化・性的指向等，一人ひとりの権利の尊重が多様性をつくり出す結果になる。ソーシャルワークはだれも排除されないインクルーシブな社会づくりのために，一人ひとりの権利の尊重をあきらめずかかわり続ける営みである。

（3）第3文目

　グローバル定義の最後の一文は「ソーシャルワークの理論，社会科学，人文学，および地域・民族固有の知を基盤として，ソーシャルワークは，生活課題に取り組みウェルビーイングを高めるよう，人々やさまざまな構造に働きかける」という一文であり，ソーシャルワークの実践とその基盤となる「知」について書かれている。そのため注釈においても「知」と「実践」に分かれて解説されている。

　まず，ソーシャルワークの実践基盤となる知は「ソーシャルワークの理論」「社会科学」「人文学」「地域・民族固有の知」である。社会の変化によって問題構造や課題が変化すれば，それに対応するソーシャルワークも変化する。実践基盤の最初の知である「ソーシャルワークの理論」は「常に発展し続ける自らの理論的基盤および研究」であると注釈で解説された。また「社会科学」「人文科学」は注釈では「コミュニティ開発・全人的教育学・行政学・人類学・生態学・経済学・教育学・運営管理学・看護学・精神医学・心理学・保健学・社会学など，他の人間諸科学の理論」であるとされ，ソーシャルワークが幅広い知識を活用することが明示されている。さらに特徴的なのが，ソーシャルワークは「先住民を含めた地域・民族固有の知にも拠っていることを認識している」ことである。いわゆる科学的なエビデンスは無いが，地域で語り継がれる知恵，生活に活かされている知恵もソーシャルワークにとって必要な知であることが記された。

　ソーシャルワーク実践の特徴は，人々とその環境，そしてその相互接触面に働きかけるとされてきた。グローバル定義の注釈においても，この特徴は受け継がれており，「ソーシャルワークの正統性と任務は，人々がその環境と相互作用する接点への介入にある」とされている。ソーシャルワークのいう環境とは，社会的な環境であり，自然的・地理的環境も含んでいる。さらにソーシャルワークは，ソーシャルワーカーだけが問題解決にかかわるのではない。当事者が問題解決にかかわることが重視されており，「ソーシャルワークは，できる限り，『人々のために』ではなく，『人々とともに』働くという考え方をとる」とされている。

　グローバル定義は IFSW（国際ソーシャルワーカー連盟）というソーシャルワーカーの世界的な団体と IASSW（国際ソーシャルワーク学校連盟）というソーシャルワーク教育を展開している教育機関の世界的な団体が，共に採択しているところに意義がある。すなわち，ソーシャルワークを定義づけるということは，世界各地のソーシャルワークの実践が集約された形で文字化される，明文化されるということである。これはソーシャルワーカーにとっては実践の拠り

所となり，実践のガイドライン，あるいはアイデンティティの確認，さらに
ソーシャルワークを第三者に伝えるツールとなる。そして，ソーシャルワーク
教育の現場では，文字化され，集約された地球規模の実践が，次世代のソー
シャルワークを担う人たちに伝えられる。これによって，次世代のソーシャル
ワーカーは国境を越えた地球規模の広がりを理解し，その共通基盤を得ること
ができるのである。

3　アジア太平洋地域・日本における展開

　グローバル定義の「この定義は，各国および世界の各地域で展開してもよ
い」という但し書きに基づいて，アジア太平洋地域における展開が作成され，
それを参考に日本における展開が作成された。本節では，以下，それぞれ全文
を掲載し，解説する。

（1）アジア太平洋地域における展開

ソーシャルワーク専門職のグローバル定義のアジア太平洋地域における展開
　アジア太平洋地域は多くの異なるコミュニティと人々を代表している。本地域は，
地域内移住に加え，地域固有及び植民地化の歴史によって形成されてきた。世界で最
も豊かな国々の一部に加え，経済的に最も困窮している国々の一部もこの地域に含ま
れている。異なる宗教的・哲学的・政治的な視点をもつ西洋と東洋，また南半球と北
半球が交わる地域である。気候変動，限りある資源の濫用，自然災害及び人災による
深刻な影響を受けてきた地域でありながらも，地域内の人々のストレングスとレジリ
エンス[i]が繰り返し示されている。
　アジア太平洋地域におけるソーシャルワーク専門職は以下を重視する：
- ニーズが満たされ，人権と尊厳が守られることにより，全ての人々に適切な社会的
  な保護が提供されることを保障するにあたり，我々専門職によるケアと共感を実現
  する
- 人々の生活における信仰，スピリチュアリティまたは宗教の重要性を容認し，また
  様々な信念体系を尊重する

- 多様性を賞賛し，対立が生じた際に平和的な交渉を行う⁽ⁱⁱ⁾
- ソーシャルワーク実践において，クリティカルで，研究に基づく実践／実践に基づく研究の諸アプローチと共に，地域内の民族固有の知及びローカルな知と営みを肯定する
- 環境保全において革新的で，持続可能なソーシャルワークと社会開発実践を推進する

　　(i)　困難や苦境に直面しながらも平衡状態を維持する能力とされ，「復元力」「精神的回復力」「抵抗力」「耐久力」などと訳されることもある。

　　(ii)　クリティカルとは，実践を科学的・合理的見地から吟味し，また検証を加え，常に最良の実践をめざすことを意味する。

　2015年10月に APASWE（アジア太平洋ソーシャルワーク教育連盟）にアジア太平洋地域における展開案が提示され，2016年 6 月，IFSW-AP（国際ソーシャルワーカー連盟アジア太平洋地域）総会及び APASWE 総会において採択された。日本語訳の作業はグローバル定義と同様に社会福祉専門職団体協議会と日本社会福祉教育学校連盟が協働で行った。

　アジア太平洋における展開の特徴は，ソーシャルワークが専門職によってなされるように記載されていることである。実際にはアジア太平洋地域で，専門職としてソーシャルワーカーが活躍している地域はそれほど多くないが，専門職として確立させて発展させたいという希望が，このアジア太平洋地域における展開に込められた。専門職としてソーシャルワーカーが活躍できる制度を作り上げることも，多くのアジア太平洋諸国では重要な要素である。

　アジア太平洋地域の地図を確認すると，太平洋を囲み，世界における活発な火山の地図と重なり合う。すなわち自然災害と常に隣り合わせの状況にあり，自然災害から発生する生活課題に向き合わざるを得ない地域であり，お互いに協働して対応する必要がある。また，アメリカ，中国，ロシアという体制の異なる巨大な国家に取り囲まれ，政治的にも経済的にもこれらの国々から影響を受け，歴史的には，「支配する―される」という関係の中にあった。

　このようにアジア太平洋地域は，地理的にも経済的にも文化的にも大きく異なる国々によって成立している。アジア太平洋地域におけるその異なり，

ギャップを乗り越えるために最も重要なコンセプトとなってくるのは多様性の尊重である。多様性を称賛し，対話を途切れさせないための絶えざる努力が求められる。

（2）日本における展開

グローバル定義の日本における展開

　日本におけるソーシャルワークは，独自の文化や制度に欧米から学んだソーシャルワークを融合させて発展している。現在の日本の社会は，高度な科学技術を有し，めざましい経済発展を遂げた一方で，世界に先駆けて少子高齢社会を経験し，個人・家族から政治・経済にいたる多様な課題に向き合っている。また日本に暮らす人々は，伝統的に自然環境との調和を志向してきたが，多発する自然災害や環境破壊へのさらなる対応が求められている。

　これらに鑑み，日本におけるソーシャルワークは以下の取り組みを重要視する。

- ソーシャルワークは，人々と環境とその相互作用する接点に働きかけ，日本に住むすべての人々の健康で文化的な最低限度の生活を営む権利を実現し，ウェルビーイングを増進する。
- ソーシャルワークは，差別や抑圧の歴史を認識し，多様な文化を尊重した実践を展開しながら，平和を希求する。
- ソーシャルワークは，人権を尊重し，年齢，性，障がいの有無，宗教，国籍等にかかわらず，生活課題を有する人々がつながりを実感できる社会への変革と社会的包摂の実現に向けて関連する人々や組織と協働する。
- ソーシャルワークは，すべての人々が自己決定に基づく生活を送れるよう権利を擁護し，予防的な対応を含め，必要な支援が切れ目なく利用できるシステムを構築する。

「日本における展開」は「グローバル定義」及び「アジア太平洋地域における展開」を継承し，とくに日本において強調すべき点をまとめたものである。

　グローバル定義，アジア太平洋地域での展開を日本語訳してきたプロセスと同様に，日本での展開を作成するにあたっても，社会福祉専門職団体協議会と日本社会福祉教育学校連盟がワーキンググループを形成し協働で行った。2015年7月以降，前述したアジア太平洋地域における展開に鑑みながら，「ソー

シャルワークを広くとらえられるようにすること」「歴史を認識し平和を求めること」「災害対応についても言及すること」などを共通認識として作成が進められた。

　そして，この日本における展開を作成する過程では，専門職団体の全国大会，日本社会福祉学会の地域ブロックでの報告，ソーシャルワーカー・デー中央集会での報告，社会福祉教育セミナーでの報告やパブリックコメント等でのヒアリングに基づきつつ作成された。それによって，専門職であり学問であるソーシャルワークを，今後，日本で展開する際に強調すべき固有の視座が記された。

　日本における展開においては，ソーシャルワークの独自性である「人と環境とその相互作用する接点に働きかけること」をしっかりと明文化することが求められた。そしてソーシャルワークが人権と社会正義を標榜するなら，日本では憲法第13・25条を再確認する必要がある。しかし日本における展開で，憲法第〇〇条と明記すると，そこから排除される人たちを作ってしまうのではという懸念が表明されたため，そういった表記はしなかった。取り組みの最初に記載された一文は，ソーシャルワークの独自性，そしてソーシャルワーカーが確実に人びとの最低限度の生活を営む権利を実現し，それにとどまらず，さらに一人ひとりの幸せを追求する，ウェルビーイングを増進する支援の重要性が記載されている。

　日本における展開の大きな特徴はソーシャルワークが主語になっているところにある。これはソーシャルワークを広く捉えられるようにするためであり，ソーシャルワークの拡大を狙ってもいる。日本では社会福祉専門職の国家資格が確立し，専門職としてソーシャルワーカーが活躍しているが，ソーシャルワークを担っているのは有資格者のみではない。また，日本は社会福祉の制度だけでなく，医療や保健，教育，建築や環境に関する制度まで，人々の生活に関係する法や制度によってさまざまな社会の問題，生活課題に対応してきた。伝統的に地域課題に対応してきた民生委員や児童委員の活躍，昨今ではNPOや社会的起業家と呼ばれる人たちも幅広い生活課題に対応し，また新しいつながりを作っている。制度によらない，専門職制度にとらわれない，しかしソー

シャルワークと呼ぶべき活動を含めて考えることが重要であると考えられた。

　アジア太平洋地域に属する日本も自然災害が多く，そこから発生する生活課題にソーシャルワークが対応する。事後対応のみではなく，予防の視座も重要であり，東日本大震災の津波の被害から「津波てんでんこ」という地域で伝承されてきた知恵によって命を守った人たちもあった。このような地域特有の知恵を防災につなげるような取り組みも必要である。それには，これまで社会福祉と直接関係のなかったように見えた人たちとも積極的につながりを作っていく必要性を確認されたい。

4　ソーシャルワークのグローバル定義実践のための10のポイント

　ソーシャルワークの定義からグローバル定義に変わるプロセスで，社会福祉専門職団体協議会（2017年に日本ソーシャルワーカー連盟となった）の国際委員会が「国際ソーシャルワーカー連盟（IFSW）の『ソーシャルワークのグローバル定義』新しい定義案を考える10のポイント」を2014年に公表した（社会福祉専門職団体協議会　2014）。実践者の団体がポイントとしたことは，今後の実践のポイントとも捉えられる。以下，10のポイントを解説する。[1]

（1）ソーシャルワークの多様性と統一性——ポイント①

　IFSW は116カ国のメンバーを擁する世界規模の団体であり，IASSW もアフリカ，アジア・太平洋，ヨーロッパ，ラテンアメリカ，北アメリカ・カリビアンの5地域に地域組織を持つ国際的な団体で，共に国連やユニセフ等の国際的な地球規模で活動する団体との関係がある。前述したように，このようにソーシャルワークの名の下で地球規模の活動が展開されているにもかかわらず，その実践の内容があまりにも異なっていたのでは国際的な団体としての活動も不可能で，他の国際団体との協力関係を築くこともできなくなる。世界的な活動を包括する共通の定義，グローバル定義の必要性はここにある。

　しかしながら，世界の各地域，国では経済的，政治的な状況，教育環境等が

異なっており，統一された定義のみではその実践活動が十分に表現できていないこともありうる。前述したように，グローバル定義では「この定義は，各国および世界の各地域で展開してもよい」と但し書きが付記され，実践の多様性を表現できるような重層的な定義となった。

（2）「先進国」以外の国からの声の反映——ポイント②

　国際定義で西洋的な価値観が重要視されていたことは前述した通りである。そのためグローバル定義では，アメリカやヨーロッパのソーシャルワーク先進国以外の国からの意見が反映された。国際定義が個人の権利を強調したことを個人主義として捉え，それに対する集団的責任を提示し，また人間の行動と社会システムに関する理論のみにとらわれない地域・民族固有の知（indigenous knowledge）をもソーシャルワークの基盤として捉えている。世界の各地域，各国で重層的な定義が設定できるよう多様性を尊重したものである。先進国以外の国からの声がどのように反映されたかは，これ以降のポイントで解説したい。

（3）集団的責任の原理——ポイント③

　国際定義では「人権と社会正義の原理は，ソーシャルワークの拠り所とする基盤」であった。グローバル定義では，人権と社会正義に集団的責任と多様性尊重の諸原理が，ソーシャルワークの中核をなすとされている。個人の権利と集団的責任を共存させることは簡単なことではない。

　グローバル定義の注釈では，「ソーシャルワーク専門職は人権と集団的責任の共存が必要であることを認識」した上で，「集団的責任という考えは，一つには，人々がお互い同士，そして環境に対して責任をもつ限りにおいて，はじめて個人の権利が日常レベルで実現されるという現実，もう一つには，共同体の中で互恵的な関係を確立することの重要性を強調」している。そしてソーシャルワーカーは，人々がお互いに「ウェルビーイングに責任をもち，人と人の間，人々と環境の間の相互依存を認識し尊重するように促すこと」をあきら

めてはならない。

（4）マクロレベル（政治）の重視——ポイント④

　これまでもソーシャルワークはミクロからマクロまでを包括する実践を展開し，ソーシャルワークが「社会の変革」を進めることは国際定義でも述べられていた。グローバル定義では社会変革だけではなく，社会開発，社会的結束も定義に入れられた。これは，グローバル定義がよりマクロレベルの実践を意識していることとも関係する。注釈の中核となる任務でも「社会変革の任務は，個人・家族・小集団・共同体・社会のどのレベルであれ，現状が変革と開発を必要とするとみなされる時，ソーシャルワークが介入することを前提としている」として，マクロレベルでの介入を示唆し，「社会開発という概念は，介入のための戦略，最終的にめざす状態，および（通常の残余的および制度的枠組に加えて）政策的枠組などを意味する」と明確に述べている。

　また，注釈の実践の項では，「社会開発パラダイムにしたがって，ソーシャルワーカーは，システムの維持あるいは変革に向けて，さまざまなシステムレベルで一連のスキル・テクニック・戦略・原則・活動を活用する」として，ソーシャルワークの実践が，「セラピーやカウンセリング・グループワーク・コミュニティワーク，政策立案や分析，アドボカシーや政治的介入など，広範囲に及ぶ」とした。ソーシャルワークはミクロからマクロ，個人的から政治的な次元までを一貫して取り扱うことが明示されている。

（5）当事者の力——ポイント⑤

　障害のある当事者の間では「私たちのことを，私たち抜きに決めないで（Nothing about us without us）」というスローガンが定着しており，これが単なるお題目にとどまらず，様々なレベルで当事者参画が定着してきた。注釈の実践の項で「ソーシャルワークは，できる限り，『人々のために』ではなく，『人々とともに』働くという考え方をとる」として，当事者の力を実践に取り込むことを示唆した。これまでは科学的な知がソーシャルワークの理論を支え

てきたが，それに加えて地域・民族固有の知が加わった。マクロな実践を想定すると，ここにもそこに住む当事者の知識や力が反映されることとなる。

（6）「ソーシャルワーク専門職」の定義——ポイント⑥

　グローバル定義への改正のプロセスでは，新しい定義がソーシャルワークの定義なのか，ソーシャルワーク専門職の定義なのか，最後まで混乱し続け，その混乱は継続していると言わざるを得ない。国際定義はソーシャルワークの定義として知られていたのにもかかわらず，その主語は「ソーシャルワーク専門職」であった。

　IASSW のウェブサイト（www.iassw-aiets.org）でのタイトルは「Global Definition of Social Work」となっているので，ソーシャルワークの国際定義として認識することができよう。それにもかかわらず，そのリンクに掲げられている20の言語の pdf ファイルのうち，IASSW の公用語の一つである日本語のバージョン（Japanese version.pdf）は，そのタイトルが「ソーシャルワーク専門職のグローバル定義」となっており，同じく公用語の一つである英語のバージョン（English version.pdf）も「Global definition of social work profession」と表記されているのである。しかし，両バージョンとも第1行目の主語はソーシャルワークである。さらに，この注釈の中核となる任務を確認すれば，そこではソーシャルワーク専門職と表記され「ソーシャルワーク専門職の中核となる任務には，社会変革・社会開発・社会的結束の促進，および人々のエンパワメントと解放がある」と記されている。

　世界の国々にはソーシャルワークが専門職化されていない地域もあり，専門職と言い切れない事情がある。それゆえソーシャルワークは学問であり専門職であると表記され，より広く担い手を捉える必要がある。

（7）ソーシャルワークは「学問」でもある——ポイント⑦

　グローバル定義で，ソーシャルワークは「実践に基づいた専門職であり学問である」とされた。専門職の定義なのかソーシャルワークの定義なのかは前項

でその混乱について記したが，定義の1文目はソーシャルワークを専門職であり学問（an academic discipline）であると明確にし，ソーシャルワークが実践と学問の両者によって成り立つものであることが確認された。

　英語の academic discipline は知識と訳すこともできる。ソーシャルワークが知識であるならば，その知識を実践するのが専門職だけに限定されるものではない。ソーシャルワークは，人々がその環境と相互作用する接点へ介入するが，グローバル定義における環境は，様々な社会システムおよび自然的・地理的環境を含む。このような広範な環境へ働きかけるには，学問としてのソーシャルワーク実践が欠かせない。また学問，特に実践を基盤とする学問には問題解決の役割があり，社会問題，生活問題の解決をねらうソーシャルワークの役割と重複する。

（8）知識ベースの幅広さと当事者関与——ポイント⑧

　国際定義におけるソーシャルワークの知識ベースは「人間の行動と社会システムに関する理論」であったが，グローバル定義における知識ベースは「ソーシャルワークの理論，社会科学，人文学，および地域・民族固有の知」へと拡大された。注釈の知の項では，より具体的に「コミュニティ開発・全人的教育学・行政学・人類学・生態学・経済学・教育学・運営管理学・看護学・精神医学・心理学・保健学・社会学など，他の人間諸科学の理論」と幅広い知識ベースを列記し，さらに「地域・民族固有の知（indigenous knowledge）」に関しては1段落を割いて解説している。

　グローバル定義は，「先住民を含めた地域・民族固有の知にも拠っていることを認識して」おり，「世界のどの地域・国・区域の先住民たちも，その独自の価値観および知を作り出し，それらを伝達する様式によって，科学に対して計り知れない貢献をしてきたことを認める」としている。そして「ソーシャルワークの知は，先住民の人々と共同で作り出され，ローカルにも国際的にも，より適切に実践されることになるだろう」とした。ソーシャルワークの知識は当事者との協働作業によって創り出されるものであり，本節（5）で言及した

点と同様に当事者性が強調されている。

（9）（自然）環境，「持続可能な発展」──ポイント⑨

　定義本文では触れられていないが，注釈で明確にされているのがソーシャルワークの環境への責任と持続可能性についての言及である。まず，「ソーシャルワークは，第一・第二・第三世代の権利を尊重する」として，その第三世代の権利において，「自然界，生物多様性や世代間平等の権利に焦点を当てる」とした。また，ソーシャルワークは，「人々がその環境と相互作用する接点」へ介入するが，「環境は，人々の生活に深い影響を及ぼすものであり，人々がその中にある様々な社会システムおよび自然的・地理的環境」を含むとしている。

　社会開発についても，「（持続可能な発展をめざし，ミクロ‐マクロの区分を超えて，複数のシステムレベルおよびセクター間・専門職間の協働を統合するような）全体的，生物‐心理‐社会的，およびスピリチュアルなアセスメントと介入に基づいている」とした。これは，人々と環境と相互作用する接点に介入するソーシャルワークにとって，人々が安心して生活できる環境の保全が重要であることを認識していることに他ならない。

（10）社会的結束・安定──ポイント⑩

　グローバル定義で，「ソーシャルワークは，相互に結び付いた歴史的・社会経済的・文化的・空間的・政治的・個人的要素が人々のウェルビーイングと発展にとってチャンスにも障壁にもなることを認識している」とした。障壁は「不平等・差別・搾取・抑圧」であり，これらの問題に取り組み，「社会的包摂と社会的結束を促進すべく努力する」としている。

　社会の変革は時に社会を不安定にする。しかし，ソーシャルワークの「社会変革の任務は，個人・家族・小集団・共同体・社会のどのレベルであれ，現状が変革と開発を必要とするとみなされる時，ソーシャルワークが介入することを前提」としており，「それは，周縁化・社会的排除・抑圧の原因となる構造

的条件に挑戦し変革する必要によって突き動かされる」という。そして，社会の安定が「いかなる特定の集団の周縁化・排除・抑圧にも利用されない限りにおいて，社会的安定の維持にも等しく関与する」とした。

5　社会を変えるソーシャルワーク——定義を意識し実践に照らし合わせる

　グローバル定義は，グローバル定義を「各国および世界の各地域で展開してもよい」とされている。日本では，日本における展開案を作成する段階で専門職団体と教育者が協働して日本における展開を策定した。これによってグローバル定義の地球規模なレベル，アジア太平洋のレベル，日本におけるレベルと，より身近になるような重層的な構造が日本のソーシャルワーカー，ソーシャルワークを学ぶ学生たちに提示された。この提示によって，定義がより身近なものとなったと考えているが，グローバル定義の注釈の最後に次のように記されている。

　　この定義に表現された価値や原則を守り，高め，実現することは，世界中のソーシャルワーカーの責任である。ソーシャルワーカーたちがその価値やビジョンに積極的に関与することによってのみ，ソーシャルワークの定義は意味をもつのである。

　ソーシャルワークを定義づけることは，地球規模で展開されるソーシャルワーク実践を束ね，ソーシャルワークを説明し，広めていくことに寄与する。しかし，その定義が単なるお題目で終わってしまっては社会からの期待に沿うことも，またどのレベルであろうとも問題解決に向かうこともできない。社会の問題が放置され，人々が分断され，排除される人々が行き場を失うことになってしまう。ソーシャルワークは学問でもあるため，ソーシャルワークを実践するソーシャルワーカーはもちろんのこと，ソーシャルワークの研究者，指導者，ソーシャルワークを学ぶ学生が，定義で示されている事柄を意識し，実践に照らし合わせることを継続することで定義が生きてくるのである。

注

⑴　この部分は志村健一（2019）「ソーシャルワーク専門職のグローバル定義」木村
　　容子・小原眞知子編著『ソーシャルワーク論』ミネルヴァ書房，35-41頁を一部可
　　筆，修正し再掲。

参考文献

志村健一（2015）「ソーシャルワークのグローバル定義とソーシャルワーク教育」『ソー
　　シャルワーク研究』41（3），25-36頁。

志村健一（2016）「ソーシャルワーク専門職のグローバル定義の日本における展開案作
　　成について」（ワーキンググループ報告書）。

社会福祉専門職団体協議会（2014）「国際ソーシャルワーカー連盟（IFSW）の『ソー
　　シャルワークのグローバル定義』新しい定義案を考える10のポイント」。

Truell, R. (n.d) Report to the IFSW 2014 general meeting on the review of the global
　　definition of social work. 2017/03/23（http://cdn.ifsw.org/assets/ifsw_94359-2.
　　pdf）.

（志村健一）

コラム2　杉原千畝からソーシャルワークを学ぶ

（1）杉原千畝と社会正義

　人は，組織の方針が道理に外れていると思った時，それに反して，自身の良心にしたがった行動ができるだろうか。

　杉原千畝は1900年1月1日岐阜県で生まれた。第2次世界大戦の最中，39歳で外交官としてリトアニアのカナウス領事館に赴任した彼が，ナチス・ドイツ政権が行ったユダヤ人排斥政策によってポーランドなどヨーロッパ各地から逃れてきたユダヤ難民たちに日本行きのビザ（通過査証）を発給し，後年世界中から「東洋のシンドラー」と呼ばれたのはあまりにも有名である。

　注目すべきは彼が当時勤めていた外務省に背き，領事の権限にてビザを発行したことである。当コラムでは，後世の歴史家がまとめた杉原語録を基に，彼の偉業の背景にあった葛藤を紹介する（渡辺 1996）。

　「『決断』

　最初の回訓を受理した日は，一晩中私は考えた。考えつくした。

　回訓を，文字通り民衆に伝えれば，そしてその通り実行すれば，私は本省に対し従順であるとして，ほめられこそすれ，と考えた。仮に当事者が私ではなく，他の誰かであったとすれば，恐らく百人が百人，東京の回訓通り，ビザ拒否の道を選んだだろう。そして何よりも，文官服務規程方，何条かの違反に対する昇進停止，乃至，馘首が恐ろしいからである。私も何を隠そう，回訓を受けた日，一晩中，考えた。

　…果たして浅慮，無責任，我無者らの職業軍人グループの，対ナチス協調に迎合することによって，全世界に隠然たる勢力を擁する，ユダヤ民族から永遠の恨みを買ってまで，旅行書類の不備，公安配慮云々を盾にとって，ビザを拒否してもかまわないのか。それが果たして，国益に叶うことだというのか。

　苦慮，煩悶の揚句，私はついに，人道，博愛精神第一という結論を得た。そして私は，何も恐るることなく，職を賭して忠実にこれを実行し了えたと，今も確信している。

　　　1983年　杉原千畝」

　回訓とは，『大辞林 第3版』（三省堂 2006年）によれば，「在外の大使・公使などが訓令を求めた件に対し，本国政府が回答の訓令を発すること」を意味する。

　杉原千畝研究者の渡辺（1996）は，杉浦が命がけのビザ発給にいたった当時の世情と背景について，「ヒトラーに対しては，ドイツ人のみならず，日本人も英雄視していた

時代があった。戦後の平和な時代を迎えた現在，戦争やユダヤ人迫害は，常軌を逸した世紀の大犯罪であったと，ドイツ人を含めて，誰もがヒトラーおよびナチスの行為を，全面否定できる。／しかし当時，日本が同盟を結ぼうとしていた相手国，ナチス・ドイツのユダヤ方針に逆らい，日本の外交官が，大勢のユダヤ人を不法な処置によってまで助け出すことは，大変むずかしい問題であり，身に及ぶ危険な仕事であった」と説明している。

　映画「杉原千畝　スギハラチウネ」では，クライマックスに次のような場面がある。杉原は帰国後，外務省を免官させられた。その後初老を迎え民間の貿易会社に勤め，憧れの赴任先であったロシアのモスクワを訪れる。そこで，当時のビザの発給に感謝を伝えるために彼のことを探し続けていたユダヤ人との再会を喜ぶ。杉原は「ようやく念願だったモスクワに来れました」と笑顔で微笑む場面で幕を閉じる。ビザ発給によって救われたユダヤ人は6,000人あまりに上り，彼の発給したビザで救われた人々の子孫は，現在世界中に 4 万人以上生存しているというテロップが流れる。杉原千畝は1986年 7 月31日に永眠した（享年86）。1985年 1 月18日にイスラエル政府より「諸国民の中の正義の人賞」を授与され，日本国外務省は2000年10月10日正式に杉原千畝の功績を顕彰した。

（ 2 ）杉原千畝から私たちが学べること

　「私のしたことは外交官としては，間違ったことだったかもしれない。

　しかし　私には頼ってきた何千人もの人を見殺しにすることはできなかった。

　大したことをしたわけではない。当然のことをしただけです。」（杉原 1993）

　ソーシャルワークのグローバル定義では，「社会正義，人権，集団的責任，および多様性尊重の諸原理は，ソーシャルワークの中核をなす」とある。博愛人道主義を貫いた杉原千畝の生きざまは，まさしくこうした社会福祉実践の理念とも符合する。自身の置かれた立場で仕事に真摯に向き合った姿勢が，多くの人にも影響を与え，社会を変革する原動力になったのは間違いないだろう。

　ソーシャルワーカーにはクライエントの自己決定，最善の利益をゆるがすことなく検討していく視点が求められる。その際，杉原千畝という一人の日本人の決断を顧みることは，葛藤しつつ社会正義の価値を具現化していくソーシャルワーク実践につながるといえる。

　参考文献：映画「杉原千畝　チギハラチウネ」（2015）監督：チェリン・グラック，
　　　　　　　脚本：鎌田哲郎・松尾浩道。
　　　　　杉原幸子（1993）『六千人の命のビザ』（新版）大正出版。
　　　　　渡辺勝正（1996）『決断・命のビザ』大正出版。

（髙山直樹）

<table>
<tr><td>第3章</td><td>価値・倫理と専門性の関係
──ソーシャルワークにおける「幸福」を
　考える</td></tr>
</table>

　ソーシャルワーカーは，人が人を支えていくというヒューマンサービスを担う専門職の一つである。人が人を支えていくということは，ソーシャルワーカー自身の人格を通して，関わっていくことになる。したがってソーシャルワーカーの持つ価値観や倫理観がその支援に大きな影響を与える。

　運転免許証を取得するにあたっては，教習所に通い，交通法規の学習と運転技術を習得する。そして仮免許試験に合格することによって，公道において運転技術を習得していくことになる。公道では，法令を遵守し，最も重要な「安全運転」という技術を会得していくことになる。ここで大切なことは，安全運転は技術として習得することであるが，「安全」という何よりも優先される価値を身につけ，その安全のために必要な倫理を学んでいくことが求められている。自動車という乗り物をコントロールするのは，人間である。自動車は便利で楽しい乗りものである一方で，法令を遵守し，運転モラルを自覚しなければ，凶器にもなりうる。近年，あおり運転，飲酒運転での悲惨な事故・事件があるのがその証左である。

　2016年7月に神奈川県相模原市の津久井やまゆり園において，元職員により19名の重度の障害のある利用者が殺された。犯人である元職員は，現在においても「重複障害者が生きていくのは不幸だ」「抹殺することが救済だ」という考えを変えていない。このように，専門職もその価値（観），また，誤った価値によって行動すれば，車が凶器になると同様，利用者の生存を脅かす存在になるのである。

　この事件から，改めて障害のある人に向けていくまなざしが問われていることを認識させられている。それは，人間が人間を障害の有無によって評価して

いくという視点であり，また一定数の人々が，障害のある人を自分たちとは異なる存在と捉えている視点である。このような視点は障害のある人を，独特の価値観で評価する事への肯定は，自分たちも誰かから同じように独特の価値観で評価される事を受け入れざるを得なくなるにもかかわらず，この危険性に全く気づいていないということである。これらの状況を打開するには，改めてソーシャルワークの価値を具現化し，社会に浸透させていく実践が求められる。

　本章では，ソーシャルワークの役割や視点を押さえつつ，ソーシャルワークの価値の意味とソーシャルワーカーが従うべき行動規範としての倫理について考察していく。

1　求められているソーシャルワークという働き

（1）幸福を追求することを支援する働き

　日本国憲法第25条は「すべて国民は，健康で文化的な最低限度の生活を営む権利を有する」とし生存権保障をうたっている。生活保護法と国民年金法は，どちらもこの条文を引用して，これを自立助長や健全な国民の生活の維持向上をといった各法の目的の理念に位置づけている。このことからも社会福祉，社会保障を支える重要な条文であることがわかる。しかし現代の社会福祉には，生存権保障の上に立つ，より広範な権利の実現が求められている。

　そこで注目しなければならない条文が，日本国憲法第13条である。

　第13条は，幸福追求権といわれる条文である。第11条，第12条と共に人権保障の基本原則を規定した条文のキーワードは「個人の尊重」と「幸福」である。「福祉」という言葉の語源は「幸福（しあわせ）」でもあり，第13条は，個人に幸福を追求する権利を認めている。これは幸福を要求する権利ではなく，あくまで個人が追求する権利である。したがって，個人の「自分なりの幸福」を追求するという権利を保障しているのである。自分なりの幸福を追求するということは，個人の主体性に基づく行為であり，個々に異なるものである。そして，この幸福追求の延長線上には自己決定の権利とその尊重が含まれるとい

える。

世界保健機関（WHO）憲章の前文にある「well-being」は直訳すると「良い状態」であるが，「幸福」「福祉」と訳される言葉でもある。

憲法第13条に照らせば人は誰でも「良い状態」「幸福」になる権利があるということである。

ソーシャルワークは，直面している問題の改善等を通して，利用者が自らの幸福を追求することを支援するのであり，利用者が持っている生きる力を回復し，これを強化するものでなければならない。

「幸福」の「福」と「福祉」の「福」は同じ漢字である。この言葉の持つ意味合いを問い続けつつ，ソーシャルワーカーは，利用者の「幸福」の保障を追求する使命を負っているといえよう。

（2）環境に働きかける働き

第2章で取り上げたソーシャルワークの定義は，日本の社会福祉専門職団体（日本社会福祉士会等）も加盟している国際的なソーシャルワーカー組織である「国際ソーシャルワーカー連盟」が2000年に採択した「ソーシャルワークの定義」である。この定義は，日本社会福祉士会をはじめとする日本の社会福祉専門職団体の「倫理綱領」の前文にも，「実践に適用」されうる「実践の拠り所」として明示されている。

この定義を読んでみると，ソーシャルワーカーの働きは，その人らしい人生を実現するために，その人と生活に寄り添って，個別的な支援をしていくと同時に，「社会の変革」や「環境と相互に影響し合う接点に介入する」という視点をもち，社会や環境への働きかけが求められていることがわかる。一人ひとりが暮らしを築いている地域社会やその暮らしを取り巻いている環境への鋭い視点を持つということである。

上記の定義は，生物（有機体）とそれを取り巻く環境の相互関係・相互作用を科学的に研究する学問である生態学に立脚し，主にジャーメイン（C. Germain）が提唱した「エコロジカルモデル」の理論がその基盤にある。生態学において，

生物はその環境との相互関係・相互作用の中で生命体としての存在を保ってい
るという考え方が前提となる。

　ここでのキーワードも「環境」である。「自然環境」「社会環境」「家庭環境」
等は誰もが何らかの関わりをもっており，これらの環境は常に私たちにとって
の外界として存在している。そして私たちは自身の生活がその環境によって左
右されていることを実感し，その良し悪しを論じたりもする。どんなに自分が
健康で，安全で，安心した暮らしをしたいと望み，またそのような暮らしが実
現できるように心がけたり，努力をしていたとしても，自然環境の破壊，社会
制度の未整備や不備，政治・行政・企業における不正，地域社会におけるつな
がりの希薄化等が進行すると，私たちは不安や不信を抱きながら生活をするこ
とになる。現に私たちは，日々さまざまな環境の変化によって，生活が脅かさ
れていることを実感している。

　その改善に取り組んでいる人は，必ずしも多数派ではないかもしれない。し
かし，何人かの人々は，どのようにしたら自然環境破壊を止められるのかを考
えて具体的な提案をしたり，時に社会制度の不備や不適切さ，社会における
様々な不正に対して訴えたりしている。また，それらのことについての共感を
求めて他の人々に呼びかけたりしている。これらの行為は，健康で，安全で，
安心した暮らしを実現するための環境への働きかけという試みである。

（3）医学モデルから社会モデルへの働き

　2001年に世界保健機構の総会で採択された「ICF（国際生活機能分類）」（以下，
ICF）という生活機能を捉えた枠組みがある。この枠組みの画期的なところは，
人々の生活の背景となっている環境因子に着目している点である。

　この環境因子には，公共の建物の設計，公共の建物内の道案内・道順，対人
サービスの提供者等，家族・友人，同僚・仲間・コミュニティの成員の態度，
社会的規範，慣行，コミュニケーションサービス，社会保障サービス，社会的
支援サービス，教育と訓練のサービス等，労働と雇用のサービス等が挙げられ
ている。ICFの前身となる国際障害分類（ICIDH, 1980年）ではこのような環境

因子の影響は考慮されず，疾病に起因する機能障害が能力障害をもたらし，そのことによって社会的不利を被るという障害の概念を提示していた。しかしICFは，上記の環境因子の影響に着目したことによって，心身機能という側面から捉えた場合には，障害があったとしても，上記の環境において個々の障害に対する合理的配慮がなされ，環境が整えられていたら，障害のみを理由に活動が制限されたり，社会参加の機会が制約されることはないのだ，という考え方を提起したものである。

　いかに環境に働きかけ，整えていくのかということが，障害のある人にとっての暮らしやすさにつながるということ，それは環境への働きかけが障害のある人への大切な支援の一つであるということを示している。

　第1章で述べたように，日本では，2014年1月14日に障害者の権利に関する条約（以下，障害者権利条約）の批准書を寄託し，同年2月19日に効力の発生に至った。障害者権利条約とは，障害のある人の人権や基本的自由の享有を確保し固有の尊厳の尊重を促進するための人権条約であり，国際人権法として位置づけられる。

　その前文には，「全ての人権及び基本的自由が普遍的であり，不可分のものであり，相互に依存し，かつ，相互に関連を有する」（(c)項）と明記され，ウィーン宣言及び行動計画の基本原則が再確認されている。そして，障害のある人の多くが，差別，乱用，貧困に晒されていて，特に障害のある女性や子どもたちが家庭内外での暴力，ネグレクト，搾取等にさらされやすい現状にあることを指摘している。個人は他の個人とその個人の属する社会に対して，障害者権利条約の条文を具現化していく義務を負い，国際人権法に定められた人権を促進する責任があることが明記されている。

　この条約の特徴として，医学モデルから社会モデルへの転換が挙げられる。障害が個人に在るというこれまでの障害者観から，障害は，社会と環境の中に存在する考え方への転換である。

　そこには，障害のある人が人権の主体であり，人間の多様性への配慮を怠ってきた社会，その構造に対して，不便を強いられてきた人たちが訴える権利を

持つという強いメッセージが込められている。

　またこの条約の制定プロセスにおいて，障害の当事者たちが「私たちの事を，私たち抜きで決めないで」（Nothing about us without us）というスローガンを掲げたことは画期的であり，障害のある人の視点から作られた条約であることも特徴的である。

　当事者の自尊心，自己決定権の重視や，不可侵性（インテグリティ）の保護，雇用や医療を受ける機会も含めた生活のあらゆる場面における差別禁止，障害を持つことに由来する社会からの隔離や孤立の防止，その個性と違いを尊重された上での被選挙権をも含めた社会参加の権利，さらに医学的乱用，実験からの保護やインフォームド・コンセントの権利，さらに成人教育や生涯学習，当事者に対する社会全体の偏見やステレオタイプと闘う意識向上の政策の必要性が強調されている。これらの条文を具現化していくことも，ソーシャルワークの責務である。

2　ソーシャルワークの専門性・価値・倫理

（1）ソーシャルワークの専門性の要件と機能

　日本に専門職と呼ばれる仕事は多く存在する。例えば医師，弁護士，看護師，公認会計士等があるが，この専門職を成立させる共通の要素がある。一つには学問体系が構築されていることである。上記の専門職はそれぞれ，医学，法学，看護学，会計学があり，大学等での学びが不可欠となる。ソーシャルワーカーになるためにも社会福祉学を大学等で学ばなければならない。2つ目には，専門職は国家資格として位置づけられており，学問を習得した後に国家試験に合格することがその要件となる。ソーシャルワーカーは「社会福祉士」という国家資格がある。3つ目には，国家試験に合格そして資格の登録後に，職能団体に入会し活動を展開していくということである。4つ目には，その職能団体に「倫理綱領」があり，専門職の行動規範として規定されている。このように4つの専門職の共通の要素がある。

しかしながらこれらの専門職は，それぞれ独自の対象や問題の分野があり，またそれらに対応する理論・方法・技術がある。国家資格取得後も研鑽を積み重ねていかなければならない。そこで，ソーシャルワーカーの専門性についてその機能と役割から考えてみる。

　日本社会福祉実践理論学会（現・日本ソーシャルワーク学会）のソーシャルワーク研究会（1997年調査）では，ソーシャルワークの機能を①仲介機能，②調停機能，③代弁機能，④連携機能，⑤処遇機能，⑥治療機能，⑦教育機能，⑧保護機能，⑨組織機能，⑩ケアマネジャー機能，⑪社会変革機能，という11項目に整理した。

　これらの機能は，それぞれ単独で存在しているのではなく，対象や状況により，各機能の相互作用によって展開されるといってよい。またより重要なことは，前述した「人と環境との相互作用の接点」に介入することが求められ，具体的には，ソーシャルワークは，まず個人や家族の問題から始まり（ミクロ），個人や家族を取り巻く環境である地域社会，生活習慣，風土，歴史などに対して働きかける（メゾ）ことの過程の中で，制度や法律の改善，社会資源の創出，住民の意識の変革等に影響を及ぼす（マクロ）ことにつなげていく，ミクロ・メゾ・マクロのレベルにおけるソーシャルワークの実践の循環過程を繰り返しながら，社会変革に結び付けていくソーシャルワークが求められている。

（2）ソーシャルワークの価値

　ソーシャルワークは，価値の具現化であり，社会福祉の価値を持った専門職が行う実践である。この実践はソーシャルワーカーの使命（ミッション）であり，ソーシャルワーカーは価値の実現に誠実でなければならない。

　本章の冒頭で述べたように，ソーシャルワークは，人が人を支えるヒューマンサービスである。専門的な知識，技術を持っていなければならないのは当然のことであるが，知識，技術をより血の通った実践にするためには，専門職が持つべき価値が最も大切な要素である。ここでいう価値とは，専門職が持つ人間観，社会観と言い換えることもできる。日本社会福祉士会は，倫理綱領の中

で，「価値と原則」として社会福祉士が持つべき価値を次のように規定してい
る。

> 「1　（人間の尊厳）社会福祉士は，すべての人間を，出自，人種，性別，
> 年齢，身体的精神的状況，宗教的文化的背景，社会的地位，経済状況
> 等の違いにかかわらず，かけがえのない存在として尊重する。
>
> 2　（社会正義）差別，貧困，抑圧，排除，暴力，環境破壊などの無い，
> 自由，平等，共生に基づく社会正義の実現を目指す。
>
> 3　（貢献）社会福祉士は，人間の尊厳の尊重と社会正義の実現に貢献す
> る。
>
> 4　（誠実）社会福祉士は，本倫理綱領に対して常に誠実である。
>
> 5　（専門的力量）社会福祉士は，専門的力量を発揮し，その専門性を高
> める。」

このように，上記の「1（人間の尊厳）」は，人間観，「2（社会正義）」は，
社会観といってもよい。またこれらの価値が強調されるのは，ソーシャルワー
クが常に，社会の矛盾や資本主義社会から生み出される差別や偏見等のひずみ
と対峙し，闘ってきた歴史から生み出されてきたからといえる。

したがって日本社会福祉士会は，その定款の中に，社会福祉士は人権を擁護
する専門職であると規定しており，まさに権利擁護が，その実践が社会福祉士
の使命（ミッション）であり，アイデンティティである。したがって上記の価
値を具現化することが，社会福祉士の実践であり，その総体は権利を擁護する
ことにつながるといってよい。

副田（2005：44-48）は，ソーシャルワーク実践の価値を，ソーシャルワーク
実践の目標との関係から根本的価値，中核的価値，手段的価値として整理して
いる。その実践の目標は次の通りである。

①　問題改善，ニーズ充足に関する意欲，能力，技術の回復と強化を促進

②　意味ある関係，つながりの形成を促進

③　資源・資源システムとの結合を促進

④　自己実現のための環境調整と整備

図 3-1　ソーシャルワーク実践の価値

- 根本的価値
　　個人の尊厳，人権，社会正義，民主主義，平和

社会変革

- 中核的価値
　　主体性，自己実現，権利擁護，エンパワメント
　　ノーマライゼーション，インクルージョン

自立支援

- 手段的価値
　　変化の可能性，パワーの存在，自己決定，
　　参加参画，協働，連携

出所：副田（2005：48）「ソーシャルワーク実践の価値」を参考に
　　　作成。

　⑤　公的資源システムの効果的かつ人道的な運営を促進

　⑥　公的政策（public policy）の改善と発展を促進

　これらの望ましい方向を導いているのが，ソーシャルワーク実践の価値とし，上記の目標に対して以下の価値が導き出される。

　①　自立，主体性，自己実現，権限の委譲（エンパワメント）

　②　統合，ノーマライゼーション，共生，インクルージョン，相互依存・相互支援

　③　生活保障，QOL，自立生活

　④　自己実現

　⑤　アドボカシー（代弁），権利擁護・人権擁護

　⑥　アドボカシー，権利擁護，人権擁護

　このようにソーシャルワーク実践の目標を導く価値を中核的価値とし，中核的価値を導く価値を根本的価値と位置づけている。これに対してソーシャルワーク実践の望ましい方法を導くのが手段的価値としている。

　図 3-1 にあるように，ソーシャルワーク実践は，手段的価値の具現化というミクロレベルから始まり，またその実践の過程の繰り返しのなかで，中核的価値の実現そして根本的価値の実現につながっていく。図に示された一つひと

つの価値のキーワードは，抽象的な概念であるが，この抽象的な概念を具現化していく実践こそがソーシャルワークであるといえる。これらの価値を基盤としてソーシャルワーカーは，説明責任（アカウンタビリティ）を果たしていかなければならない。

（3）専門職の価値とパターナリズム

　私たちは誰でも個人の価値観を持っている。それは自らの個性につながり，かけがえのないものとして尊重されなければならない。またその価値観に基づいて，社会福祉を学ぶことを選択し，ソーシャルワーカーとして，自己実現を目指していく過程の中にいるといってよいかもしれない。

　しかし気を付けなければならないことは，この個人の価値観に基づいて支援を展開してしまう危険性があるということである。だからこそソーシャルワーカーは実践の価値を，ソーシャルワークの共通基盤として持っていなければならないのである。ソーシャルワーカー個人の価値観が利用者との関係支援の展開においてどのような影響を及ぼすのかということに対して，自覚的であることが求められ，「専門職としての自己覚知」が必要となる。

　権利擁護の対極にあるのが，権利侵害である。象徴的な権利侵害として，虐待がある。たとえば親は，子どもの養育をする権利と義務（親権）があるが，虐待を行うということは，その養育を放棄し，子どもらしく生きる権利を奪うものとなる。これは子どもにとって一番近い親から権利侵害が行われることである。このことは，本来，権利擁護を行う立場の人は，権利侵害を行う立場にもなりうるという表裏の関係があることを示しているといえよう。

　親がよかれとの想いから行う，子どもへの関わりはときに親による過干渉や過保護となり，結果的に，子どもの自己決定権や意見表明権などを奪うことにつながることは想像に難くないであろう。こうしたことは，福祉領域ではパターナリズム批判として，下記のようにも指摘されている。

　　「専門家とは，当事者に代わって，当事者よりも本人の状態や利益について，より適切な判断を下すことができると考えられている第三者のこと

である。そのために専門家には，ふつうの人にはない権威や資格が与えられている。そういう専門家が『あなたのことは，あなた以上に私が知っています。あなたにとって，何がいちばんいいかを，私が代わって判断してあげましょう』という態度をとることを，パターナリズム（温情的庇護主義）と呼んできた。」（中西・上野 2003：13）

　ソーシャルワークの実践場面においてもパターナリズムによる関わりがなされることがある。生活支援を主とする業務の場合，利用者の最も近くにいるのが現場職員だが，利用者のことを一番わかっているのは自分だから，利用者にかわって判断したり，決めたりすることがある。しかしそれは結果として自らの価値観の押しつけや管理的なかかわりであることも少なくない。つまりソーシャルワーカーは利用者の権利を擁護する専門職であるが，自らの価値観を押しつけてしまうこともたやすくできる立場にいることへの自覚が不可欠である。ソーシャルワーカーは，ややもすると権利侵害者にもなりうる存在であるということを押さえておく必要がある。

（4）ソーシャルワークの倫理

　弁護士は依頼人が明らかに犯罪者であったとしても，徹底的に依頼人の立場に立ち，弁護することに専心する。それが弁護士としての専門職性であり，専門職の倫理であり，アイデンティティである。そして，そのことによって誰からも認知される職業となっている。

　日本のソーシャルワーカーの多くは，社会福祉施設や相談機関に所属している。そのため組織の一員であるソーシャルワーカーは，その組織の機能や役割の範囲内で実践することになる。ソーシャルワーカーは利用者に対する倫理責任を負っているが，同時に所属している組織に対する責任がある。ソーシャルワークの価値とソーシャルワーカーが所属する組織の価値が合致している場合はよいが，これが異なる場合には問題になる。つまり利用者の権利擁護を推進していく場合に，ソーシャルワーカーとしては利用者の立場に立つことは当然であるが，組織の利益を優先させるような指示や方針があった場合，ソーシャ

ルワーカーは利用者に対する倫理責任と組織に対する倫理責任の間でジレンマ
を覚えることになる。これは組織に属するソーシャルワーカーが体験する「倫
理的ジレンマ」である。

　逆説的ではあるが，むしろこのようなジレンマを覚え，援助者と利用者の対
等な関係の構築の困難さを自己覚知しているソーシャルワーカーほど，権利擁
護の意味を痛感している。一方で，このようなジレンマに気づかないソーシャ
ルワーカーほど，自らの経験に頼り，権威をふりかざすような，権利擁護とは
ほど遠い援助をし，またジレンマに巻き込まれてしまったソーシャルワーカー
は，自らの仕事に対する，あきらめの中で疲れていくのである。権利擁護の推
進は，このようなジレンマをどのように自己覚知できるのかということとも密
接な関係がある。

　利用者の権利擁護を推進するためには，ソーシャルワークの価値と倫理が問
われており権利擁護と倫理は密接に関連しているのである。ソーシャルワーク
の価値と倫理は専門職としてのソーシャルワーカーとしてのアイデンティティ
の拠り所となる。

　改めて専門職にとっての倫理について考えてみたい。なぜ専門職に倫理がそ
して倫理綱領が必要なのか。特にヒューマンサービスといわれる専門職（弁護
士，聖職者，医師，ソーシャルワーカー）が関わる対象からその共通性が見えてく
る。これらの専門職は，人間に関わる対人援助の専門職である。そして人間の
「弱さ」に関わる専門職であるともいえる。

　弁護士は被害者の救済はもとより，罪を犯した人に対しては，たとえ加害者
であっても社会的に弱い立場に置かれている人の人権を擁護するための弁護を
行っていく。社会関係上の弱さをもつ人に対して法を拠り所にしてその人の権
利を守る専門職といえる。

　キリスト教の牧師や神父に代表される聖職者は，人間の精神的な弱さに関わ
る専門職である。人は人と関わらずに生きていくことができないゆえに，時に
他者を羨んだり，うそをついたり，自分勝手なことを考えたりする。それは人
間の弱さの表れである。キリスト教の聖職者は，人間の弱さを汲み取り，寄り

表3-1 倫理的責任に関する具体的な事項

【倫理規範】（Ethical Standards）
1. クライエントに対する倫理責任（Social Wokers' Ethical Responsibilities to Clients）
1.01 クライエントとの約束，コミットメント（Commitment to Clients）
1.02 自己決定（Self-Determination）
1.03 インフォームド・コンセント（Informed Consent）
1.04 コンピテンス（Competence）
1.05 文化的意識と社会の多様性（Cultural Awareness and Social Diversity）
1.06 利益相反（Conflicts of Interest）
1.07 秘密保持（Privacy and Confidentiality）
1.08 記録へのアクセス（Access to Records）
1.09 性的関係（Sexual Relationships）
1.10 物理的な接触　カウンセリングの場以外での（Physical Contact）
1.11 セクシャル・ハラスメント（Sexual Harassment）
1.12 言語的差別　軽蔑的なことばづかい（Derogatory Language）
1.13 サービスの報酬（Payment for Services）
1.14 クライエントの意思決定能力欠如（Clients Who Rack Decision-Making Capacity）
1.15 サービスの中断（Interruption of Services）
1.16 サービス紹介（Referral for Services）
1.17 サービスの終結（Termination of Services）

出所：NASW 倫理綱領より抜粋。

添う専門職である。

　医師は病にあって肉体的な弱さをもつ人に関わる専門職である。

　ソーシャルワーカーは，生活のしづらさを抱え，生活をしていく上での弱さを持つ人に密接に関わる専門職といえる。

　これらの専門職は何らかの問題，課題に直面し，弱さの中にある「弱者」に関わっていく専門職である。一方で専門職とは，専門的な知識・技術をもち，社会的な立場もある。専門的権威を持った「強者」でもある。

　本来，弱さの中にある人を支えるのが専門職であるが，「強者の立場を利用して，弱者につけこむ」といった，専門職が権利を侵害している事件や場面が多々ある。

　しかし，このようなことが起こりうるからこそ，という専門職自らを律するための根拠としての倫理が必要になってくるのである。専門職（profession）の語源は，宣言する（profess）である。したがって，倫理綱領とは，「強者であ

る専門職が自己覚知し，人々の弱さにつけこむことは絶対にしない」という決意を社会に対して宣言したものなのである。

　NASW（全米ソーシャルワーカー協会）の倫理綱領は，非常に具体的な倫理的責任に関する具体的な事項を定めている。たとえばクライエントに対するソーシャルワーカーの倫理的責任の大項目の中に，17の小項目を定めている（表 3-1参照）。

　この中では，自己決定やインフォームド・コンセント，秘密保持はもちろんであるが，特徴的な点の一例を挙げると性的関係の項目（Sexual Relationships）が明示されていることである。その中で，「ソーシャルワーカーは，いかなる事情の下にあっても，現在のクライエントと性的行動をし，性的接触をするべきではない。その接触が同意によるべきものであるか，強制されたものであるかを問わない」と規定され，以下さらに詳細にわたって基準が定められている。

3　社会変革を志向するソーシャルワーク

（1）政策的枠組みを視野に入れた実践

　2014年，「ソーシャルワークのグローバル定義」（以下，グローバル定義）が新たに打ち出された。前定義は，「ソーシャルワーク専門職は，人間の福利（ウェルビーイング）の増進を目指して，社会の変革を進め，人間関係における問題解決を図り，人びとのエンパワーメントと解放を促していく」であったが，「ソーシャルワークは，社会変革と社会開発，社会的結束，および人々のエンパワメントと解放を促進する，実践に基づいた専門職であり学問である」と改正された。

　ソーシャルワーカーは「実践に基づいた専門職であり」「社会変革と社会開発，社会的結束，およびエンパワメントと解放を促進」していくことが求められている。ソーシャルワーカーはソーシャルワークの価値を具現化し，実践の方向性は，社会変革を志向することになる。

　グローバル定義では，社会変革がその核になるが，社会変革の任務は，「個

人・家族・小集団・共同体・社会のどのレベルであれ，現状が変革と開発を必要とするとみなされる時，ソーシャルワークが介入することを前提としている」また「社会開発という概念は，介入のための戦略，最終的にめざす状態，および（通常の残余的および制度的枠組に加えて）政策的枠組などを意味する」と説明している。

　このように社会変革とは，「個人」や「家族」のミクロレベルのみでなく，「共同体」や「社会」のメゾレベルそして社会開発に関する記述においては，「政策的枠組」であるマクロレベルもソーシャルワーカーが働きかける対象に含まれることを強調している。ソーシャルワーカーは政策的枠組みまで視野に入れた実践が求められている。

（2）知的障害のある人たちの声から考える社会変革

　筆者は1997年に湘南ふくしネットワークオンブズマンを立ち上げ，これまで市民を中心に延べ80名のオンブズマンを養成してきた。障害のある人や高齢の人たちの入所・通所施設，グループホームなど20事業所と契約を結び，オンブズマンが事業所を定期的に訪れ，利用者の声を聴き，その声を中心に，地域における権利擁護の仕組みのあり方を提言してきた。

　また成年後見支援センターの運営を茅ヶ崎市から受託し，法人後見も受任している。その中で多くの障害当事者の人たちからさまざまな権利侵害の実態を教えられてきた。特にこの虐待の問題に関しては，神奈川県内の知的障害のある本人活動の会の中心メンバーとの勉強会や交流会において，多くの示唆を与えられた。彼らの毎月の定例会では，新しい法律や制度に関する勉強会があり，筆者は，障害者虐待防止法についての説明を担当した。また神奈川県内で起きた施設やグループホームにおける事件について述べたところ，彼らからは，職員の支援のあり方に対する怒りとともに，批判の声が数多く上がった。筆者が施設職員に向けた研修を担当する際に，自分たちの声を伝えてもらいたいと有志のメンバーから依頼されたのが，以下のような問いと主張である。

　　『教えて職員さん』

「どうして，かってに私のことをきめる？」

「どうして，子どものようにあつかうの？」

「どうして，名まえをよびすてにするの？」

「どうして，話をちゃんと聞いてくれないの？」

「どうして，上から目線になるの？」

「どうして，この仕事を選んだの？」

　また筆者は彼らとの勉強会において，1985年にスウェーデンで作成された『人間としての尊厳』という冊子を紹介した。これは，スウェーデンがノーマライゼーションの具現化としての入所施設解体の過程の中で，地域での生活支援を志向していくためには，入所施設の職員が利用者への医療モデルの価値観を変えていく必要があるという主旨で作成された指針である。

　彼らは指針の第5章4項にある「ぼくたち，わたしたちは，職員がすること，思うことを見てどうするか考える。職員はちゃんとしてほしい，混乱するようなことはしないでほしい」という規定も大切にしてもらいたいと訴えている。この「混乱するようなことはしないでほしい」の意味は，職員個人の価値観で発言したり行動したり命令したりしないでほしい，というメッセージであった。それは自分たちの諸能力をマイナスに評価してきた医学モデルの捉え方から，パワーやストレングスの視点を基盤とし，社会にあるさまざまな課題やバリアを当事者と支援者が協働して変革を目指していく，いわゆる社会モデルのあり方への転換を求めた主張である。

　当然彼らは，障害者権利条約のスローガンに賛同しており，これは社会に対して自分たちも「影響力を持った存在」であることを認め，意思決定・自己決定を支援してほしいという主張でもある。

（3）虐待通報義務と集団的責任

　「ソーシャルワークのグローバル定義」において集団的責任（Corective Responsibility）が，ソーシャルワークの基本原理の一つとして新たに位置づけられたことも重要である。「人々がお互い同士，そして環境に対して責任をも

つ」と注釈されたこの項目であるが，「誰」の「誰」に対する責務なのだろうか。ここでは近年さかんに話題にあげられている地域による見守りという側面から集団的責任について，虐待の通報努力義務を例に考察してみたい。

　日本では，障害者権利条約の批准を視野に入れ，2011年に障害者基本法が改正され，その翌年には障害者の虐待防止，障害者の養護者に対する支援等に関する法律（以下，障害者虐待防止法），さらに2013年には障害を理由とする差別の解消の推進に関する法律（以下，障害者差別解消法）を成立させてきた。

　しかし，障害者虐待防止法の施行後も，身体や知的に障害のある人たちが利用する入所施設において，職員による虐待が常態化していたことが発覚しており，障害のある人への虐待事件は後を絶たない。厚生労働省による「平成30年度都道府県・市区町村における障害者虐待事例への対応状況等（調査結果）」（2018年4月1日〜2019年3月31日に虐待と判断された事例の集計）では，養護者による虐待に関する相談・通報5,331件のうち，市区町村等による虐待判断件数は1,612件であった。障害者施設従事者等による虐待に関する相談・通報2,605件のうち，市区町村等による虐待判断件数592件，被虐待者数は777人であった。また，使用者による虐待に関する相談・通報641件であった。このことは，障害者虐待防止法が施行されただけでは，虐待はなくならないということの証左である。

　高齢化の急速な進展に伴い，一人暮らし高齢者や高齢者世帯の増加など，家族規模の縮小と生活様式の個別化も相まって，孤立死をはじめ，虐待，介護殺人や心中等，重大な状態になって発見されるケースが数多くある。厚生労働省による「平成29年度『高齢者虐待の防止・高齢者の養護者に対する支援等に関する法律』に基づく対応状況等に関する調査結果」（2017年4月1日〜2018年3月31日に虐待と判断された事例の集計）では，家族や親族ら養護者から虐待を受けたと認められた件数は，前年度比4.2％で過去最多の1万7,078件であった。これらをいかに早く発見するかについて，地域による見守り活動が注目されている。

　虐待の予防・早期発見については，地域社会の集団というレベルで対応する

ことの意義について検討することができるのではないだろうか。虐待については，これを発見しやすい立場にある人や団体には，より積極的な虐待防止の早期発見及び通告が義務づけられている。しかし住民を含めた地域全体で虐待の問題に取り組むことによって，集団的責任を果たしていくことができるのではないだろうか。

　一方，集団的責任は，人権と共存すべきものであるとし，集団による個の圧殺につながらないよう注意が必要であるとの指摘がある。それは見守りという名の監視，見張りという指摘があることだろう。いわば，本人の自己決定の尊重と安心・安全の確保の優先をふまえた「本人にとっての利益」の両者を包含した視点がソーシャルワークには求められていくといえる。

（4）「欧米中心主義」からの脱却

　「ソーシャルワークのグローバル定義」では，「特定の実践環境や西洋の諸理論だけでなく，先住民を含めた地域・民族固有の知にも拠っていることを認識している。植民地主義の結果，西洋の理論や知識のみが評価され，地域・民族固有の知は，西洋の理論や知識によって過小評価され，軽視され，支配され」てきた歴史に対する反省が示されている。

　本定義の「西洋の支配の過程を止め，反転させようとする」「西洋の歴史的な科学的植民地主義と覇権を是正しようとする」といった記述に見られるように，欧米中心主義からの脱却を強烈に打ち出している点は，まさに経済中心主義による繁栄を目指す中で生じた格差の広がりやさまざまな対立などの問題の根源に対する社会変革を求めていくソーシャルワーカーの立ち位置を象徴している。いわゆるマイノリティの人たちのアドボカシーの視点から，多様性の尊重につながる方向性を導き出す定義である。

　2012年6月，ブラジル・リオデジャネイロにおいて，Rio＋20地球サミット2012（国連持続可能な開発会議）が開催された。188ヵ国から首脳と多数の閣僚を含む約3万人が参加し，「持続可能な開発及び貧困根絶の文脈におけるグリーン経済」と「持続可能な開発のための制度的枠組み」について議論がなさ

れた。そこで行われた，「世界一貧乏な大統領」と言われているウルグアイの
ホセ・ムヒカ大統領によるスピーチを，紹介する。

　「わたしはみなさんに問いかけます。もしインドの人たちが，ドイツの
家庭と同じわりあいで車を持ったら，この地球に何が起きるでしょう。わ
たしたちが息をするための酸素がどれだけ残るでしょうか。もっとはっき
りいいます。70億や80億の全人類が，いままでぜいたくの限りをつくして
きた西洋社会と同じように，ものを買ったり無駄遣いしたりできると思い
ますか。そんな原料が，いまのこの世界にあると思いますか。
　それともこの先いつか，わたしたちは別の種類の話し合いをしなくては
ならないでしょうか。
　いまの文明は，わたしたちがつくったものです。わたしたちは，もっと
便利でもっとよいものを手に入れようと，さまざまなものをつくってきま
した。おかげで，世の中はおどろくほど発展しました。
　しかしそれによって，ものをたくさんつくって売ってお金をもうけ，も
うけたお金でほしいものを買い，さらにもっとたくさんほしくなってもっ
と手に入れようとする，そんな社会を生み出しました。
　いまや，ものを売り買いする場所は世界に広がりました。わたしたちは，
できるだけ安くつくって，できるだけ高く売るために，どの国のどこの
人々を利用したらいいだろうかと，世界をながめるようになりました。
　そんなしくみを，わたしたちはうまく使いこなしているでしょうか。そ
れとも，そんなしくみにおどらされているのでしょうか。
　人より豊かになるために，情けようしゃのない競争をくりひろげる世界
にいながら，『心をひとつに，みんないっしょに』などという話しができ
るのでしょうか。だれもが持っているはずの，家族や友人や他人を思いや
る気持ちは，どこにいってしまったのでしょうか。
　こんな会議をしてもむだだと言いたいのではありません。むしろその反
対です。

　わたしたちが挑戦しなくてはならない壁は，とてつもなく巨大です。眼の前にある危機は地球環境の危機ではなく，わたしたちの生き方の危機です。人間は，いまや自分たちが生きるためにつくったしくみをうまく使いこなすことができず，むしろそのしくみによって危機におちいったのです。」（くさば編　2014）

　ホセ・ムヒカ大統領の警鐘は，まさに前述したソーシャルワークの新しいグローバル定義における西洋中心主義・近代主義への批判と，地域民族固有の知を強調する視点からものごとを考える上で私たちに大きな示唆を与えている。

4　ソーシャルワークとエンパワメント

（1）パワーの回復・増強

　エンパワメントとは，「ソーシャルワークのグローバル定義」においては，重要な概念であり，またソーシャルワークの価値の基盤にあるものといえる。ソーシャルワークの分野において，エンパワメントが出現したのは，ソロモン（B. Solomon）の『黒人のエンパワメント──抑圧されている地域社会におけるソーシャルワーク』（1976年）の中であるといわれている。1950〜1960年代のアメリカにおける公民権運動やブラック・パワー運動の実践を基に，黒人に対する偏見や差別を除去していくソーシャルワーク実践過程を分析し，その実践の視点と指針を示す基本的枠組みを整理した。

　それは，支配的な白人集団と否定的，抑圧的に扱われている人種集団との相互関係を支配しているパワーに着目し，抑圧されている環境の中で否定的な評価を受けることによって，諦観や依存を意識づけられてしまう「パワーの欠如状態（powerlessness）」がもたらされるとした。そこでパワーを回復，増強していくことを中心としたソーシャルワークの実践の中にエンパワメントを位置づける方向性が打ち出された。

（2）パワーの多面的な理解

　このエンパワメントをソーシャルワークの基盤にするためには，パワーについて多面的に理解することが不可欠となる。「Empowerment」の em は接頭語であり，「内」という意味を持ち，かつ言葉の頭につけることによって，ある方向性を持たせ，かつ動きを与える意味がある。つまり「Empowerment」とは，内なるパワー（元々もっている力）を回復していくこと，そしてその力を発揮していくこと，という意味になる。その力は，個人，対人関係，社会，政治レベルに変化をもたらすことになる。個人レベル（ミクロ）のエンパワメントを社会化していく過程のなかで，メゾ・マクロレベルでの諸問題の解決や法制度の変革，すなわち社会変革につなげていくことがソーシャルワークに求められている。

（3）肯定的なパワーの確立・結集

　森田は，パワーには搾取・支配・暴力・抑圧・権力・戦争・いじめ・虐待などの否定的な側面と，自己決定・自己実現・知識・経験・技術・援助・共感・信頼・愛・自己尊重などの肯定的な側面があるという（森田 1998：18-19）。私たちの日常生活においてパワーという言葉は否定的な意味で使われることの方が多いようであるが，この否定的パワーは生きる力を奪い，自分という存在を尊重することを困難にする要因となっている。

　本来，人間はさまざまなレベルでのパワーを発揮する可能性をもっており，肯定的なパワーとして育て，行使することが求められる。そしてそれを支える環境が必要であり，エンパワメントは，否定的なパワーの影響を受けることから解放され，肯定的なパワーを獲得することに注目し，さまざまなレベルにおいて，資源を所有し，環境との望ましい関係をとり結ぶことが必要となる。しかし現代の資本主義社会においては，上記の否定的なパワーのエネルギーが非常に強いという側面もあり，その否定的なパワーに対抗していくための肯定的なパワーを確立し，結集し，実践を展開していく必要がある。

5　社会変革とエンパワメント

　前述したように,「ソーシャルワークのグローバル定義」には,「ソーシャル
ワークは,社会変革と社会開発,社会的結束,および人々のエンパワメントと
解放を促進する,実践に基づいた専門職であり学問である」と規定された。さ
らに「ソーシャルワークは学問である」と規定された。「学問であること」,こ
れは「社会福祉学」という学問の「普遍性と専門性」を基盤にしつつ,ソー
シャルワークという実践を通して,社会変革を目指すことであると考えられる。
また,新定義の注釈部分では,「ソーシャルワークは,複数の学問分野をまた
ぎ,その境界を超えていくものであり,広範な科学的諸理論および研究を利用
する」と明記されている。これは社会福祉学という学問を基盤に,周辺の社会
学,医学,看護学,法学等あらゆる学問の専門性を総合して,実践を行ってい
くという志向を示している。

　このことが多職種連携という実践につながっていくのである。この多職種に
おいても「ソーシャルワークのグローバル定義」を基盤に,否定的なパワーに
対抗していくための肯定的パワーをもつ専門職を結集させ,社会変革に結びつ
けていく必要がある。個人の諸問題を総合的かつ包括的に把握し,その諸問題
について,多くの専門職と連携を構築していくために,「ソーシャルワークの
グローバル定義」を基盤としたソーシャルワークが求められている。

　また,社会の個人の諸問題を総合的かつ包括的に把握し,その諸問題につい
て,多くの専門職と連携を構築していく要としての役割がソーシャルワーカー
に求められているといえる。

参考文献

くさばよしみ編(2014)『世界でいちばん貧しい大統領のスピーチ』汐文社。

小松源助(2002)『ソーシャルワーク実践理論の基礎的研究』川島書店。

中西正司・上野千鶴子(2003)『当事者主権』岩波新書。

副田あけみ（2005）「ソーシャルワークの視点・目標・価値・倫理」『ソーシャルワーク実践の基礎理論』有斐閣。

森田ゆり（1998）『エンパワメントと人権』解放出版社。

Solomon, B.（1976）*Black Empowerment : Social Work in Oppressed Communities,* Colombia University Press.

（髙山直樹）

コラム3　他分野でも使われるソーシャルワークの用語

　ソーシャルワークの用語は，他分野の専門用語として使用される場合や，専門用語というほどではないが広くビジネス用語的に使われている場合もある。その例の一部を紹介しよう。

- 「クライエント（Client）」という用語は，ソーシャルワークでは利用者や対象者等を表す用語として使われている。広告業界や法曹界では，同じ英語を「クライアント」といい，顧客のことをいう。最初にその分野に紹介した人が，「æ」という発音記号をどう表記したかによって違いができたのだろう。
- 「ケアマネジメント（Care Management）」も最初は「ケアマネージメント」といい，長音符「ー」が入っていた。しかし経済学分野で「マネージメント」から「マネジメント」という表記に変わっていたことから，厚生労働省では介護保険制度の検討過程において，「ケアマネジメント」と表記し，介護支援専門員も「ケアマネジャー」となった。
- 「コンピテンシー（Competency）」は，一般企業では人事評価の用語として使用される。元々は高業績者の行動特性という意味であるが，「コンピテンシーに基づいた人事評価」という使われ方をする。
- 「ダイバーシティ（Diversity）」は，「ダイバーシティマネジメント」という用語として，企業で使われている場合がある。「ダイバーシティマネジメント」とは，企業等の生産性の向上のために，多様な社員の違いを受け入れ，戦略的に活かすことである。また，「ダイバーシティ」を理念として使用している企業もあり，多様な社員を受け入れるという意味で使われていることもある。
- 「エンパワメント（Empowerment）」は，経営学では企業等の組織の構成員一人ひとりが力を付けるという意味で使われており，その結果として企業経営においては，現場に権限を与え（権限移譲），従業員の自主的・自律的な行動を引き出す活動を指す場合もある。
- 「スーパーバイザー（Supervisor）」とは，企業ではある地域（エリア）全体の監督をする人をスーパーバイザーという場合もある（エリアマネージャーという言い方もする）。単なる監督者的な役職の一つとして使用される。

　ソーシャルワークで使われている用語は，当然英語である。ゆえに，日常会話でも使われるものである。ソーシャルワークの専門用語として使用される場合は，どのような定義で使用されるかが重要である。

（藤林慶子）

<table>
<tr><td>第4章</td><td>人と環境の相互作用を理解するための
価値・知識・技術
——ソーシャルワーカーを専門家たらしめるもの</td></tr>
</table>

　本章では，専門職としてのソーシャルワーカーに求められる価値・知識・技術について概観する。特に，「個人」が「環境」からどのような影響を受けているのかを理解することや，利用者が抱える生活上の問題や困難をソーシャルワーカーがどのような認識枠組みを使って理解し，支援を行っているのかについて学ぶ。また，援助専門職に求められる利他的な価値である「利用者の最善の利益」や「社会正義」，そして「人権尊重」等が示すように，誰のために，どのような目的をもってソーシャルワーク実践を行っているかについても学ぶ。

　さらに，利用者から相談を受ける際に，ソーシャルワーカーには専門的援助者としてどのような態度が求められるのか，専門的援助関係の重要性やそのような関係性の構築がなぜ求められるのかについても学ぶ。加えて，ジェネラリスト実践とは何かまた社会変革を進める際に必要な政策ソーシャルワークの知識や技術を，すべてのソーシャルワーカーが持つことの重要性についても学ぶ。最後に筆者の関心領域の一部であり，また，ソーシャルワーク実践の今日的課題の一つとしてのトピックであるペットを失った飼い主の悲嘆への福祉サービスの可能性についても解説する。

　ところで，困っている人を見て，「何かしてあげたい」「力になりたい」と思ったことはないだろうか。また，あなた自身が問題を抱え，壁にぶち当たったときに，批判することなしに「ただただ自分の話にじっくり耳を傾けてほしい」と思ったことはないだろうか。例えば，2018年の西日本集中豪雨では，多くの家が傾き，被災した住民は避難を余儀なくされた。そんな状況を報道で知り，ボランティアとして働くために被災地に向かい，そこで汗を流したという人も少なくないのかもしれない。また，あなたが所属している学校や職場にな

じめず，友人や先生，同僚との間でつらい思いをしたこともあるのではないだろうか。このように，私たちは人生のさまざまな時期や局面において，自力で解決できない問題や困難に直面する。私たちはその度に他者の力を借り，自分を励ましながら問題を解決し，困難な状況を乗り越えていく。

　それでは，自分では解決できない問題や困難に直面している人に手を差し伸べる時，どのような援助が望まれるだろうか。また，あなたが援助を必要としている時に，どのようなサポートを好ましく感じただろうか。あなたを助けようとした人々からのどのような声かけが，あなたが自信を取り戻して問題解決に集中し，自分の足で歩くことを促しただろうか。

　本章では，対人援助専門職として働くソーシャルワーカーが，どのような価値や知識，また技術を活用して困難に直面している人々の問題解決を支援していくのかを概観していく。

1　ソーシャルワーカーに求められる基本的態度と
援助・実践過程の原則——支援の前提となるもの

（1）ソーシャルワーカーに求められる基本的態度

1）利用者の最善の利益

　世の中には，医師，看護師，弁護士，裁判官，教員，臨床心理士等，さまざまな専門職が存在している。ソーシャルワーカーも，現在は専門職の一つとして位置づけられているが，その実践が開始された当初は，ボランティアや篤志家，あるいは慈善家として，無償でもしくは私財を投入し，問題を抱えている人々への個別支援や社会改良に取り組んできたのである。その後，ソーシャルワーク専門職の地位が向上し，また，専門的知識や技術の発展とともにソーシャルワーカー養成のための専門教育カリキュラムが徐々に整備され，現在に至っている。

　「専門職」というと，「深い知識に裏打ちされた高度な技術に長けた人」というイメージが強いかもしれない。しかし，医学の専門家である医師が私腹を肥やすために，必要のない薬を患者に処方したらどうだろうか。また，医師が必

要のない手術を患者に受けさせたとしたら，どうだろうか。あるいは，好みの患者を目の前にした医師が病気を治療する代償として，患者に性的な関係を迫ったとしたらどうだろうか。法の番人である裁判官の場合はどうだろうか。お金に目が眩んだ裁判官が，原告の訴えを退け，事実を隠蔽した企業を勝たせたとしたらどうだろうか。このように，「専門職」と呼ばれる人たちには，彼らのサービスを利用する人々の命や人生を左右するほどの権限が与えられている。したがって，その権力を誰のために使うのか，専門職として働く目的は何かを十分に自覚してその権限を行使することが求められる。「専門職」は，援助対象を自己の利益のために利用してはならない。そのような行為は，「専門職」の信用を失墜させる。それゆえに，ソーシャルワーカー養成のための専門教育では，人と社会を理解するために必要な専門知識や技術を学ぶだけではなく，「専門職」としての基本的態度や援助原則等の価値についても学ぶのである。

　ソーシャルワーカーは，どのような支援を行えば利用者の問題が解決され，ニーズが満たされるのかを探るために，相談援助のプロセスを通じて利用者のさまざまな個人情報に触れる。例えば，援助開始時の面接の中で，利用者の年齢や性別，家族歴，学歴，職歴，結婚・離婚歴それに既往歴等についても尋ねるかもしれない。また利用者は，他者には知られたくない自分の短所や弱み，それに過去の過ちさえも，戸惑いながら吐露するかもしれない。このようなやりとりは，非常に繊細で特殊なものであり，普段の生活の中で行われる友人や同僚とのコミュニケーションとは異なる。

　考えてもみてほしい。皆さんは，友人や同僚に，そのような情報を事細かに打ち明けるだろうか。また，そのようなことを友人に打ち明けたとしたら，どのような反応が返ってくるだろうか。おそらくあなたの友人は，自分自身の価値観に沿って反応したり判断したりするだろう。あるいは，あなたの言動に失望し，沈黙のうちにあなたの元を去っていくかもしれない。「大丈夫，何とかなる。頑張れ！」という安易な励ましに終始する友人もいるだろう。また，「自分のことなんだから，自分で考えろ」と突き放す友人もいるかもしれない。他者によるこれらの反応は，普段の生活の中では普通に起こる一般的なもので

ある。しかし，このような励ましや価値観の押し付けは，必ずしも本人の問題解決にとって役立つものではないし，害になることさえある。

　一方で，ソーシャルワーカーは，どのような支援や福祉サービスが利用者の最善の利益につながるのかを考えながら，慎重に言葉を選び，利用者に接することが求められる。また，利用者の年齢や認知レベル，経済的な状況，社会的地位などの如何にかかわらず，利用者を一人の人間として尊重していることを言語・非言語メッセージを使って伝える必要がある。さらに，ソーシャルワーカーは，知り得た情報を，無闇に外部に漏らしてはならない（秘密保持）という原則を守らなければならない。

　ソーシャルワーカーは裁判官でもなければ教師でもなく，警官でもない。ソーシャルワーカーの仕事は，利用者の態度や考えを批判したり，利用者の行為の善悪を判断したり，指導を行ったりすることでもない（非審判的態度）。利用者の価値観と援助者自身の価値観の間に相違があったとしても，利用者がそのように考え，行動せずにはいられなかった現実をありのままに受け止める（受容）ことが求められるのである（受容については88頁参照）。

2）人権尊重

　イギリスの医療ソーシャルワーカーであり，また，教育者としてソーシャルワークの発展に貢献したブトゥリムは，ソーシャルワーカーが依拠すべき3つの価値として，「人間尊重」「人間の社会性」「人間の変化の可能性」を挙げている（ブトゥリム 1986）。

　まず，「人間尊重」であるが，ブトゥリムは，この価値を「ソーシャルワークの基礎となる哲学」であり，「そこから他のすべての価値が引き出される，中心的な道徳的価値である」と述べている（ブトゥリム 1986：60）。「人間尊重」とは，貧しくても，障害があっても，高齢であっても，男性でなくても，学歴が高くなくても，友人と絶交していても，失恋しても，親からひどく叱られたとしても，上司に叱責されたとしても，失業していても，その人自身が生まれてきたこと，存在していること，生きていることそのものに意味があるという見方や考え方を示している。一般社会では，そのような人々は，「生きる価値

のない人」，「努力が足りない人」等と見なされ，軽視されることが多い。

　一方で，ソーシャルワーカーは，人間の価値は，社会的な地位や役割，もしくは何かが「できる」ことで判断されるものではなく，存在そのものに価値があるという態度を貫いている。つまり，ソーシャルワーカーの使命は，社会的に排除されがちな人々や，自分自身で問題を解決できずに戸惑っている人々の声に耳を傾け，その人たちが，専門的援助プロセスを経た後に，今度は自分の力で問題を解決し，自己実現できるよう，さまざまな支援を行っていくことといえる。

　2つ目の「人間の社会性」であるが，ブトゥリムは，この価値について，「人間はそれぞれに独自性をもった生きものであるが，その独自性を貫徹するのに，他者に依存する存在である」と述べている（ブトゥリム 1986：61）。つまり，個人が抱える問題とその解決には，彼らを取り巻く環境の構成要素としての家族や友人との関係等に見られる他者との関係性の質や量，また，学校や職場，居住地域であるコミュニティ，それに国家等の社会の中にある資源の質や量，また個人が生きている社会の文化や時代が持つ価値基準が大きく関わっていることを示している。どんな人も，全く誰の力も借りずに生きていくことはできない。あなたが毎日食べている物を手間暇かけて栽培した人がいる。それをスーパーまで運んだ人がいる。また，電車やバスが定刻に到着し，発車するために働いている人がいるのである。それゆえに，ソーシャルワーカーは，「個人」と「社会」を切り離して考えるのではなく，一体化したもの（相互依存により成り立っているもの）として捉え，全体として何が起こっているのか，どの部分を変化させれば全体に波及し，問題解決が促されるのか，最小の変化で最大の効果を上げられるのか，また利用者が属する社会の文化や規範が利用者の問題解決の方法やプロセスにどのような影響を及ぼすのかを考慮した上で，実践を行う必要があることを示している。

　3つ目の「人間の変化の可能性」であるが，ブトゥリム（1986：63-66）は，人間行動に対する決定論的立場と非決定論（自由論）的立場を紹介し，人は自分に対しては，成長し変化していく可能性を信じる非決定論的立場を取るが，

他者の望ましくない行動に対しては，原因や因果関係を探り，悪者探しをする
等の決定論的立場を取ることが多いと指摘している。つまり，人間というものは，
自分には甘いが他者には厳しく，他者が良い方向に向かって変わっていこうと
する潜在的な可能性を信じていないということが示されている。一方で，ソー
シャルワーカーは，他者，特に社会的に弱い立場におかれている人々や，現時
点では自力で問題解決できない人々や彼らが所属しているコミュニティが，変
化し成長する可能性を強く信じて疑わないところに専門職としての独自性がある。

　このように，利用者に対して一貫して注がれる「人間の変化の可能性」に対
する信頼は，利用者の自己評価を高め，彼らが自力で問題解決するための動機
付けを高めることにつながる。あなたも人生の中で，「自分はもうだめだ！」
と絶望的な気持ちを抱えて過ごした時に，ただだだあなたの可能性を信じ，見
守ってくれた人に出会った経験があるのではないだろうか。そのような他者か
らの見守りや温かい眼差しが，あなたがそこから這い上がる時に大きな力に
なったという経験はないだろうか。このように，「人間の変化の可能性」を信
じて利用者に接することは，ソーシャルワーカーには求められている。

3）ストレングス視点

　最後に，サリービー（Saleebey 2013）が提唱したソーシャルワーカーの基本的
態度・価値としての，「ストレングス視点」について見ていく。この視点の原点
は，医療モデルへの反省にある（Saleebey 2013：27, 30）。ソーシャルワーカー（特
にケースワーカー）は，伝統的に，利用者個人の短所や弱みに焦点を当て，その
ような箇所を治療していくことに焦点を当てた援助を行ってきた。しかし，専
門職が活用する人間を理解するための認識枠組みは，利用者の長所やその生活
の中でより良く機能している部分である強みに注目することにより，利用者の
自己評価を高め，問題に立ち向かうための動機付けを高めるという方向にシフ
トしていった。また，利用者の強みに焦点を当てることにより，弱みと考えら
れている部分が薄れていくことも，この視点の利点である。サリービーは，「ス
トレングス視点」の指針として，次の6点を挙げている（Saleebey 2013：17-21）。

　①　すべての個人・集団・家族・コミュニティには，強さがある。

②　トラウマや虐待，疾病，困難は有害なものではあるが，同時に挑戦するための資源となったり，機会となるかもしれない。

③　あらゆる人々の変化と成長の上限を，私たちは知らないということが専門的援助の前提である。また，私たちは，個人・集団・家族・コミュニティからの強い希望を真摯に受け止める必要がある。

④　私たちは利用者と協働するが，それは利用者に最善の貢献をするためである。

⑤　あらゆる環境は，資源に満ち溢れている。

⑥　配慮すること，世話をすること，文脈を理解すること。

　このように，「ストレングス視点」は，利用者を自分自身の問題解決のエキスパートと見なす。利用者は自分自身の問題をどのように解決したいのか，どうすれば問題を解決したことになるのか，その答えは利用者自身の中にあると考えている。したがって，ソーシャルワーカーは，利用者と彼らを取り巻く環境内の潜在的な力を引き出す協力者や代弁者としての役割を果たす（Saleebey 2013：19-20）。ソーシャルワーカーは，問題解決の主体である利用者の能力と可能性を信じて実践を行うのである。

（2）ソーシャルワーカーに求められる専門職としての援助原則

1）個別化──クライエントを個人として捉える

　ソーシャルワーカーは，個々人が抱える問題が同一であっても，一人ひとりの性格傾向や問題解決能力，また，彼らが置かれた社会的・経済的・物理的な環境が異なっていることを認識した上で，問題解決に向けて利用者支援を行うように訓練を受けている。

　アメリカの司祭であり，イリノイ州シカゴのロヨラ大学で教鞭を取ったソーシャルワーク分野の著名な研究者でもあるバイステック（Bistek 1957=1997）は，個人を援助する際には，その人との間に専門的な援助関係を構築することの重要性を唱え，7つの原則を示した。個別化（クライエントを個人として捉える）は，この7原則の最初に掲げられている。バイステックは個別化の原則を以下

のように定義している。

　　「クライエントを個人として捉えることは，一人ひとりのクライエント
　　が，それぞれに異なる独特な性質をもっていると認め，それを理解するこ
　　とである。また，クライエント一人ひとりがより良く適応できるよう援助
　　する際に，援助の原則と方法とを区別して適切に使い分けることである。
　　このような考え方は，人は一人の個人として認められるべきであり，クラ
　　イエントは『不特定多数のなかの一人』としてではなく，独自性をもつ
　　『特定の一人の人間』として対応されるべきであるという人間の権利にも
　　とづいた援助原則である。」(Bistek 1957=1997：36)

　「児童虐待」を例に挙げて考えてみよう。例えば，子どもが激しく泣いてい
る声を聞いた近隣住民が，子どもの身を案じて児童相談所に通報したとしよう。
このような場合，児童相談所勤務のソーシャルワーカー（児童福祉司）は，ど
のように対応すべきだろうか。「親がしつけと称して子どもに暴力を振るうな
んて，許されることではない。児童相談所のスタッフは，2度とこのようなこ
とが起こらないように親を叱り飛ばし，親からすぐに子どもを引き離すべきだ。
そうでなければ，子育ての方法を常に監視すべきだ！　と考えるかもしれない。
確かに第三者からの通報が契機となり，虐待を受けた児童の緊急時保護や児童
養護施設への入所が決まり，子どもの安全が確保されることもある。

　しかし，夫からの暴力から逃れ，見知らぬ都会で新しい生活をひっそりと始
めた病弱な母親が，子どもを育てながら昼夜の仕事に明け暮れ，その疲れから
怒りの矛先が子どもに向かったとしたら，どうだろうか。ただ単に母親を叱り
つけることだけで，事態は収束するだろうか。一律に子どもを親から引き離す
ことで，事態は収まるのだろうか。この母親は，周囲に頼るべき親戚や友人も
おらず，孤立し，無力感に苛まれているのかもしれない。また，母親自身も幼
少期に親から虐待を受けた経験があり，心に深い傷を負っているのかもしれな
い。この母親は，我が子に暴力を振るう以外の方法など思いつかないのかもし
れない。加えて，この子どもには発達障害があり，思い通りにならないとかん
しゃくを起こし，手が付けられなくなるというようなことがあるのかもしれない。

このように一口に「児童虐待」といっても，児童本人やその保護者の性格傾向や行動パターン，また，置かれた状況は多様であることを，ソーシャルワーカーは理解する必要がある。AくんとAくんのお母さんには効果のあった援助方法が，BちゃんとBちゃんのお母さんの場合にも効果を発揮するとは限らないのである。ソーシャルワーカーは，AくんとBちゃんの事例を「児童虐待」と一括りに捉え，対処するのではなく，各児童の性格傾向や行動様式，また，知的・認知レベルや，親や周囲の人々との関係性の質や量が，どのように影響しているのかを把握することが求められる。加えて，ソーシャルワーカーには，まったく同じ事例は一つとして存在しないことを認識し，「児童虐待」の理由や経緯は一様ではないことを十分に理解した上で，専門的援助を行うことが求められる。

もちろん，法に沿って子どもの安全を確保することは優先事項だが，児童相談所のソーシャルワーカーは，個々の児童とその家族を独自の存在であることを意識し，注意深く情報を集め対処することが求められる。バイステックは，「多くの場合，クライエントは大変傷つきやすく，敏感な状態で社会福祉機関を訪れる」ため，援助する側は，「一人のクライエントは，他のクライエントとは異なる存在であること」を理解し，「クライエントが問題解決をはかるために，そのクライエントに独特な能力や資源を活用するよう援助を進めなければならない」（Bistek 1957=1997：38）と述べている。

このように，我が子を虐待した母親のふがいなさを叱責するかわりに，なぜ母親が子どもに暴力を振るわなければならなかったのか，当該母子の置かれた状況や行動様式を，善悪の判断なしに彼らの生活全体の中でひたすらに理解しようとすることによって，母子とソーシャルワーカーの間には信頼関係が生まれ，問題解決のために必要なさまざまな情報（心理的・生物的・社会的・経済的状況等）を得ることができるのである。

2）受容──受け止める

ソーシャルワーカーは，すべての人が生まれながらにして持つ「基本的人権」を尊重するという価値に基づき，問題を抱え困難に直面している人々の援

助を行っている。あなたがソーシャルワーカーとして実践を行う際，未婚で出産したティーンエイジャーや，同級生を集団で暴行し死亡させた未成年の非行グループ，不法薬物に手を出し逮捕された有名人，もしくは配偶者に暴力を振るい逮捕された後の行動矯正プログラムへの参加を義務付けられている人々への支援を行うことがあるかもしれない。

　そのような場合，あなたの内面にはどのような考えや感情が湧き上がってくるだろうか。これらの人々を目の前にした時に，あなたの中には，彼らを裁きたい気持ちや否定したい気持ち，また，「絶対に許せない」という気持ちが沸々と湧いてくるかもしれない。しかし，それでもなお，専門的援助者としてのソーシャルワーカーは，彼らの人間としての存在価値を認め，変化の可能性を信じ，そのように行動せざるを得なかった利用者を理解しようとしながら，彼らと真摯に向き合うことが求められる。ただ，ソーシャルワーカーは，起こった事実を受容し，利用者がそのように感じているという現実を受容するのであり，犯罪や暴力そのものを是認するのではない。前述したバイステック（Bistek 1957=1997）は，受容を次のように定義している。

　　「援助における一つの原則である，クライエントを受け止めるという態度ないし行動は，ケースワーカーが，クライエントの人間としての尊厳と価値を尊重しながら，彼の健康さと弱さ，また好感をもてる態度ともてない態度，肯定的感情と否定的感情，あるいは建設的な態度及び行動と破壊的な態度および行動などを含め，クライエントを現在のありのままの姿で感知し，クライエントの全体に係わることである。しかし，それはクライエントの逸脱した態度や行動を許容あるいは容認することではない。つまり，受けとめるべき対象は，『好ましいもの』（the good）などの価値ではなく，『真なるもの』（the real）であり，ありのままの現実である。

　　受けとめるという原則の目的は，援助の遂行を助けることである。つまりこの原則は，ケースワーカーがクライエントをありのままの姿で理解し，援助の効果を高め，さらにクライエントが不健康な防衛から自由になるのを助けるものである。このような援助を通して，クライエントは安全感を

確保しはじめ，彼自身を表現したり，自ら自分のありのままの姿を見つめ
　　たりできるようになる。また，いっそう現実に即したやり方で，彼の問題
　　や彼自身に対処することができるようになる。」(Bistek 1957=1997：114-115)

　このように，ソーシャルワーカーが受容の原則に従うのは，それが，利用者
自身が，自らが抱える問題に向き合うことを促し，ひいては問題解決につなが
るからである。皆さんにも，誰かに責められれば責められるほど防衛的になり，
自分の非を認めることができず，課題に向き合うことができなかった経験があ
るのではないだろうか。そのような時に，善悪の判断をせず，話に耳を傾けて
くれる人がいたとしたら，あなたはどのように感じただろうか。あなたの考え
や行動は，どのように変化しただろうか。繰り返すが，ソーシャルワーカーが
受容の原則に従うのは，利用者が受け入れがたい自身の弱さや失敗を直視する
ことが問題解決の大前提であり，受容がそのことを促し，ひいては専門的な援
助の効果を高めるからである。

　バイステックは，利用者を受容する上で障害となる要因を8つ挙げている。
その主たる要因として，援助する側が「人間行動に関する十分な知識をもたな
いこと」，援助者が「自己を受け止められないこと」，また「口先だけで励ます
こと」等を挙げている（Bistek 1957=1997：130-140）。ここでは受容を阻む要因
として4番目に掲げられている「偏見と先入観に支配されること」について考
えてみよう。

　ソーシャルワーク実践を行う際に，援助者は自らの感受性を高め，人々や社
会の中に見られる多様性を考慮した実践を行う必要がある。そのため，ソー
シャルワーカーは，人種や民族，性別，思想信条，また，個々の経済状態等に
対して，自分自身がどのような偏見や先入観を抱いているのかを自覚すること
が求められる。あなたは，同じ内容が語られているにもかかわらず，話し手の
人種や年齢，性別，信教によって態度を変えていないだろうか。あなたは，男
らしさや女らしさについて，どのような価値づけを行っているだろうか。例え
ば，超氷河期に就職活動をせざるを得なかった40代の非正規雇用の独身男性を
目の前にした時に，あなたはどのような先入観を持って彼らを査定しているだ

ろうか。利用者の最善の利益追求のためにソーシャルワーカーは，自分自身が抱える偏見や先入観を自覚しコントロールすることが求められる。

（3）実践過程の原則

1）専門的援助関係と相談援助のプロセス

　ソーシャルワーカーは，自身の経験やセンスに頼って援助を行っているのではない。人と社会に関する知識と相談援助技術を意図的に活用して，利用者の問題解決を促している。また，利用者との話し合いを基に，援助の目的や目標を決めて，相談援助のプロセスを進めていく。また，利用者との間に専門的援助関係を結び，彼らが安全・安心を感じる環境の中で，その空間や時間を有効に使えるように導いていく。専門的援助関係とは，利用者と援助者の間で起こる態度と感情による力動的なやりとりである（Bistek 1957=1997 : 17）。それは援助プロセスの開始（インテーク）とともに始まり，援助目的が達成されれば終わり（ターミネーション）を迎える。この専門的援助関係の中では，利用者は常に利用者であり，援助者は常に援助者である。

　この専門的援助関係は，立場が逆転することのない極めて特殊な関係であり，家族関係や友人関係とは異なる。また，この関係では役割が固定されているため，援助者としての自分自身の行動を常に意識し，統制することが求められる。援助者は，利用者の問題解決に関わっている間は多大なエネルギーを使っている。それゆえに，この関係性には終わりが設定されているのである。つまり，援助目的や目標が達成されれば，原則として専門的援助関係も終了する。よって，ソーシャルワーカーは，援助プロセスの終わりが近づいてきたら，そのことを話題に上げ，利用者が自らの力を信頼し，生活のあらゆる場面で自己決定ができるよう導いていくのである。

2）専門的援助関係構築に必要な技術

　利用者は，ソーシャルワーカーとの間に信頼に満ちた援助関係を構築することにより，自ら問題に直面し，その解決に取り組もうという動機付けを高めていく（Sheafor et al. 2012 : 26）。この信頼関係を深めるには，援助者が共感性

（empathy）や暖かさ（warmth），それに純粋さ（genuineness）を示すことが重要となる（Sheafor et al. 2012：26-27）。例えば共感性とは，他者の視点を自分の中に取り入れる能力を指すが，どのような人も完全に他者の視点を取り入れることは，不可能である（Sheafor et al. 2012：26）。ただ，相手の立場に立とうとすることで，その人（相手）が自分自身や他者をどのように認識しているのかを理解するレベルを上げることができる（Sheafor et al. 2012：26）。例えば，子どもを虐待した親がなぜ怒りを爆発させたのか，また，子どもに手を上げたことに対する罪の意識を親の立場に立って理解しようとする態度は，当事者に安全感や安心感をもたらし，自らの非を認め，客観的に自らの問題を眺めることを促すかもしれない。

　また，暖かさは，他者への尊敬や受容，また，他者の幸福に対して関心を示すことであり，人間関係の質に大きな影響を与える（Sheafor et al. 2012：26）。この暖かさは，言葉によっても伝達可能であるが，微笑みや困っている時に手を差し伸べる等，さまざまな非言語コミュニケーションの様式によっても伝えることができる（Sheafor et al. 2012：26）。

　加えて，生身のありのままの一人の「人」としてそこにいるという純粋さも，利用者との関係性の質に大きな影響を及ぼす（Sheafor et al. 2012：27）。ソーシャルワーカーは，わざとらしさを排除し，状況に応じた言葉を選び，その場にふさわしい行動を心がけることが必要である。このように，専門的援助関係を構築するには，対人援助専門職としてのさまざまな技術が要求される。

2　人と環境の相互作用を理解するための認識枠組み
——ソーシャルワーカーの視点

（1）目標達成に影響を及ぼす要素

　あなたは，自分だけの努力や頑張りによって，今までの人生における数々の目標達成を成し遂げてきたと感じているかもしれない。また，高く掲げた目標をスムーズに達成できた人ほど，個人の努力（自助努力）を過大視しているかもしれない。その結果，例えば，第一志望の大学から不合格通知を受け取った

同級生や，憧れの先輩ににべもなくふられた友人，あるいは，震災後うつ病を患い引きこもったままの知り合い等，人生の節目において設定した目標に到達できなかった，もしくは，落伍した人々に対して自己責任論を持ち出し，嘲笑したことがあるかもしれない。「うまくいかなかったのは，おまえの努力が足りないからだ！」と，当事者本人を叱責したことはないだろうか。

　しかし，物事がうまくいかなかったからといって，それが本当に個人の努力不足によってのみ引き起こされたのだろうか。周りから十分なサポートが得られなかったり，たまたまその年に政治システムや制度が変更された等，本人の努力とは関係のない偶発的な環境上の出来事が，目標達成の可否を左右したということもあるのではないだろうか。ここでは，家族や友人・学校・職場・社会（制度や法律を含む）等の私たちを取り巻く「環境」や「私たちと環境との関係」が，各個人が立てた目標や課題の達成にどのような影響を及ぼし，その結果，さまざまな生活上の問題や困難を引き起こすのかを概観し，ソーシャルワーカーが持つべき人間観や世界観（ものごとを理解するための認識枠組み）について見ていく。

（2）環境が個人に与える影響

　社会学者の上野千鶴子は，2019年4月の東京大学の学部入学式の祝辞の中で，「環境」が「人（以下，個人）」に及ぼす影響について，次のように述べている（一部抜粋）。

　　「がんばったら報われるとあなたがたが思えることそのものが，あなたがたの努力の成果ではなく，環境のおかげだったこと忘れないようにしてください。…（中略）…これまであなたたちの周囲の環境が，あなたたちを励まし，背を押し，手を持ってひきあげ，やりとげたことを評価してほめてくれたからこそです。」

　上野（2019）は，目標が達成された時には，それが「個人」の努力や能力によってのみ成し遂げられたと見なされることが多いと指摘している。しかしながら，「個人」の成功には，彼らを取り巻く「環境」内のさまざまな要素が大きな影響を及ぼしているのである。東京大学合格を果たした新入生は，保護者

からの経済的サポートや見守り，高校教師や塾講師等から受けた教育，それに友人・知人・兄弟姉妹等からの応援や励ましが大きな力となり，「合格」という輝かしい結果を手に入れたのかもしれない。このように，「個人」の目標達成には，「環境」内の資源や，この「資源」との関係性が大きく影響しており，必ずしも本人の努力のみで達成されたものではないことがわかる。

（3）ソーシャルワークと環境

　では，ソーシャルワーカーは，「個人」の問題を解決する際に，「環境」をどのように捉え扱うのだろうか。上野（2019）が言うように，ソーシャルワーカーも，「環境」を「個人」の成長発達や目標達成に必要不可欠なものとして捉えているのだろうか。その答えは「イエス」である。

　ソーシャルワークは，元々は欧米で生まれ発展してきたものであるが，現在では世界各国でその実践が行われている。ソーシャルワーカーたちは，「個人」の外側にあるものすべてを「環境」として捉え，それが「個人」の幸福に大きく影響していることを深く認識している。世界各国でソーシャルワーク教育を受けた援助者たちが，問題を抱えた「個人」の福利（ウェルビーイング）を高めるために「個人」や彼らを取り巻く「環境」及び両者の関係性を変化させるべく，さまざまな生活上の局面に働きかけている。

　ジャーメインとギッターマンは，生態学の知見を応用し，「個人」を取り巻く「環境」を「物理的環境」「社会的環境」「文化的環境」の３つの側面から捉え，それらがどのような要素によって成り立っているのかを示している（Germain & Gitterman 1980：5；1996：6；Gitterman & Germain 2008：52）。例えば「物理的環境」には，大地や空気，水，学校や病院等の建物等が，「社会的環境」には，家族や友人，ペット，趣味のグループや自助グループ等の社会的ネットワーク，また，会社組織や政治的・経済的・社会的構造を持つ社会全般や法制度等が，また，「文化的環境」には，価値や規範，信念，言語等が含まれると説明している。

　2011年の東日本大震災時に起きた原子力発電所の事故を例にとってみると，

地震直後の津波によって原子力発電所が壊滅状態となり，「物理的環境」である土壌や大気の汚染が深刻化し，その結果，当該地域の住民は住み慣れた土地を離れなければならなくなった。避難を余儀なくされた人たちにとっての見知らぬ土地への移住は，「社会的環境」である親しい友人や知人との社会的ネットワークを崩壊させ，その結果，言いようのない孤立感や孤独感を味わった人々も多かったと考えられる。

　また，「世話になっているのだから，自己主張をしてはいけない」という遠慮や我慢強さ等の人々が持つ価値観としての「文化的環境」が，「困っている，助けてほしい」というSOS発信を遅らせ，その結果，抱えていた持病を悪化させてしまった等というようなことが起こったかもしれない。このように，ソーシャルワーカーは，「個人」を取り巻く「環境」には3つの側面があり，それらは「個人」に影響を及ぼすさまざまな要素によって成り立っていること，また，人々の日々の行動や意思決定に大きな影響を与えていることを認識する必要がある。

（4）ライフ（生活）モデルの登場

1）ライフモデルとは何か

　「環境」は，ソーシャルワークが生まれた当初から，「個人」の行動や考えに影響を与える重要なものとして捉えられてきた。例えば，リッチモンド（M. E. Richmond）[1]は，その著書（*What is Social Case Work?*）（1922年）の中で「ソーシャル・ケース・ワークは人間と社会環境との間を個別に，意識的に調整する[2]ことを通してパーソナリティを発達させる諸過程からなり立っている」（Richmond 1922=1991：57）と定義し，「環境」の重要性について示唆している[3]。また，グループワーク実践やコミュニティ・オーガニゼーションやソーシャル・アクション等のマクロ実践の源流と言われているジェーン・アダムス（J. Addams）[4]らのセツルメント運動の中でも，「環境」が「個人」に与える影響の大きさを深く認識し，貧困にあえいでいる移民のためにその住環境や労働環境，また文化的環境を整え，変化させることを目的とした社会改良に力を注ぐ等，

「環境」を「個人」の幸福を左右する重要な要素として捉えてきた。

　その後，ベルタランフィ（von Bertalanffy 1968）の一般システム理論[5]や，ミラー（Miller 1965）の一般生物体システム理論[6]，また，生態学の理論[7]が発展する中で，ソーシャルワーカーらもその知見を吸収した。このようにして，「人」と「環境」を認識する新たな枠組みとしてのライフモデルが構築されたのである（Germain & Gitterman 1980；1996；Gitterman & Germain 2008）。この新たな認識枠組みとしてのライフモデルは，最新の知識や理論を吸収しながら現在も尚，進化を続けている。かくしてソーシャルワーカーたちは，「個人」と「環境」を一体化したシステムとみなし，「環境」内の各要素間の関係性を俯瞰し，利用者にとって最小限の介入（変化）で最大限の効果をもたらすには，どの要素や要素間の関係を変化させれば良いのかという斬新かつ現実生活に即した「個人とその世界」を理解するための認識枠組みを持つことになったのである。

　別の言い方をすると，ライフモデルとは，「個人」が問題を抱える際に，その原因を「個人」の内側に求めるのか，それとも「環境」に求めるのかという対立軸で判断するのではなく，生活空間という「環境」と「個人」の間で起こっている問題を，両者間の不適切な交互作用とみなし，介入を行っていくための認識枠組みを，ソーシャルワーカーたちに提供しているのである。また，この交互作用を変化させる方法として，「個人」の対処能力を高めたり，「環境」の応答性を高める等の手法を活用する。このことは，ソーシャルワーク実践の目的とは，原因探しや悪者探しをすることではなく，「環境」の中の「個人」に何が起こっているのかを包括的に理解することであることを示している。つまり「個人」と「環境」の時間軸や空間軸を含めた絶えざるやりとりと変化を，全体として眺めるための枠組みを提供しているのがライフモデルであり，その焦点は原因特定ではなく，「問題解決」の糸口を探ることにある。

　表4-1は，ライフモデルが依拠する全体的・包括的な対象理解の前提である（田中 2015：9）。ジャーメインら（Germain et al. 1996）は，「利用者本人とその環境」と「援助者本人とその環境」が，相互に影響し合いながら利用者の生活問題を解決していくための認識枠組みを，ライフモデル・チャート[8]を使って

表4-1　ライフモデルの基本的考え方

(1) 人間は絶えずそのおかれている環境と交流している。その環境は人間の可能性を広げるものであると同時に，それを阻害するものでもある。
(2) 人と環境の調和は，人のニーズ・能力・行動スタイル・目的と，社会的及び物理的環境や文化の性質との間の調和であり，絶え間ない交流の中でこれらの間に差が生じることによって不調和をもたらすことになる。
(3) 人は環境との調和の質を維持し，向上させるために，適応という努力を継続して行っている。
(4) 人は課題となっている状況に対処するために，自分を変化させたり，環境を変化させたり，その両者の交換のあり方を変えたりすることによって状況を変化させようとする。

出所：田中（2015：9）。

図4-1　改良版ライフモデル・チャート

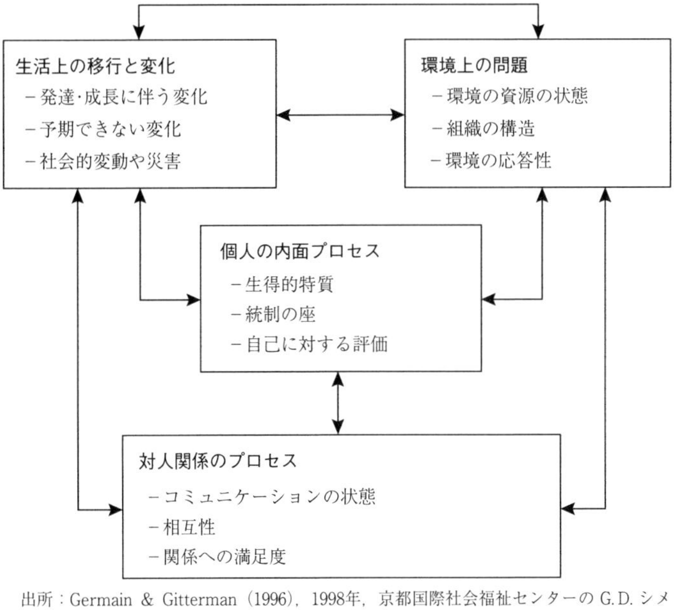

出所：Germain & Gitterman（1996），1998年，京都国際社会福祉センターのG.D.シメオンにより一部改変。

図式化している。ここでは，1990年代後半に京都国際社会福祉センターの主任研究員であり，対人援助専門職のための現任者教育・訓練を提供し，また利用者へのカウンセリングや家族療法等も提供していたシメオン（G.D. Simeon）による改良版ライフモデル・チャートを紹介する（図4-1参照）。

表4-2 改良版ライフモデルの各項目内の要素

要　素	解　説
生活上の移行と変化	(a) 発達・成長に伴う変化 (例) 乳幼児期～学童期～青年期～成人期～高齢期等の課題。心理社会的発達課題等。 (b) 予期できない変化（例）突然の事故，病気，転職，倒産，引っ越し。 (c) 社会的変動や災害（例）大震災，戦争，テロ，不況による犯罪の増加，社会不安。
環境上の問題	(a) 環境の資源の状態（例）「道具的資源」…何かをするために必要となる具体的なモノや知識，情報等，「情緒的資源」…励ましや共感，見守り等，私たちの感情等。 (b) 組織の構造…私たちが所属しているさまざまな組織（家族，職場，学校，サークル，地域社会等）のしくみ。 (例) 長時間のサービス残業が当たり前になっている組織は，労働者にとって抑圧的・搾取的であり，個人にとって大きなストレス源となる。 (c) 環境の応答性…環境が個人のニーズに気付き，それが充たせるように働きかける能力。(例) 応答性が高い…個人の状態を理解し，ニーズ充足できるように支援の手を差し伸べる。応答性が低い…個人の状態には無関心かあるいは関心があっても反応せず，今までと変わらないことを優先する。
個人の内面プロセス	(a) 生得的特質（例）身長や髪の色，体質，疾病傾向，障害の有無，基本的なパーソナリティの傾向等。 (b) 統制の座（例）「個人の内側」…状況に自ら働きかけ改善しようとする。自らに原因をもとめる。「個人の外側」…他者への依存で何とかしようとする。他者や環境のせいにする。 (c) 自己に対する評価（例）自己評価が高い…自分の道を自分で探し出そうとする。自己評価が低い…自暴自棄，常に満足できない。
対人関係のプロセス	(a) コミュニケーションの状態…相手に伝えたいこと，伝えなければならないことを確実に伝える技術と，相手が伝えたいこと，表現していることを確実に理解できる能力。言語的・非言語的コミュニケーション。 (b) 相互性（互恵性）…対人関係を結んでいる双方が，お互いに相手に貢献している状態。双方が与え与えられるような関係。お互いがお互いを必要としている関係。 (c) 関係への満足度…良いコミュニケーションと相互的な関係の結果，与えられるもの。お互いが関係を結んでいることを意味のあること，必要なことと認識できるような関係。

出所：図4-1と同じ。

　この改良版ライフモデル・チャートには，シメオンによって考案された各要素を査定する際に必要な項目が示されている（表4-2参照）。

２）事例検討

　ここでは，改良版ライフモデル・チャート（図4-1）を使って，次の事例を

分析してみよう。

• 6歳児の虐待死事例

　Ａちゃんの両親は，彼女が３歳の時に離婚し，その後Ａちゃんは母親に引き取られた。Ａちゃんは４歳になるまで，実母との２人暮らしであった。Ａちゃんの実母は，貧しいながらもＡちゃんを可愛がって育てていた。また，母方の祖父母が，Ａちゃんを定期的に預かってくれた。別れた実父とＡちゃんには交流があり，Ａちゃんは淋しい思いをすることもなく，すくすくと育っていった。

　ところが，Ａちゃんが５歳の誕生日を迎えた頃に母親が再婚したことから，Ａちゃんは実母と継父と３人で暮らすことになった。その１年後には，実母と継父の間に男の子が誕生し，Ａちゃんには義理の弟ができた。その頃から継父は，Ａちゃんに辛くあたるようになった。実父との交流を禁止したり，モデル体型を維持させるべくＡちゃんの食事を制限したり，言われたことを守らなかった罰として保育所を休ませ，ベランダに何時間も立たせたりすることが目立つようになった。そんなＡちゃんの様子を見かねた近隣住民が，児童相談所に通報し，Ａちゃんは一時，児童養護施設で過ごしていたこともあった。しかし，ほどなく継父が反省の態度を示したことにより，Ａちゃんは実母と継父，義弟の住む家に戻ることになった。

　Ａちゃん一家は，しばらくは，平穏な日々を過ごしていた。しかし，Ａちゃんが６歳になった頃，継父は転職し，一家は東日本のＢ県から，東京に引っ越すことになった。Ｂ県の児童相談所は，東京の児童相談所に，継続してＡちゃん一家を見守ることを依頼した。それを受けて，東京の児童相談所の担当職員は一度，Ａちゃん一家の転居先を訪問したが，Ａちゃんにも両親にも会うことはできなかった。また，転居先では保育所への利用申請はなされておらず，新しい土地でどのような生活をしているのか，Ａちゃん一家の状況を知る人は誰もいなかった。そのような中で，継父が「Ａちゃんの様子がおかしい」と救急車を呼び，Ａちゃんは病院に搬送された。その後，Ａちゃんの死亡が確認された。司法解剖の結果Ａちゃんには，児童虐待の形跡が認められ，継父は逮捕された。その後の警察の調べから，Ａちゃんは継父に叱られるたびに，ノートに「ごめんなさい，もうしません，ゆるして」と書きとめ，自分を責めていたことがわかった。

　Ａちゃんの事例を表４-２に挙げた要素をふまえ分析すると，図４-２のようになる。

　問題解決のカギを握っていた児童相談所の職員は，Ａちゃん自身や，Ａちゃんを取り巻く環境上のどの要素に焦点化し，各要素間の関係性を変化させれば

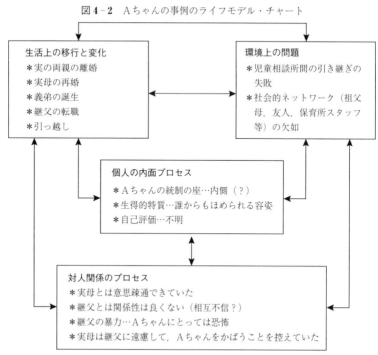

図4-2　Aちゃんの事例のライフモデル・チャート

生活上の移行と変化
＊実の両親の離婚
＊実母の再婚
＊義弟の誕生
＊継父の転職
＊引っ越し

環境上の問題
＊児童相談所間の引き継ぎの失敗
＊社会的ネットワーク（祖父母，友人，保育所スタッフ等）の欠如

個人の内面プロセス
＊Aちゃんの統制の座…内側（？）
＊生得的特質…誰からもほめられる容姿
＊自己評価…不明

対人関係のプロセス
＊実母とは意思疎通できていた
＊継父とは関係性は良くない（相互不信？）
＊継父の暴力…Aちゃんにとっては恐怖
＊実母は継父に遠慮して，Aちゃんをかばうことを控えていた

出所：図4-1と同じ。

良かったのだろうか。以下は，この問いに対する回答例である。

①　生活上の移行と変化
　　• 子どもの発達成長に関する知識を保護者に提供する。
②　環境上の問題
　　• 児童相談所の児童福祉司を増員する。
　　• 移管時のマニュアルの明確化と児童相談所内の職員研修を徹底する。
　　• 祖父母と児童福祉司との関係を構築する。
③　個人の内面プロセス
　　• Aちゃんが自己評価を高められるよう，周囲がAちゃんの長所をほめる。
④　対人関係のプロセス

- 実父や祖父母に，Aちゃんの保護を依頼する。
- 実母との信頼関係を構築し，エンパワーする。
- 継父の話に耳を傾ける。

3　ジェネラリストとしてのソーシャルワーカー

（1）ソーシャルワーク教育が直面した課題

　ジェネラリストとしてのソーシャルワーカーとは，利用者のさまざまなニーズや生活困難を査定し，個人とその環境のさまざまなレベル（家族・地域・社会等）に介入する際に求められる専門職としての基礎的な価値・知識・技術を修得した上で，実践を行うソーシャルワーカーのことを意味する。ソーシャルワークの技術は伝統的に，個人の変容に焦点を当てて支援を行うケースワークや，集団を活用して個人と社会を支援するグループワーク，コミュニティ内の当事者集団を組織化し，彼らが自らのニーズを表明し，協働していく力を高めることを支援するコミュニティ・オーガニゼーション，またソーシャル・アクション等の技術が，個々別々に発展してきた経緯がある。それゆえに，個人と個人を取り巻く環境全体を把握し，利用者のあらゆるニーズに対応していくことを目的としたソーシャルワーク教育や訓練は，必ずしも行われてこなかった。

　その結果，ソーシャルワーク学部に所属する学生は，個人・集団・コミュニティ等の特定の対象や領域だけに関わる知識や技術を学ぶにとどまり，利用者の複雑な生活問題に対処することを難しくさせることとなった。このような問題を解消し，利用者のさまざまなニーズに合った専門的な福祉サービスを提供していくために，ソーシャルワーク教育の中で何をどのように教えていくのか等の，ソーシャルワーカー養成の目的や方法についての議論がなされ，大学や大学院での教授内容も変化し続けている。ここでは，ソーシャルワーク教育がなぜジェネラリスト養成に基礎を置くのかについて概観し，その後，ジェネラリストとしてのソーシャルワーク教育を構成する要素について，スペシャリスト養成も視野に入れながらアメリカの例を基に解説する。

（2）なぜジェネラリスト養成なのか

　あなたは，友人と仲違いをして傷つき，落ち込んでいたとしよう。あなたは，その苦しみや悲しみから抜け出そうと，勇気を出して大学付属のカウンセリングセンターを訪れた。担当スタッフは，あなたの言葉に耳を傾けることもなく以下のように対応したとしたら，あなたはどのように感じるだろうか。「あなたの考え方には歪みがあります。まずはそれを修正する必要があります。私たちはそのための心理療法を提供することができます。さあ，始めましょう！」。

　あるいは，大震災の中，唯一生き残ったペットと暮らしている高齢者が，当該ペットを心配するあまり入院を渋っていたとしたら，ソーシャルワーカーはどのように対応すれば良いのだろうか。例えば，「人間の命と動物の命とどちらが大切なんですか！　1か月分の餌を床にばらまいておけば，死ぬことはないでしょう！　猫なんて放っておけば良いじゃないですか」とソーシャルワーカーが一喝したとしたら，その利用者はどのように感じるだろうか。

　また，アルバイト先が倒産したため給料をもらえず，3日間飲まず食わずのため，今にも倒れそうな身体を引きずりながら，居住区の地方自治体窓口を訪れたとしよう。そんな中，当該窓口の職員が，「そのバイト先はけしからん。国会に陳情に行って，ブラックバイト撲滅政策を実現しよう！」と叫んだとしたら，あなたはどのように感じるだろうか。どの事例にも共通していることは，その場にいる職員やスタッフは，利用者側のニーズや気持ちに沿った問題解決の方法を提示せず，ただただ自分たちができることや関心のあることを，利用者に押し付けている点ではないだろうか。

　ソーシャルワーカーを養成するための教育カリキュラムは，ソーシャルワーク実践が生まれた当初は，現在のようにあらゆるニーズや生活問題に対応するようにはできておらず，その結果，ソーシャルワーカーが個々の利用者の複雑な生活問題に対処することを難しくさせていた。当時の専門教育は，「個人」を援助することを希望する学生には個別援助に関する理論や相談技術を，「集団」を活用して個人や社会を援助することを希望する学生には，集団を活用するための理論や技法を，「地域」や「社会」全体を標的として変化させること

に関心のある学生には，コミュニティ・オーガニゼーションやソーシャル・アクション等の理論や技法を教える等，学生の関心領域や対象に関連した援助理論や技法のみ教授していた。

　その結果，援助者の関心領域以外の問題を抱える利用者には，首尾よく対応できないという事態が起こってきたのである。このような事態を収束させるべく，利用者の利益の最優先という価値に基づいた援助を，すべてのソーシャルワーカーが行えるよう，個人・集団・地域・社会等のさまざまな環境上のシステム・レベルを理解し関与できるよう，多様な援助技術や知識を体系的に学べるように専門教育のカリキュラムが改訂されていったのである。現在では，アメリカはもとより，日本においても，人と環境との相互作用を理解した上でソーシャルワーク実践が行えるように，学部レベルのカリキュラムが組まれている。このような教育を受けたソーシャルワーカーたちは，ジェネラリストと見なされ，対概念であるスペシャリストとは区別されている。

　アメリカソーシャルワーク教育協会（Council on Social Work Education：CSWE）は非営利団体であり，アメリカのソーシャルワーク教育の質の保障を目的として1952年に設立された。CSWE が，2015年に策定した教育指針と認証基準（2015 Educational Policy and Accreditation Standards：11）によれば，学部レベルのソーシャルワーク・プログラムは，ジェネラリスト養成を目的として行われること，また，修士レベルのプログラムは，ジェネラリスト及びスペシャリスト養成がその目的であることが明文化されている。[9]

　筆者は，2002～2003年にミシガン大学（University of Michigan）の修士プログラム（The Student Guide to the Master's in Social Work Degree Program 2002-2003）に在籍した。その際，ケースワーク等の直接的援助に焦点化された「児童や若者への対人援助（Interpersonal Practice with Children and Youth）」を専攻し，個別援助のスペシャリストになるための勉学に励んだ。しかし，最初期のセメスターでは，マクロ系の3科目（「アメリカソーシャルワーク政策の歴史」「組織・コミュニティ・社会」「運営・政策に関する評価実践」）や実証データに基づいた援助を学ぶための調査系科目（「社会調査の基礎」）の科目履修が必修であった。つま

り，修士課程の最終目的がスペシャリスト養成であったとしても，修士課程の最初期のセメスターでは，すべての学生がミクロ系及びマクロ系科目，それに調査系科目を履修することが必須とされていたのである。このように，アメリカのソーシャルワーク学部レベルでは，在籍期間全体を通して，また，修士レベルでは入学当初のセメスターを活用して，ジェネラリスト・ソーシャルワーカー養成を行っているのである。

（3）ソーシャルワークにおけるジェネラリスト実践の構成要素

ティンバーレイクらは，ジェネラリスト・ソーシャルワークに関する著書の中で，ジェネラリストが修得すべき要素を次のように示している（Timberlake et al. 2008：4）。

(1) 専門職としての拠り所となる知識・価値・技術：

a．一般教養科目（liberal arts）に依拠している

b．ソーシャルワーク実践の使命・任務を基盤に構成されている

c．さまざまな実践分野や社会的機能に関する問題に応用可能である

d．ミクロ・メゾ・マクロレベルの実践文脈を超えて介入が行われる

e．個人・家族・集団・組織やコミュニティ等のあらゆるクライエントやアクション・システムに適用可能である

(2) 生態学的システムの概念的枠組み（an ecological-systems conceptual framework）：

a．「人間の機能」と「環境の中の人」への焦点付けの相互関連性

b．人間の対処能力への介入を含んでいる

c．人間の行動や，人間の機能について説明可能な理論を自由に選択可能である

(3) 包括的アセスメントの内容：

a．変化の対象の確定

b．クライエント・システムの属性，文化的特性，文化に根差した行動や文化的環境に関する情報を含む

　　　c．クライエントのニーズや問題を特定する際に，彼らの強さに関する
　　　　情報を含む

　　　d．生態系システムの概念的枠組みを援用する

　　　e．クライエント及びソーシャルワーカーが現状をどのように捉えてい
　　　　るのかを明確化する

　⑷　ストレングス視点に基づいた問題解決アプローチの方法：

　　　a．現在の問題と状況に関するニーズの反映

　　　b．対処能力や資源，資産（assets）を含む

　　　c．決められた時間枠と文脈の中で，目的や目標，課題作業を設定する

　　　d．成し遂げたことや成果を監視し，評価するための計画を立てる

　　　e．サービス提供の終結に向けた最低限必要な目標達成を計画する

　つまり，ソーシャルワーク専門職が行うジェネラリスト実践とは，哲学的・包括的な視点に基づく専門職としての基礎的・中核的な知識を獲得することであり，ソーシャルワークに関する知識を統合することが求められるのである（Timberlake et al. 2008：5）。いずれにせよ，利用者の最善の利益を保障しあらゆる生活問題に対処していくにはジェネラリスト教育が，また，ソーシャルワークが高度な専門性を獲得するには，大学院教育の中にみられるスペシャリスト教育が不可欠である。医療分野において，患者の健康を支えていくには，一次的な健康を守る町医者（ジェネラリスト）と，高度に専門分化した大学病院医師（スペシャリスト）が必要なことと同様といえるのではないだろうか。つまり，スペシャリスト教育との関連でジェネラリスト教育の重要性を示していくことが求められているのではないだろうか。

4　ソーシャルワーカーが取り組むべき今日的課題
──社会正義・政策関与・環境内の資源としての動物──

（1）文化や時代が社会正義に及ぼす影響

　2014年に国際ソーシャルワーカー連盟（IFSW）総会及び国際ソーシャルワーク学校連盟（IASSW）総会にて採択されたソーシャルワークのグローバル

定義（以下，グローバル定義）には，2000年にIFSW総会にて採択されたソーシャルワークの定義と同様に，社会正義と人権がソーシャルワーク実践の拠り所となっていることが記されている。上記の連盟に加入している日本でも，グローバル定義に基づいたソーシャルワーク実践を行っていくことが求められている。

一方でソーシャルワーカーは，文化や社会，また，時代が変われば，それとともに社会正義が示す内容が変容する可能性について理解し，社会正義に基づく査定や介入とは何かを考えながら，注意深く実践を行っていく必要がある。例えば，社会的に弱い立場に置かれている集団が複数ある場合には，どのように行動すれば社会正義に叶うのかを決断することが求められるかもしれない。また，個々のソーシャルワーカーの内に潜む人種や民族，あるいは性的指向等への偏見や差別が，対人援助専門職が志向する社会正義とどの程度乖離しているのかについても自覚し制御していく必要があるといえよう。

アメリカ国内の白人系移民に対して惜しみなく支援を提供し，ノーベル平和賞を受賞したハルハウス創設者のアダムス（J. Addams）でさえ，黒人には支援を行わなかったことは，現在私たちが考えている社会正義に反しているとは言えないだろうか（Lane et al. 2018：463-464）。また，第2次世界大戦中，アメリカのソーシャルワーカーたちが，強制収容所に送り込まれた日系移民のためにアメリカ政府に対して抗議行動を起こさなかったことは，社会正義に反していたのではないかとの指摘もある（Lane et al. 2018：4）。

日本においても，長きに渡るハンセン病患者の隔離政策や，今なお続いている障害者差別は，社会正義や人権尊重に反するものではないだろうか。筆者の関心領域である人と動物の関係（動物を重要な環境上の要素として捉えている人々の福利〔ウェルビーイング〕）を考える際にも，社会正義の概念は役に立つ。例えば，環境省は，災害時にはペットとの同行避難を勧めているが，2019年10月に関東地方を台風19号が襲った際に，ペットと同行避難した飼い主たちの多くは，避難所に入ることを許されなかった（J-Castニュース 2019）。このことは，飼い主と，飼い主が重要だと考える家族構成員（ペット）が安全な場所に避難す

るという権利を侵害しているとは言えないだろうか。また，ペットの有無が安全を確保するための人権の行使に影響するということ自体が，社会正義に反していると考えられないだろうか。

　社会に対して「おかしい」と声を上げることは，大変勇気のいることである。しかし，人々の福利（ウェルビーイング）の向上を目指す専門職である以上，ソーシャルワーカーは真摯な態度で客観的かつ冷静に社会的に弱い立場におかれている人々のニーズを代弁し，その権利を擁護していく使命が課されている。

　ところでソーシャルワーカーたちは，社会正義と人権をどのように概念化しているのだろうか。ここでは，2019年10月にコロラド州デンバーで開催された全米ソーシャルワーク教育年次大会（2019 CSWE-APM）において，ペンシルバニア州のウェスト・チェスター大学のソーシャルワーク学部修士課程（West Chester University MSW Program 2019）の教職員が示した定義を紹介する（以下，筆者訳）。

　●社会正義
　　社会正義とは，すべての人々の正義と権利を保障するシステムを確立するプロセスである。社会正義は，あらゆる多様性の様式の中にあり，健康・教育・収入に関わる福利にアクセスする機会を均等にし，参加を可能にする方法の中に存在する。社会正義は，経済的・環境的正義をもたらし，富の再分配を後押しする。それは平等を支持し，実行する世界である。
　　ソーシャルワーカーは，以下のような社会正義の枠組みを活用して実践を行う：
　　＊権力と社会構造が人々の能力を高めるように機能しているかを査定し，人々が意味のある生活を送れるようにする
　　＊排除されている個人・家族・コミュニティが，機関やサービス，資源に公平にアクセスすることを保障する
　　＊利用可能な資源を公正で公平な方法で分配する

＊あらゆる人々の機会均等を妨げる体系化された抑圧の障壁を明らかにし，歴史的に排除されてきた人々の参加を促す

• 人権

人権とは，すべての人間が生まれながらに有している権利である。人権は普遍的なものであるが，それは個人レベルでもコミュニティレベルでも侵害されることがある。人権とは特権ではなく，基本的欲求を満たすための権利であり，健康や幸福を後押しするものであり，それらは抑圧・疎外・差別から自由になる生活を通して実現される。また，権力の再分配を後押しする社会の，あらゆる局面への完全参加によって可能となる。人権はいかなるものからも干渉されず，あらゆる規定と相互に関連しており，世界人権宣言の第25条に規定されている。人権とは，すべての人々が有する社会サービスに関する権利である。

ソーシャルワーカーは，以下のような人権に関する枠組みを使って実践を行う：

＊個人や家族，コミュニティの権利について教える

＊あらゆる人々の尊厳を支持する

＊違いを認め，敬意を表する

＊あらゆる人々の身体的・情緒的・社会的ニーズが充足されることを保障するために機能する

＊あらゆる人々の自己決定を支持する

（2）社会正義とは何か——ソーシャルワーカーが政策に関与する必要性

皆さんは，「社会を変えるソーシャルワーク」という標題を見て，どのように感じただろうか。ソーシャルワーカーは，伝統的な専門職として認知されている医師や弁護士，薬剤師，心理学者等の専門職と比べると，その出現から未だ100年程の若い専門職である。そのような社会的地位も給与も知名度も低いソーシャルワーカーが，果たして社会を変えることができるのだろうか。答えは「イエス」でもあり，「ノー」でもある。行く末は，私たちソーシャルワー

カーの学びや戦略，それに行動力にかかっている。責任重大なのである。

　ソーシャルワークが発展したアメリカでも，ソーシャルワーク専門職が置かれた状況は，日本の状況と似通っている。その一方で，アメリカではソーシャルワークの萌芽期から，ソーシャルワーカーが政治・政策に直接的に関わっていくことが個人の福利（ウェルビーイング）を高めると考え，政治家として活躍した人々が存在していた。アメリカでも女性はかつては2級市民として扱われ，女性が高等教育機関で学んだり，それを活かすための道は不十分であった。「女性の職場は家庭」という考えが強かったが，1916年にアメリカおよび世界初の女性議員のランキン（J. Rankin）が連邦下院議員として選出された。彼女のキャリアは，ワシントン州スポケーンの孤児院でのケースワークから始まっている（Lane et al. 2018：16）。ランキンは，個々の児童への直接的な援助の効果が全く上がらないことに絶望し，富を必要な人々に再分配し，そのことへの理解を国民に求め，社会改良の気運を高めるために，国会議員になることを決意したのである（Lane et al. 2018：16）。ランキンはその後も，2度の世界大戦に反対し，女性の地位向上のために尽力している（Lane et al. 2018：16）。

　あなたは，アメリカのフランクリン・ルーズベルト大統領の名前を耳にしたことがあるだろうか。彼は自助の国アメリカにおいて，1935年に初めて失業保険や退職金制度，年金制度を創設した人物であるが，その立役者として活躍したのはソーシャルワーカーであるパーキンス（F. Perkins）であった（Lane et al. 2018：13-14）。彼女は，大統領府に雇用された最初の女性であり，ルーズベルト大統領の政権下で，1933年から1945年まで労働大臣としての職務を全うしている（Lane et al. 2018：13-14）。

　筆者のアメリカ留学時代の同級生のレーン（S. Lane）は，現在，ニューヨーク州にあるイエシバ大学（Yeshiva University）のソーシャルワーク学部で准教授として働いているが，彼女は，コネチカット大学院博士課程入学以前に，10年以上に渡りアメリカの上院議員のダッシュル（T. Daschle）の事務所でソーシャルワークの知識，価値や技術を活かして働いた経験がある。レーンは，ソーシャルワークを学んだ者が議員事務所に職員として採用されれば，その専

門的な知識や技術が議員に提供され，社会的に弱い立場におかれた人々の状況が，立法者によって正確に理解されることにつながると指摘している（Lane et al. 2018：13-15, 199, 467-468）。結果として，当該議員が社会的に弱い立場におかれた人々の代弁活動を行うようになり，そのことが政策に反映される可能性が高まると主張している（Lane et al. 2018：13-15, 199, 467-468）。また，ソーシャルワークはプロセスを重視することが多いが，政治や政策にソーシャルワーカーが関わる場合には，目標達成を視野に入れた「勝つ」ための戦略（メディア戦略，ボランティア管理，選挙運動，財務管理等）を周到に計画することが，いかに重要であるかについても指摘している（Lane et al. 2018：第 5 章〜第12章）。

　このように，個々の利用者を援助対象としているソーシャルワーカーも，集団を活用した専門的援助を行うソーシャルワーカーも，コミュニティに焦点を合わせた実践を行うソーシャルワーカーも――つまりすべてのソーシャルワーカーが――，政治や政策に関与することが，ソーシャルワーク実践の効果を高めることを理解することが重要であるといえよう。

　また，社会的に弱い立場に置かれている人々のニーズを代弁し，彼らを組織化し，協働していく手法（ソーシャルアクション）や，権力を持つ人々とどのように関わっていくのか（交渉術）についての学びを深めることもソーシャルワーカーには求められる。さらに，社会正義や人権尊重の実現のために，ソーシャルワーカーは，権力を行使する立場にある人々の意識を変化させ，それが政策に反映されるように働きかける能力を育むことが求められている。そのことが，社会変革につながっているのである。

（3）ソーシャルワーカーが政策に影響を与える可能性
――社会福祉士の登録者数が示唆していること

　ところで日本には，一体どれくらいの数のソーシャルワーカー（ここでは社会福祉士とする）がいるのだろうか。日本における2016年度の医療・福祉関連の専門職者数[10]のデータによれば，多い順に，①介護福祉士150万3,574人，②看護師114万9,397人，③保育士51万8,000人，④医師31万9,480人，⑤薬剤師30万

図 **4-3**　日本における医療・福祉関連の専門職者数（2016年）

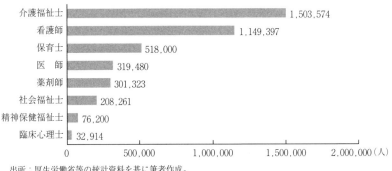

出所：厚生労働省等の統計資料を基に筆者作成。

1,323人，⑥**社会福祉士20万8,261人**，⑦精神保健福祉士 7 万6,200人，⑧臨床心理士 3 万2,914人となっている。ソーシャルワーカーの総数は，8 つの専門職の中では 6 番目に位置している（図 4-3 参照）。

　このように並べると，「医療・福祉分野に従事する対人援助専門職」の中では，社会福祉士の数は少ないと感じるかもしれない。しかし，この日本という国に，20万人以上のソーシャルワーカーがいるのである。その数は，文京区の人口（210万312人）に匹敵している（東京23区人口ランキング 2016年度版）。さらに日本社会福祉士会をはじめ，日本にはさまざまなソーシャルワーク専門職団体があり，これらのソーシャルワーク専門職団体は，日本政府や地方自治体に働きかけ，さまざまな政策提言を行っている。今後もそれらの活動が継続発展した結果，議会議員や議員事務所の職員として，社会福祉学部等の出身者を送り込むことになるかもしれない。このことは，社会正義や人権尊重を実現するために，私たちソーシャルワーカーに課せられた使命となるかもしれない。

（4）ソーシャルワーカーが取り組むべき今日的課題
──ペット・ロスによる飼い主の悲嘆とソーシャルワーク・サービス

　最後に，筆者の研究・関心領域である「人間の幸福とペット」について，とりわけ，愛着対象としてのペットを失った飼い主が悲しみに暮れている際に，ソーシャルワーカーができることやその可能性について概観していく。

繰り返すが，ソーシャルワークとは，自力で解決できない生活困難を抱える人々を，専門的な価値や知識，技術を使って側面的に支援するための方法である。ソーシャルワーカーはその援助プロセスの中で，対象となる人々の生活問題を査定する。その際に，なぜその問題が起こったのかを「個人の状態」「個人を取り巻く環境」，それに「個人と環境との関係性」がどのようになっているのかを確認しながら進めていく。動物はこの「個人を取り巻く環境」の中に必ず存在しており，動物との関係性を抜きにした環境把握は不可能だと考えられる。例えば，あらゆる人々の日常生活の中に，食肉としての動物（例：魚，鳥，豚，牛，羊等），駆除対象としての動物（例：蚊，ゴキブリ，ネズミ等），また愛着対象としての動物（例：鳥，ネズミ，猫，犬等）が存在している。にもかかわらず，ソーシャルワーカーは，人間の幸福に動物がどのような影響を及ぼしているのかについて，必ずしも十分な査定をしてこなかった。

　図4-1は，ソーシャルワーカーが，個人と個人を取り巻く環境を包括的に捉えるために開発された「ライフモデル」の枠組みである。ライフモデルは，ジャーメインとギッターマン（Germain & Gitterman 1996）が開発したものであり，1980年代以降，ソーシャルワーク実践モデルの中核となっている。この図では，中央部分に援助対象である「個人」が配置され，個人を取り囲むように「生活上の移行と変化」や「環境上の問題」「対人関係のプロセス」が配置されている。この図の中に「動物を配置して下さい」と言われたら，あなたはどこに動物を入れるだろうか。

　私たちの人生は，重要な他者との出会いと別れの連続である。重要な他者との別れには痛みがつきものであるが，私たちの社会には幸いにも，その痛みを和らげるための習慣や専門的なサービスが存在している。しかしながら，重要な他者と一口にいっても，それが誰であるかは人によってさまざまである。重要な他者が人間であった場合には，遺族に対する専門的な支援の方法に関する研究は進んでいるが，重要な他者がペットであった場合には，残された飼い主をどのように支援していくのかに関する研究は十分だとはいえない。

　例えば，施設に入所している認知症の高齢者や，被災した児童，配偶者の

DVから逃れてきた女性が，離れ離れになって生死が定かでない自身のペットについて話しはじめたら，ソーシャルワーカーはどのように対応すればよいのだろうか。「ここは，そのような話をする場所ではない」と一笑に付すのだろうか。あるいは「あなたの命とペットの命とどちらが大切なんですか！」と叱責するのだろうか。もしくは，その人にとって重要な他者の話をしていると捉え，じっと耳を澄ますのだろうか。

　日本では，犬飼育世帯は全世帯の14.2%，猫飼育世帯は全世帯の9.9%にのぼる（ペットフード協会 2016）。また，日本における別の調査（保険クリニック2015）では，回答者の30.4%がペットを飼育していると答えている。このように少なく見積もっても，日本では4世帯のうち1世帯がペットを飼育している。また，2018年度における犬及び猫の飼育数は1,855万2,000頭（ペットフード協会2018）であるが，2018年度の18歳未満の子どもの数は1,553万人であり（総務省統計局 2018），ペット飼育数が子どもの数を上回っている。

　では，ペットの飼い主は，ペットをどのように見ているのだろうか。横山（2005）は，日本人の動物観に関する調査（亀山ら 1992；石田ら 2004）の比較分析を行い，この10年間における日本人の12種類の動物観（「家族的態度」「生態的態度」「自然的態度」「倫理的態度」「宿神的態度」「審美的態度」「分析的態度」「支配的態度」「実用的態度」「開発的態度」「否定的態度」「無関心」）の変遷について報告している。その結果，0〜5の尺度内で「家族的態度」だけが3.03から4.02に上昇し，他の動物観は2から3の間を推移していることが明らかになった（横山2005）。つまり，過去10年間で，日本人の動物との関係のうちの「家族的態度」だけが，大きく変化していることがわかったのである。この結果は，日本では，ペットを重要な家族の一員として見なす傾向が強まっていることを示している。

　また，ペットフード協会（2013）が，犬・猫の飼い主に生活に喜びを与えるものについて尋ねたところ，犬の飼い主では，「家族（82%）」と答えた人が最も多く，次いで「ペット（80%）」と答えた人が最も多く，「趣味（65%）」の順であった。猫の飼い主では「ペット（82%）」が，次いで「家族（78%）」「趣味（70%）」と続いた。この調査が「家族」をどのように定義したのかは不明であ

るが，少なくとも回答者は，ペットを人間の家族メンバーと同じくらい重要なもの，もしくはそれ以上に大切なものとして捉えていることがわかる。

　では災害に遭遇した場合に，ペットは人間の幸福にどのような影響を与えるのだろうか。2011年の東日本大震災で津波被害に遭ったペット飼育者は，「ペットのいつもと違う行動を見て，早めに危機を察知することができた。そのことで，命拾いをした」というコメント，また，配偶者である妻等の大切な家族メンバーを失った人々にとっては，「ペットはその悲しみや苦しみを共有する存在であった」というコメント，「ペットを飼い続けられるように仕事を見つけようと努力し，家探しをした」等，ペットの存在が将来に向けて行動するための動機付けとなったというコメントがなされた（梶原 2018：102-106）。このように，予期せぬ社会的変動の中で，ペットは飼い主を情緒的に支え，困難な状況を切り抜けていくための重要な役割を担っていることがわかる。

　次に，あなたにとっての「重要な他者＝愛着対象」に焦点を当てて考えてみよう。あなたにとっての「重要な他者」とは，誰だろうか。おそらく，多くの人々は，親や兄弟姉妹，友人，もしくはパートナー等の「人間」を挙げるのではないだろうか。しかし，中には「ペット」や「ぬいぐるみ」「洋服」等，「人間以外」の対象を挙げる人もいるかもしれない。

　あなたは過去に，「重要な他者」を失った経験があるだろうか。その時，あなたの心身にはどのような変化があっただろうか。あなたはそのような変化を自然なものとして受け止めただろうか。そのような変化を受け入れるために，行ったことはあるだろうか。おそらく「重要な他者＝人間」を失くした時には，「よく眠れない，食欲がない，涙が出る」等の心や身体の変化を自然なものとして受け入れることができたのではないだろうか。また，お通夜やお葬式等を行ったことを思い出し，それらは「重要な他者」を生活の中に再配置するために必要な社会的・文化的装置だったと感じた人もいるかもしれない。

　ペットの飼い主の中には，「ペット」を「重要な他者」として生活している人々もいる。そのような人々にとってのペットとの別れは，飼い主の心や身体に大きな影響を及ぼす。彼らは「重要な他者」としての「人間」を失った時と

表4-3　ペットの飼い主に現れる悲嘆反応の例（VSWUT-CP, 2015）

身体的反応	胸の締め付け，睡眠障害，食欲不振，全身の痛み
心理的・精神的反応	怒り，悲しみ，抑うつ，罪の意識，安堵，他者を非難する気持ちの高まり
知的・認知的反応	混乱，幻覚，集中力の欠如，死んだペットへの思いにとらわれる

出所：佐藤（2017：57）。

同じような心身の変調を経験している。「よく眠れない，食欲がない，涙が出る」等のような身体症状だけではなく，苦しむペットの姿を見なくてもよいことにホッとする等の安堵を感じたり，他者を非難する気持ちが高まり，獣医師や動物病院に対しての怒りが湧き上がってくることもある。米国州立テネシー大学において展開されている獣医療ソーシャルワーク資格プログラム（Veterinary Social Work of University of Tennessee Certificate Program［VSWUT-CP］2015）では，ペットを失った際に飼い主が経験する悲嘆反応の例を挙げている（表4-3参照）。

　このように，ペットと強い絆を感じている飼い主にとってペットを失うことは愛着対象を失うことに他ならない。つまり，ペット喪失の際に飼い主が経験する悲嘆反応は，重要な他者（人間）を失った人々が経験する悲嘆反応と似通っているのである（Netting, Wilson & New 1987；Quackenbush & Glickman 1984；Crocken 1981）。

　「重要な他者」を失った後に，残された人々が経験する心身の反応を「悲嘆反応」と呼ぶが，これらの反応は自然なものだと考えられている。通常は，このような悲しみは時間とともに和らいでいくため，残されたすべての人々が専門的な援助や治療を必要としているわけではない（Shear et al. 2005；Shear 2010）。同様に，飼い主が「ペット」を「重要な他者」と見なしていた場合も，ペット喪失の直後から悲嘆反応を示すことは自然なことであり（Turner 2003），通常は専門的な介入や治療は必要としない（Toray 2004）。

　しかしながら，ペット喪失によって引き起こされた悲嘆が，社会的な理解や承認やサポートを得にくいことを考えれば，ペットとの死別や離別後の早い段階からカウンセリング・サービス等の専門的な介入や援助が提供されることは，

飼い主の悲嘆表出を促し，ペットのいない日常生活に再適応することに役立つかもしれない（Toray 2004）。実際，悲しみに暮れる飼い主に向かって，「新しい犬を飼えばいいじゃない」「ペットごときで，欠勤するなんて」等という言葉をかける場合も見受けられる。そのため，「重要な他者」が「ペット」の場合は，残された飼い主への専門的サービス利用へのニーズが高まるかもしれない。ソーシャルワーカーたちは，そのことを理解する必要があると考えられる。

　また，お通夜やお葬式等，社会的に認知された喪の儀式を通して，悲しみを表出したり，誰かと共有するための時間を持つことも，ペットを失った飼い主がペット喪失にまつわる感情を表出し，考えを整理することを促す。加えて，共通の経験を持つ人たちが，その悲しみを共有するための場であるセルフ・ヘルプグループも，悲嘆を和らげるための社会的な資源として考えられるだろう。

　ソーシャルワーカー等の対人援助専門職がペットを失い悲嘆に暮れている飼い主にできることは，表4‐4の通りである（Turner 2003）。例えば，「ソーシャル・サポートの提供」の具体例のように，「重要な他者」である「ペット」を失った際の心身の反応は，正常なものであることを飼い主に伝えることや，「ペット・ロスに関する語りの受容」の具体例のように，ただただ傾聴することだけでも，悲嘆を和らげる効果があることをソーシャルワーカーたちは知っておく必要があるだろう。

　また，残された子どもが「重要な他者」を忘れないようにするための方法として，「お墓参りをする」「植樹を行う」「写真を見る」等が挙げられている（Brown et al. 1996）。この方法は，「重要な他者」が「ペット」である場合にも有効だろう。

　以上のように，ペット喪失による悲嘆の場合は，それが正常な範囲の悲嘆であっても，悲嘆カウンセリング等の専門的な援助の対象になり得る（Sharkin et al. 2003）。ソーシャルワーカーは，飼い主がペットに期待する役割や愛着の程度，ペットとの関係には個人差があることを理解した上で，ペットを失った人々が，悲嘆から日常生活に復帰するためには何が必要なのかを見極め，支援の方向性を探る必要がある。

表4-4　ペット喪失を経験している飼い主への悲嘆カウンセリングの目的

ソーシャル・サポートの提供	「ばかげた」,「気が狂っている」と感じている飼い主に対して, 彼らの経験は正常な悲嘆反応であると伝え, 不安を軽減させること。	
ペット・ロスに関する語りの受容	ペットを失った際の感情や考えを言語化することそのものに, 治療的効果がある。家族や友人が耳を貸さないことが多いため, 対人援助職による積極的な傾聴は, ペット・ロスによる心理的・社会的・認知的な変化や影響を飼い主自身が整理することを促す。	
問題解決や意思決定への支援	課題	注意事項
	(1) 子どもに, ペット・ロスをどのように伝えるのか	発達年齢を考慮すること
	(2) 次のペットを迎えるべきか否か	喪のプロセスの進行具合を査定すること, 新しいペットの名前や種類を, 失ったペットと同様にするのかを熟考すること
	(3) 残されたペットにはどのように接し何をすべきか	残されたペットも, 悲嘆を経験する
	(4) 病気のペットを安楽死させるべきか	ペットが感じている苦痛の度合いや文化によって異なる
	＊正しい答えは存在しないが, 対人援助専門職は, 動物関連の知識を持つことが求められる。	

資料：Turner（2003：76）を筆者が表として再編・加筆。
出所：佐藤（2017：70）。

　本章では, 専門職としてのソーシャルワーカーに求められる価値・知識・技術について概観してきた。特に「環境」について, また,「個人」が「環境」から大きな影響を受けていることへの理解, さらに,「個人」と「環境」を理解するための認識枠組みであるライフモデル等がソーシャルワーク実践を専門職たらしめていることが理解できたのではないだろうか。また, 知識や技術だけでは専門的援助の本来の目的を見失ってしまうことから, 人権尊重や社会正義等の価値をも十分に理解し, 日々の実践を行う重要性を理解できたのではないだろうか。

　ソーシャルワークは未だ若い専門職である。社会が貧困問題を生み出し, 個人が環境から恩恵を受けられない場合や, 環境からの応答性のなさが個人の生活を脅かすことが続くかぎり, ソーシャルワーカーの仕事は, 決して消えるこ

とはないだろう。問題を抱えた人々の痛みを受け止め，かつ客観的に問題を分析し，効果的な支援方法を見つけ出すためには，理論や技術だけではなく，ソーシャルワーカー自身が柔軟性や創造性・楽観性を持ち，また，権力を有する人々に対する交渉術も求められるであろう。

　ソーシャルワーカーが人々の役に立てるか否かは，この仕事に就く（就こうとしている）人々が，自身の生活問題や困難に立ち向かい，その経験から得たものを知識に変え，新しいことに挑戦し，学び続ける姿勢を持ち続けることにかかっている。What does not kill you only makes you stronger（すべての経験は人を強くする）！

注
(1)　メアリー・リッチモンド（M. E. Richmond）は，アメリカソーシャルワークの先駆者の一人であり，「ケースワーク（個別援助）の母」と呼ばれている。米国慈善組織協会（Charity Organization Society：COS）において，女性初の事務局長となる。ソーシャルワークが慈善から専門職になるために尽力し，社会学や心理学等の知見を応用することにより，援助に科学性を導入しようとした人物である（https://socialwelfare.library.vcu.edu/social-work/richmond-mary，2019年5月8日アクセス）。
(2)　ケースワークとは，ソーシャルワークの技術の一つであり，主に相談面接を活用し，個人に焦点を当てた，直接的な援助を行う方法である。
(3)　リッチモンドは，ケースワークの定義の中で，社会環境が個人に与える影響について示唆している。ただ，彼女の定義では，その焦点は個人の「パーソナリティ」の変容であることから，その援助観は精神分析理論の影響を受けていると考えられる。
(4)　ジェーン・アダムスは，メアリー・リッチモンドと並んで，初期のアメリカソーシャルワークの発展に影響を及ぼした人物である。1889年に，シカゴに「ハルハウス」というセツルメントハウスを設立した。後にハルハウスは，アメリカ最大規模のセツルメントとなった。イギリスのセツルメント運動を視察後，アダムスらは，シカゴの労働者階級の移民の福利のために，英会話クラブや，美術館，劇場，図書館，診療所，デイケアセンター等のプログラムや福祉サービスを提供した。
(5)　一般システム理論とは，1948年にベルタランフィによって初めて発表された理論である。遊佐（1984）によれば，この理論は，研究対象となる存在を，その存在と

それを取り巻く環境との関係を基に理解しようとするための理論であり，アミーバというシステムにせよ，人間というシステムにせよ，国家というシステムにせよ，システム理解のために同様の属性と概念を適用することができる（アイソーモフィズム〔isomorphism〕）。

(6)　一般生物体システム理論とは，精神科医ミラーによって発表された生物体を説明するための理論であり，一般システム理論の下位システムであると考えられている（遊佐 1984）。また，一般生物体システム理論は，個人をその上位システムである家族や社会，仕事仲間等との関係で理解しようとする。また，生物体は，その存続のためにシステム内外の物質やエネルギー，情報を交換することでエントロピー（死）の傾向を抑制し，安定状態を維持している。また，生物体システム自体は，最初の原因が必ずしも結果を規定せず，また，原因が結果にもなるフィードバック円環で成り立っている（秩序だった複雑性）。

(7)　生態学とは，進化論を基礎とし，人間の成長発達や，種としての特性を「適応」という観点から理解しようとする学問である。生態学的視点は，ソーシャルワーカーが人間の行動を「遺伝」と「環境」の複雑な交互作用という立場から理解する際に有効である（Germain et al. 1996：6）。

(8)　オリジナルのライフモデル・チャート（Germain et al. 1996：28）には，クライエントだけでなく援助者も含まれている。しかし本書に載せた「改訂版」には，援助者は含まれていない。このチャートの改訂には，1998年当時，京都国際社会福祉センターの主任研究員であったスイスの心理学者のシメオン（Simeon, G. D.）が関わっている。シメオンは，実践場面におけるアセスメントツールとしての使いやすさを考慮し，このチャートを再構成した。改訂版チャート内の各要素に含まれている項目（表4-2）は，ジャーメインら（Germain et al., 1996）の著書の中から重要と考えられるものをシメオンが抽出し，まとめたものである。

(9)　スペシャリストとは，特定の援助対象（高齢者・児童とその家族への直接的援助，メンタル・ヘルス，アドミニストレーション，コミュニティ，政策等）に特化して実践を行うような訓練を受けたソーシャルワーク専門職のことを指す。アメリカでは修士号取得の課程での最初のセメスター終了後に，スペシャリスト養成のための専門科目履修が始まる（Lane et al. 2018）。

(10)　介護福祉士・社会福祉士・精神保健福祉士については社会福祉振興・試験センター（2018）を，医師については厚生労働省（2016a）を，薬剤師については厚生労働省（2016b）を，看護師については厚生労働省（2017）を，臨床心理士については日本臨床心理士資格認定協会（2018）を，保育士については，衆議院議員・自民党全国保育関係議員連盟事務局長の金子恭之の「保育の現状と今後について」

（2018年）を参照した。

参考文献

石田戢・横山章光・上條雅子・赤見朋晃・赤見理恵・若生謙二（2004）「日本人の動物観——この10年間の推移」『動物観研究』8，17-32頁。

上野千鶴子（2019）「平成31年度東京大学学部入学式祝辞」（https://www.u-tokyo.ac.jp/ja/about/president/b_message31_03.html，2019年4月13日アクセス）。

梶原葉月（2018）『災害とコンパニオンアニマルの社会学』第三書館。

金子恭之（2018）「保育の現状と今後について」（http://kyotofu-hoiku.or.jp/wp-content/uploads/2018/04/6e31f3b7d6a6ff67f2cb3525c6399909.pdf，2019年5月4日アクセス）。

亀山章・石田戢・高柳敦・若生謙二（1992）「日本人の動物に対する態度の特性について」『動物観研究』3，1-24頁。

厚生労働省（2016a）「平成28年〔2016年〕医師・歯科医師・薬剤師調査の概況：施設・業務の種別にみた医師数」（https://www.mhlw.go.jp/toukei/saikin/hw/ishi/16/dl/kekka_1.pdf，2019年4月28日アクセス）。

厚生労働省（2016b）「平成28年〔2016年〕医師・歯科医師・薬剤師調査の概況：施設・業務の種別にみた薬剤師数」（https://www.mhlw.go.jp/toukei/saikin/hw/ishi/16/dl/kekka_3.pdf，2019年4月28日アクセス）。

厚生労働省（2017）「平成28年衛生行政報告例（就業医療関係者）の概況」（https://www.mhlw.go.jp/toukei/saikin/hw/eisei/16/dl/gaikyo.pdf，2019年5月4日アクセス）。

国際ソーシャルワーカー連盟（IFSW）総会及び国際ソーシャルワーク学校連盟（IASSW）（2014）「ソーシャルワークのグローバル定義」（https://www.ifsw.org/global-definition-of-social-work/，2019年11月5日アクセス）。

J-Cast ニュース（2019）避難所への「ペット同行」どうすれば 対応にばらつき，「断られた」報告も（https://www.j-cast.com/2019/10/14369980.html?p=all，2019年11月4日アクセス）。

佐藤亜樹（2017）「ソーシャルワーカーの新しい機能：ペット・ロスが飼い主に与える影響とソーシャルワーク・サービスの可能性——先行業績レビューを通しての考察」『松山大学論集』29（2），47-81頁。

佐藤亜樹（2019）「洋書掘出しコーナー：Lane, S. R. and Pritzker, S.（2018）*Political Social Work: Using Power to Create Social Change*, Springer International Publishing AG. 政策ソーシャルワーク：社会変革を創出するための権力の活用」

『ソーシャルワーク研究』45（1），81-92頁。

田中尚（2015）「システム理論による全体的，包括的な対象理解」社会福祉士養成講座編集委員会編『相談援助の理論と方法Ⅱ　第3版』（新・社会福祉士養成講座⑧）中央法規出版。

社会福祉振興・試験センター（2018）「登録者の資格種類別――年度別の推移（介護福祉士・社会福祉士・精神保健福祉士）」（http://www.sssc.or.jp/touroku/pdf/pdf_t04_h30.pdf，2019年4月28日アクセス）。

総務省統計局（2018）『我が国のこどもの数――「こどもの日」にちなんで（「人口推計」から）』（統計トピックス No. 109）（https://www.stat.go.jp/data/jinsui/topics/pdf/topics109.pdf，2019年9月5日アクセス）。「東京23区の人口ランキング：文京区の人口（2016年度）」（https://region-case.com/rank-h28-23ku-population/，2019年4月25日アクセス）。

日本臨床心理士資格認定協会（2018）「臨床心理士資格取得の推移」（http://fjcbcp.or.jp/shitokusha/，2019年4月28日アクセス）。

ブトゥリム，Z. T.／川田誉音訳（1986）『ソーシャルワークとは何か――その本質と機能』川島書店，59-66頁。

ペットフード協会（2013）「平成25年度全国犬・猫飼育実態調査結果」（https://petfood.or.jp/data/chart2013/01.html，2017年5月19日アクセス）。

ペットフード協会（2016）「平成28年度全国犬・猫飼育実態調査結果」（https://www.petfood.or.jp/topics/img/170118.pdf，2017年5月19日アクセス）。

ペットフード協会（2018）「平成30（2018）年度全国犬・猫飼育実態調査結果」（https://petfood.or.jp/topics/img/181225.pdf，2019年9月6日アクセス）。

保険クリニック（2015）「保険を学ぶ：IQ くんのなんでも調査隊：ペット保険にはほとんど加入していない！（アンケート概要：サンプル数500名，20～60歳，Web アンケート，2015年2月26日～3月3日実施）」（https://www.hoken-clinic.com/teach/expedition/detail10.html，2017年5月19日アクセス）。

遊佐安一郎（1984）『家族療法入門――システムズ・アプローチの理論と実際』星和書店。

横山章光（2005）「第10回大会記念企画／ヒューマン・アニマル・ボンド再考――人と動物の絆への想い」『ヒトと動物の関係学会誌』15，8-16頁。

Barnard-Nguyen, S., Breit, M., Anderson, K. A. & Nielsen, J.（2016）"Pet Loss and grief : Identifying at-risk pet owners during the euthanasia process" *Anthrozoös* 29（3），pp. 421-430.

Bistek, F. P.（1957）*The Casework Relationship*, Loyala University Press.（＝1997,

　　尾崎新・福田俊子・原田和幸訳『ケースワークの原則 新訳版──援助関係を形成する技法』誠信書房。)

Brown, L. K. & Brown, M.（1996）*When Dinosaurs Die*, Little, Brown and Company.

Council of Social Work Education（2015）2015 Educational Policy and Accreditation Standards for Baccalaureate and Master's Social Welfare Programs.（https://www.cswe.org/getattachment/Accreditation/Accreditation-Process/2015-EPAS/2015EPAS_Web_FINAL.pdf.aspx, 2019.4.26）

Crocken, B.（1981）"Veterinary medicine and social work : A new avenue of access to mental healthcare" *Social Work in Health Care* 6（3）, pp. 91-94.

Frey, C. B. & Osborne, M. A.（2017）"The future of employment : How susceptible are jobs to computerization ?" *Technological Forecasting and Social Change* 114, pp. 254-280.

Germain, C. B. & Gitterman, A.（1980）*The Life Model of Social Work Practice : Advances in Theory and Practice*, Columbia University Press.

Germain, C. B. & Gitterman, A.（1996）*The Life Model of Social Work Practice : Advances in Theory and Practice 2nd ed.*, Columbia University Press.

Gitterman, A. & Germain, C. B.（2008）*The Life Model of Social Work Practice : Advances in theory and practice 3rd ed.*, Columbia University Press.

Lane, S. R. & Pritzker, S.（2018）*Political Social Work : Using Power to Create Social Change*, Springer International Publishing AG.

Miller, J. G.（1965）"Living systems : Basic concepts" *Behavioral Science* 10, pp. 193-237.

Netting, F., Wilson, C. & New, J.（1987）"The human-animal bond : Implications for practice" *Social Work* 32, pp. 60-64.

Planchon, L. A., Templer, D. I., Strokes, S. & Keller, J.（2002）"Death of a companion cat or dog and human bereavement : Psychosocial variables" *Society & Animals* 10（1）, pp. 93-105.

Quackenbush, J. & Glickman, L.（1984）"Helping people adjust to the death of a pet" *Health and Social Work* 9（1）, pp. 42-48.

Richmond, M. E.（1922）*What Is Social Case Work ?*, Russel Sage Foundation.（＝1991, 小松源助訳『ソーシャル・ケース・ワークとは何か』中央法規出版）。

Saleebey, D.（2013）*The Strengths Perspective in Social Work Practice 6th ed.*, Pearson Higher Education.

Sharkin, B. S. & Knox, D.（2003）"Pet loss : Issues and implications for the psychologist" *Professional Psychology : Research and Practice* 34（4），pp. 414-421.

Sheafor, B. W. & Horejsi, C. J.（2012）*Techniques and Guidelines for Social Work Practice 9th ed.*, NJ : Allyn and Bacon.

Shear, K., Frank, E., Houck, P. R. & Reynolds, C. F. III（2005）"Treatment of complicated grief : A randomized controlled trial" *JAMA : Journal of the American Medical Association* 293, pp. 2601-2608. doi : 10.1001／jama. 293.21.2601

Shear, M. K.（2010）"Complicated grief treatment : the theory, practice and outcomes" *Bereave Care* 29（3），pp. 10-14.

The University of Michigan School of Social Work（2002-2003）Student Guide to the Master's in Social Work Degree Program.

Timberlake, E. M., Zajicek-Farber, M. L. & Sabatino, C. A.（2008）*Generalist Social Work Practice : A Strengths-Based Problem-Solving Approach 5th ed.*, Allyn and Bacon, Pearson Education.

Toray, T.（2004）"The human-animal bond and loss : Proriding support for griering clients" *Journal of Mental Health Counseling* 26（3），pp. 244-259.

Turner, W. G.（2003）"Bereavement counseling : Using a social work model for pet loss" *Journal of Family Social Work* 7（1），pp. 69-81.

Veterinary Social Work University of Tennessee Certificate Program ［VSWUT-CP］（2015）*Pet Loss & Grief Program Online Course Material*.

von Bertalanffy, L.（1968）*General Systems Theory : Foundations, Development, Applications*, New York : George Braziller.

Weisman, A. D.（1991）"Bereavement and companion animals" *Omega* 22, pp. 241-248.

Worden, J. W.（2002）*Grief counseling and grief therapy 3rd ed.*, Springer Publishing Company.

（佐藤亜樹）

コラム 4　ソーシャルワーク実践は人工知能（AI）によって代替可能か

　オックスフォード大学のカール・ベネディクト・フレイ博士とマイケル・オズボーン准教授は，702の職業を精査し，およそ半分の職業は人工知能（以下，AI）やロボット等による代替可能な労働力によって消えていくと結論付けてた（Frey, C.B. & Osborneb, M.A.〔2017〕"The future of employment : How susceptible are jobs to computerisation？" *Technological Forecasting and Social Change* 114, pp. 254-280. 引用は以下同）。フレイらは，AI やロボットによる職業の自動化を判断する基準として，①どのような場合でも一定の方法で対処可能か（知覚とマニュアル化），②課題や状況に応じて通常とは異なる考えや教養，知識，技術が必要とされるか（創造的知性），③他者がどのように反応しているかに気付き，利用者や同僚に対して情緒的なサポートができるかどうか（社会的知性）等を挙げている。この判断基準によって702の職業の分析が行われた結果，電話勧誘員の AI 代替確率は97％，輸送検査官の AI 代替確率は90％，理髪師の AI 代替確率は80％，タイヤ修理交換員の AI 代替確率は70％等となった。これらの職業は，AI 代替の可能性が極めて高いことが明らかになった。

　では，ソーシャルワーク専門職は，AI によって代替可能なのだろうか。フレイらは，精神保健や物質依存専門のソーシャルワーカーの AI 代替確率は0.31％，ヘルスケアを専門的に扱うソーシャルワーカーの AI 代替確率は0.35％，社会・コミュニティ・サービス・マネージャーの AI 代替確率は1.4％，児童・家族・学校ソーシャルワーカーの AI 代替確率は2.8％であると結論づけ，その確率が極めて低いことを明らかにした。このように，人々の多様性や文化・社会の多様性を扱うソーシャルワーク実践には，創造的知性や社会的知性が必要であり，ソーシャルワーカーの機能を完全にマニュアル化することは難しい。

　ソーシャルワーカーには，利用者の問題を最も効率的・効果的に解決するための知識や技術を選択し対応していく柔軟性や，新しいニーズに対応するアイデアを生み出すための創造性が求められる。加えて，ソーシャルワークのグローバル定義が示すように，社会正義という価値に基づいた実践を行うこと，つまり，社会的に弱い立場におかれている人々が意思表示し自己決定できるような機会を提供し，彼らのニーズに沿った適切なサービスを提供しているのかを問い続けることが求められる。ソーシャルワーカーになることを目指している皆さんには，時代の変化を敏感に察知し，何が個人と社会にとって最善なのかを考え行動できる専門職であり続けるられるよう学び続けてほしい。

（佐藤亜樹）

第 5 章

地域を支援するソーシャルワーク
——社会的孤立を乗り越えるための視座・技法

　私たちは基本的に，どこかの町や村の地域を拠点にして生活している。とはいえ，「地域離れ」「無縁社会」「ストレス社会」などという不穏な言葉が飛び交う昨今，地元に愛着をもたない，近所の人とも交流しないという人は増加している。ちょっと立ち止まって周りを見回してほしい。知り合いの中に，何かのきっかけで人生につまずき，自宅にひきこもっている人はいないだろうか？あるいは，もしかすると自分がそうなるのではないかと，時々不安にかられないだろうか？

　インターネットや SNS が張り巡らされ，誰もがスマホや携帯でつながる便利な世の中になったはずなのに，本当は孤独な人，傷ついている人が意外なほど多いように思う。「多い」というより，「誰もがリスク（危険）と隣り合わせで，不安や悩みを抱えて生きている」と言った方が正確だろう。

　地域に話を戻すと，オートロックのマンションが増え，プライバシーが守られた都会的な生活環境の中で，私たちは隣近所の住人を気にかけなくなりつつある。さらには，ちょっとした騒音などでトラブルも起きている。このような人と人の関係性の変化が，誰かの生きづらさに気づいても「見ないフリ」をする社会，あるいは弱い立場の人を仲間に入れない社会を生んでいるのではないだろうか。このような問題は，今日，「社会的孤立」や「社会的排除」と呼ばれている。このような時代を生きる私たちは，自分もメンバーの一人である「地域」の課題にどう向き合っていくべきだろうか。また，それに関わるソーシャルワークとはどんなものだろうか。

1 地域で暮らすとはどういうことか

（1）「地域」で暮らすのは安心？　不安？

「今の若者は近所の人に挨拶もしない，地域の活動にも参加しない」という苦言が聞かれるが，地域でのつながりの弱まりは，あらゆる年代の人にあてはまることであって，決して若者にかぎったことではない。「町内会」や「自治会」に入らない人は中高年でも多いし，内閣府の調査では，「一週間に一人としか話さない」「誰とも話さない」という60歳以上の人は，ひとり暮らしの場合は男女とも1割前後にまで達している。雇用環境が不安定で，人と人の関係もぎすぎすしやすい今日，悲しいことに，若年層の自殺もとても多い。『自殺対策白書　平成29年版』によれば，15〜39歳の死因第1位が自殺だ（40歳以上だと悪性新生物〔がん〕が第1位）。

ネット社会での人間関係の方が落ち着く，という若者も少なくないのだろうが，反面，「SNS上のコミュニティから自分が外れたらどうしよう」とか，web上の匿名の人間関係の中で攻撃されないかとか，むしろ新たな不安も発生している。

対面での人間関係をわずらわしいと思うことも，現代では自然なのかもしれないが，ただ，自分がピンチになったとしたら，自分を気にかけてくれる人が物理的にそばにいてくれたらいいのに，と思うのではないだろうか。たとえば，大規模な震災や豪雨で自分の生命が極端に危険にさらされた時。ほかにも，自分が家族や恋人からの暴力を受けている時。学校や職場でうまくいかず，自宅でひとりで落ち込んでいる時。誰かが自分を心配してくれていて，いち早く温かい手を差し出してくれれば，どれだけ救われるだろう。

（2）コミュニティと地域福祉

日頃，自分の近くで暮らしている住民を，「自分とは無関係な他者」だと思っていても，実は同じ空間や物を共有しているだけで利害関係者になってい

る。たとえば近くに大きな病院が移転して来て，周辺で暮らす人の健康が向上するとか，大型ショッピングモールがオープンして，周辺一帯に利便性向上や経済効果をもたらすことが挙げられる。ショッピングモールの場合，店員，警備員，清掃員などのパートやアルバイトも募集されるので，地元での雇用創出にもつながる。ところが良い面ばかりではなく，遠くからも多くの人が訪れることで交通事故やごみのポイ捨てなどの悩みも増すかもしれない。このように，近くで暮らす住民間では，結構いろいろな面で，良いこと・悪いこと（つまり利害）の両方を共有しているのだ。

　近隣での人間関係の有無が決定的な違いとして現れる場面として，前述した大規模災害は象徴的だろう。建物の下で生き埋めになった人が生存できるかどうかのラインは，通常72時間と言われている。緊急の状況下で72時間以内に自分を見つけ，救い出してくれるのは，近くで住む誰かかもしれないのだ。ただ，互いに親密な感情がなければ助けようという行動も生まれにくい。つまり，日頃からのコミュニティの結びつきの強さ（住民同士の関係性の親密さ）と，危機的な状況下での支援行動は関わりが深い。このように，「コミュニティ」というのは，予防的な意味合いが強く，未来志向の「共有財産」なのだ。

　元来，社会学的な意味での「コミュニティ」は，ヒラリー（G. A. Hillerry）によれば，地域性とともに共通の絆や相互関係から構成される。マッキーバー（R. M. MacIver）もまた，「コミュニティ」には地域性と共同性の両面があるとしている。さらにマッキーバーは，家族や地域社会のような自然発生的な集団を「コミュニティ」だとして，意図的に作られた集団と区別している。意図的に作られた集団とは，たとえば会社，学校，教会のように特定の目的で作られた機能的・結社的なもののことで，「アソシエーション」と呼ばれる。

　こうした考え方は，今の日本の地域にもあてはまるのではないだろうか。コミュニティはある地域に暮らす全員にとって欠かせないもので，それがよいものであるためには，関係し合う他者同士が互いに協力し合うことが，暗黙のうちに期待されているのだ。大森（1982）は，そのためには，「異なった他人の存在の承認」と「重荷を共に担い合う」ことが前提だと指摘している。噛み砕

いて言うと，近くに住む者同士，互いに相手を尊重し，互いのために労を惜しまない（それがわが身を助けることにもなる）ということだ。

　話が長くなったが，まとめればこういうことだ。地域というのは私たちが暮らす土台のようなもので，誰もが自分の地域に安心や安定，利便性を求める。しかし今日では，同じ土台の上で暮らす住民同士の結びつきが脆弱であり，さらには他人同士でトラブルの火種もそこかしこに落ちている。そしてそのことは，大規模災害をはじめとするさまざまなリスク（危機）や問題発生に対処する力の弱さと言い換えることもできる。

　そんな危うい土台（地域）の上で暮らしていても，とりたてて悩みがないうちは「自分の力だけで暮らせるから大丈夫」といえるかもしれない。しかし，何かの理由で困難に直面した時，近くに頼れる人が一人でも多くいたら，どんなに心強いだろう。そのためには，自分も誰かの助けにならないといけない。そのための色々な仕掛けをつくっていくのが，言ってみれば「地域福祉」を進めるということだ。

（3）「地域」をどう捉えるか

　ここまでを読んで，自分の暮らす地域もそうだと同感する人もいれば，「自分の地域ではあたり前のようにコミュニティが成立している」と反論したい人もいるに違いない。また，都会特有のドライな（住民同士が互いに無関心な）環境で生活している人もいるだろうし，地方ならではの課題，たとえば地元が「限界集落」や「消滅可能性都市」だとされていて，稼働年齢層（働ける年齢層，言い換えれば現役世代）の人口が減少して地域経済が衰退するとか，豪雪などの自然の被害が甚大だという人もいるだろう。

　人々が生活を営む地域を舞台に，どのようなソーシャルワークが必要かを考える時には，このような地域特性に着目して，地域ごとの課題や長所を個別的に捉え，決して画一的に考えないことが重要だ。つまり，個人を支援するソーシャルワークにおける原則としての「個別化」や「ストレングス（強み）視点」は，地域やコミュニティを支援する場合にもいえることなのだ。

2　地域を支援するための視座

（1）地域の社会資源

　地域の中では，多くの人々が地元を良くしようと活躍している。よって，地域を理解しようとする時，第 1 の方法として，資源の側から，つまり住民組織や行政（「○○市役所」のような地方自治体），専門機関などから知るというものがある。

　中でも住民は，地域をよくするための主役といえる。地域に無関心な人が増えている一方，地域を守ろう，よい地域であり続けようと立ち上がる住民も多く，行政や専門家では手の届かないところを満たしてくれているのだ。活躍の受け皿としてまずは NPO やボランティア団体がある。これらは，民間のパワーを結集して公益（不特定多数の人々の幸せ）を達成しようとしているのだが，それぞれ独自の「ミッション（使命）」を掲げている。そしてミッションに基づき，さまざまなテーマで活動している。たとえば子どもたちを事故や犯罪から守る活動，子育て中の親子のサポート，高齢者や障害者の自立生活支援，災害救援など，人間のニーズの数だけテーマは存在すると言ってよい。ミッションやテーマに共感した人たちが集まり，一緒に汗を流すスタイルなので，「テーマ型組織」と呼ばれることもある。

　他方，町内会・自治会，老人クラブ，子ども会，消防団のように，一定のエリアの中で活動するスタイルも，日本では伝統的に活発だ。NPO やボランティア団体がテーマごとに結成され，地域に縛られずに活動することを特徴とするのに対し，こうした土地の縁で活動する組織や団体は「地縁型組織」と呼ばれることがある。

　さらには，社会福祉の分野だけでも，さまざまな専門職が地域を舞台に活躍している。その筆頭格として，社会福祉協議会（以下，社協）にはコミュニティワーカー，コミュニティソーシャルワーカー（もしくは地域福祉コーディネーター），ボランティア・コーディネーターなどの専門職がいて，地域の諸資

源（ボランティアの住民から専門の施設・機関，地元の企業や商店街などまで）をつなぐ仕事，すなわちネットワークづくりをしている。他にも，地域包括支援センターの社会福祉士，介護保険のケアマネジャーなどもそうだ。

（2）地域を構成する圏域を知る

　さて，地域を理解する第2の方法には，物理的な空間を福祉活動の展開する「圏域」としてとらえるというものがある。すぐに頭に浮かべられるのは「行政区」だろう。「○○市」「△△町」「××中学校区」など，行政区の区分は明確だ。一方，住民が普段買い物や通院などをするエリア，つまり「生活圏域」というのは，行政の圏域とは必ずしも一致しない。

　地域を単位とするさまざまな活動（それがプロによる仕事であれ，住民によるボランティア活動であれ）を考えていく時，どのように活動範囲（エリア）を決めるか，言い換えれば圏域設定をどのように行うかは重要である。同じエリアに支援者が集中し過ぎてもいけないし，逆に支援者不在のエリアがあっても困る。支援者一人あたりの担当エリアが広過ぎると問題を見落としやすいし，ボランティア活動の範囲が広すぎると続けるのに負担が大きい。支援する相手と顔見知りになり，継続性をもって支援することが理想なのだが，そのためにはある程度小さなエリアの方が効果的だ。

　この圏域設定としては，たとえば範囲の広さによって「市区町村全域」，「校区」（中学校区，小学校区など），「町内会・自治会単位」（連合町内会などの大きな単位から，町内会・自治会のいわゆる「単位会」，その下に数世帯から数十世帯ごとに作られる「組・班」といった小さな単位まで）といったものがあり，小さい単位ほど住民が継続的な活動を行うのに適していると考えられる（図5-1）。地域包括支援センターの社会福祉士やケアマネジャー，社協のコミュニティソーシャルワーカー（地域福祉コーディネーター）などが担当するエリアは，概ね中学校区程度（人口規模では，約1万人くらい）が一般的だとされている。図5-1のように圏域設定は重層的に考えると，どのエリアで誰が活動するかをイメージしやすくなる。

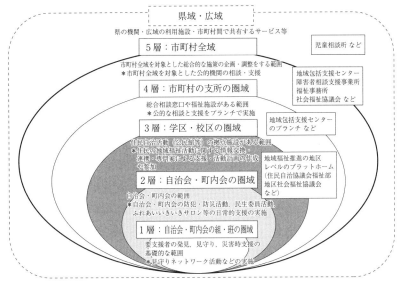

図5−1　重層的な圏域設定のイメージ

注：ある自治体を参考に作成したものであり，地域により多様な設定がありうる。
出所：厚生労働省（2008）「これからの地域福祉のあり方に関する研究会報告書」。

　なお，介護保険法に基づいて展開する地域包括ケアシステムにおいては，「日常生活圏域」という考え方が示されている。これは，概ね30分程度でかけつけられる範囲とされていて，高齢者などが在宅生活を維持しながら，24時間の見守り体制の中で，医療・介護・住宅などの専門的なサービスやボランティアの支援を必要な時に受けることができ，安心して暮らせるようなシステムづくりが，全国各地で進められている。

（3）生きづらさを抱えて孤立する人を支える地域へ

　地域を理解する第3の方法は，そこで暮らす住民への視点をもつことである。とりわけ援助者が留意すべきなのは，住民の中でもさまざまな生活上の困難を抱え，地域社会で孤立しやすい人々，排除の対象になりやすい人々である。別の言い方をすれば，「マイノリティ」（少数者）だ。マイノリティという言葉は，「マジョリティ」（多数者や権力をもつ人々）との対比で使われ，正当な理由もな

いのに虐げられ，不利益を受けている点で共通する。たとえば，外出（買い物，通院など）や就労にハードルを感じている障害者がいる。また，親からの虐待や養育放棄に苦しむ子どももいる。自殺を考え，または企図するほど追いつめられた人もそうだ。ほかにも，高齢者，低所得者や失業者，ひきこもり・ニート，性的少数者，外国人，刑務所からの出所者など，マイノリティといえる人々は多い。そして，彼ら彼女らもやはり地域生活者でもあり，既存の社会制度・サービスを提供するだけでは足りず，地域の人々が温かい目を注げるかどうかで，リスクは大きくも小さくもなり得る。

　地域で発生する問題を大きく分類すれば，住民全般に共通する問題（高齢者の健康づくり，子育て，防災，防犯，住民同士の親睦など）と，支援の必要な特定の人々（要援護者）だけがもつ問題（上のマイノリティの直面する個別的な問題など）の2種類があると考えられるが，とりわけ重視すべきなのは後者である。『社会福祉原論』を著し，地域福祉論をも体系化した岡村重夫は，後者の大切さについて次のように強調している。（福祉国家において）目指すべき「福祉」の意味について，「万人に共通する平等の権利というだけでは，まだ『福祉』にはならない」「真の『福祉』であるためには，個人の主体的にしてかつ個別的な要求（needs）が充足されなければならない」（岡村 1974）。私たち社会福祉を学ぶ者，実践に携わる者は，常にこの事を念頭に置くべきであろう。

　さらに岡村は，「福祉コミュニティ」の重要性について次のように論じている。「福祉コミュニティ」とは社会福祉の援助を要する人や支援者を中心としたコミュニティの事だが，住民全般の一般的な地域社会を構成する重要な部分として位置づけるのが，この議論の特徴だ。「しばしば機能的社会や近隣社会から疎外され，仲間はずれにされやすい特定少数者を対等の隣人として受容し，支持すること（特定少数者を，特定少数者ではないように扱うこと）」「コミュニティの一般的社会状況のなかで，とくにこれらの社会的不利条件をもつ少数者の特殊条件に関心をもち，これらのひとびとを中心として『同一性の感情』をもって結ばれる下位集団が『福祉コミュニティ』である」と，岡村は説明している。

　この時代，イギリスでは「コミュニティ・ケア」という考え方が注目され，政策にも大きく取り入れられた（日本も大いに参考にした）。簡単にいえば，障害者や高齢者などがケア（介護や支援）を必要とする時，施設入所中心の旧来の考え方（つまり，慣れ親しんだ自宅や近隣関係から離れて専門的ケアを受ける）から，地域（自宅や慣れた環境）にいながらにして専門的ケア（通所型の施設やホームヘルプなどによって）の提供を受けたり，近隣にいる住民や友人，家族・親戚などのサポートが受けたりできれば，もっと温かく安心した暮らしが維持できるだろう，という考え方だ。

　大橋謙策は，岡村の議論をさらに発展させ，「ケアリングコミュニティ」を進めていくことを提唱している。大橋は，「一般的コミュニティでは受容・支持・援助が難しいから一般コミュニティとは別に福祉コミュニティをつくると言ったのでは，"地域における新たな『支え合い』"を構築する必要があるという政策と矛盾する」として，「一般コミュニティと福祉コミュニティとの2元論ではなく，一般コミュニティを福祉コミュニティにつくり変えていき…（中略）…新しい地域社会（包摂型地域社会，ケアリングコミュニティ）を創造することが求められている」と述べている（日本地域福祉研究所監修 2015）。

　社会福祉の理念として，ソーシャル・インクルージョン（社会的包摂）やノーマライゼーションが広く知られるようになった。要援護者本人とそれを支援する人が「特別な存在」としてでなく，一般住民の社会，一般的なコミュニティの当たり前の存在であろうとする点で，大橋のこの議論はこれらの理念に沿った考え方といえるだろう。

　少し話が難しくなったかもしれない。要するに，地域で社会福祉を考えていく時，不利な状況に置かれた人々（要援護者，マイノリティ）の立場に立ち，その人々の生きる権利を擁護し，声なき声を聴いて代弁すること（アドボカシー），社会参加や意思決定を側面的に支援すること，不利な状況に置かれた人びとが泣き寝入りせずに声を上げ，社会を変えていけるように働きかけること（ソーシャルアクション：第6章参照）などが重要であり，それらがソーシャルワーカーの仕事だといえる。では，地域という舞台でそれらをどのように行えばよ

いのか？　次のテーマはそれである。

3　コミュニティオーガニゼーションとコミュニティワーク
──地域を支援する方法①──

（1）コミュニティワークという援助技術

　地域社会で発生する問題群を住民がいち早く察知し，住民同士の連帯によってそれらを克服すること，問題を抱えた人・家族を包み込んでいくために，さまざまな主体（活動の担い手）をつなぎあわせ，活動機会や情報などを提供し，問題解決力のある地域づくりを進めていく援助方法を「コミュニティワーク」と呼び，それを用いる援助者として「コミュニティワーカー」がいる。その仕事を覗いてみよう。

1）小地域ネットワーク活動

　地域を見回せば，さまざまな地縁型組織，テーマ型組織はもちろん，福祉や医療などの専門機関や施設，地元の商店や企業などもある。それらが力を出し合えば，心配ごとを抱えた住民を発見し，絶えず見守り，必要な福祉サービスや支援につなぐことができる。

　たとえば，小地域ネットワーク活動という手法がある。小学校区などの単位で住民のボランティアを組織し，ひとり暮らし高齢者や高齢者夫婦のみの世帯などを訪問し，見守りをするのがその典型である。対象は，Ａタイプ（元気だが閉じこもりがち，病気も時々あるなど），Ｂタイプ（病気がち，身体が虚弱であるなど），Ｃタイプ（病気がちであり，家事・介護などにも支障をきたしているなど），といったタイプで捉え，たとえばＡタイプは月１〜２回，Ｂタイプは週１〜２回，Ｃタイプは週３回以上の訪問活動を行うなどとしている。このような小地域ネットワーク活動は1985年の国の補助事業「ボラントピア事業」で広がったのだが，その必要性はますます高まっているといえる。

　訪問してもらう高齢者にとっては，自分の体を気遣ってくれる人がいることの安心感，情緒的な満足感は大きい。社協が介入することによって，自ら声を上げられない人，遠慮がちな人も見守ることができる。訪問する住民にとって

も，訪問先が自宅から近いことで続けやすいというメリットがある。どちらも住民同士なので，「支援する側」「される側」という垣根を超え，友人のようになれるのも，専門職にはない良さである。

　また，サロンという居場所づくりを進めて，閉じこもり気味な住民が交流できるようにもしている。高齢者向けの「ふれあい・いきいきサロン」，子育て期の親子が集まれる「子育てサロン」はその代表的なものだ。ともに，地域の住民がボランティアとして運営を担うのが基本的なスタイルで，前述したようなメリットがある。

　高齢者のサロンでは，お茶や菓子を囲んで話をしたり，歌やゲーム，健康体操などをする。憩いの場，仲間づくりや健康づくりの場になるだけでなく，いつも来ている人が来ていないと，ボランティアの住民が心配して様子を見に行き，安否確認することもできる。

　子育てサロンの場合，子育てのストレスや不安を強めながらも孤立している親たちが集まるので，相談相手や仲間をみつけることができる。愚痴を言いあったり，育児を手伝い合ったり，さまざまな情報（行政サービスから近所のスーパーの特売まで）を共有したりして，一緒に楽しく子育てができるようになる。

2）間接援助としてのコミュニティワーク

　つまり，コミュニティワーカーは，住民を活動者として育て，大きな支援の輪にしていく「組織化」という手法や，地元のさまざまな社会資源の間を取り持ってつなぎ合わせる「連絡・調整」という手法などを用いて，地域単位のネットワークを構築していく役割を担っている。課題別に委員会やプロジェクトチームを立ち上げ，その運営をサポートしたり，みんなで地域のこれからのことを話し合って計画を立てることを手伝ったり，多くの人の理解が得られるイベントや研修を開催することも，ここには含められる。

　簡単にいえば，コミュニティワーカーは住民を主役に立て，地域の問題発見・解決力を高める援助者であり，そのためコミュニティワークはソーシャルワークの体系の中でも「間接援助技術」と位置づけられるのである。

なお，ここまででわかるように，地域に存在する公私の主体は（福祉に直接関わる立場であろうとなかろうと），よき地域福祉の推進者になれる。このような主体を，地域という舞台の上でいきいきと演じる「俳優」や「登場人物」という意味で「アクター」と呼ぶことが多い。また，公的・専門的な立場で，制度に基づく援助を行う主体を「フォーマル」な資源と呼び，反対に，民間の自発的な立場で，制度によらずボランティア精神で援助する主体を「インフォーマル」な資源と呼ぶので，覚えておきたい。

3）コミュニティワークの諸機能

　さて，コミュニティワークにおいて具体的にどのようなことをするのか，その機能の全体像を俯瞰しておこう。岡本栄一によれば，表5−1の8つの機能がある。市区町村の社協には，コミュニティワーカーである福祉活動専門員がいるのだが，その業務レベルで具体的に考えてみると，一般的には次のようなものが挙げられる。

　①　福祉問題の掘り起し

　住民がもつ問題やニーズを発見・把握すること。そのための手法として，住民懇談会・住民座談会（地域の集会施設などに集まってもらい，地域で困っていること，魅力に思うことなどを自由に語ってもらう），アンケート，福祉施設職員への聞き取りなどがある。

　②　福祉問題の共有化

　把握した問題・ニーズを住民一般に知ってもらい，「私たちの問題」だと思ってもらうことや「自分も何か協力したい」と思ってもらうことである。機関紙発行，住民大会や諸行事でのPR，ホームページやメールマガジンなどでの情報配信などの手法が一般的である。

　③　住民の福祉教育

　住民は生活主体として自らの権利を行使するだけでなく，日々の生活の中で，周囲に暮らす住民のちょっとした変化（問題の前兆など）に気づきやすい。研修会や福祉講座の開催，児童・生徒のボランティア体験などの手法で，個々の問題意識の涵養が図られる。

表 5-1　コミュニティワークの機能（岡本栄一）

①　地域の調査・診断の機能
②　福祉ニーズと社会資源間の連絡・調整の機能
③　地域住民や福祉関係者の学習・訓練の機能
④　福祉問題を直接担う当事者や住民の組織化と支援の機能
⑤　広報などによる情報提供機能
⑥　福祉サービスなどの企画と開発の機能
⑦　ソーシャル・アクション（社会活動）の機能
⑧　地域福祉計画を立案する機能

出所：松永ら編（2002：82）。

④　ボランティアの開拓

住民が個々にもつ資源（職業での経験・技術・人脈や趣味・特技，提供可能な財産・土地・時間など）を集合させれば，ボランティア活動や寄附などの大きな力になる。個々バラバラだった「善意ある住民」を「ボランティア（集団)」へとステップ・アップするのを手助けする。

⑤　要援護者の仲間づくり

何らかの生活課題に直面しつつも不安や不満を表出できず，パワーレスな（力のない）状態で埋もれている当事者やその家族は多い。「アルコール依存症患者の会」「中途障害者の会」「知的障害児の親の会」「家族介護者の会」といった当事者組織，セルフヘルプ・グループ，家族会などは，ピア・サポート（同じ境遇にある人同士の支え合い）ゆえの安心感や心強さがある。それをコミュニティワーカーが支援すれば，孤独の解消，情報提供，権利擁護，権利主張（当事者・家族の声を行政などに対して訴える）などが可能になる。

⑥　在宅サービスの提供

介護保険などの制度に基づくサービスなどを提供し，収入を得る社協を，いわゆる「事業型社協」と呼ぶ。社協が運営することで，制度ではカバーできないニーズにまで対応でき，資金の貸付や金銭管理など社協が提供する他の事業・サービスやボランティアによる支援と組み合わせた柔軟な対応もできる点が強みだろう。また，過疎地などで民間事業者が参入しない場合に，社協が事業者となることで，住民のニーズ充足が保持される場合もある。

⑦　地域福祉活動計画への意見集約

　社協活動の総合的推進を図るため，中長期的な見通しを立てるのが地域福祉活動計画だ。①に挙げた手法で住民ニーズを明らかにし，地域福祉を推進する住民や住民組織，関係機関・団体などとともに，これからの活動の目標や方法などを議論し，計画書を作る。[(4)]

⑧　行政機関などへの提言

　住民，福祉当事者の声や思いを，行政などに訴え，対策につなげることである。行政の予算や施策に反映することの効力は大きいため，要望書や嘆願書の提出，調査報告書の提出，署名活動，専門委員会や審議会などへの参画，議会への提案などの手法で行われる。

（2）コミュニティワークのルーツを探る

　現在のコミュニティワークに連なるコミュニティオーガニゼーション（以下，CO）は，地域で起きる問題を，地域の特性を生かしつつ地域で解決を図るために専門援助者（コミュニティオーガナイザー）が用いる組織化活動の技法だ。そこに暮らす住民の主体性や問題意識を喚起し，地域に存在するフォーマル，インフォーマルな解決資源を動員・開発することに特徴がある。日本では主に戦後，北米の CO の理論が紹介され，とりわけ社会福祉協議会の活動理論として採り入れられた。社協がつくられたのは1950年代だが[(5)]，それよりはるか昔から町内会などの住民組織は全国に根づいていたし，民生委員・児童委員の制度もすでにあったため，日本ではそうした地縁型のシステムを前提として CO が発展した。[(6)]

　なお，海外では今も CO の語をそのまま用いることが多いが，日本では CO を，ほぼ同義のままコミュニティワークと言い換えてきた経緯がある。その理由として，CO は直訳すれば「地域組織化」になるので，あたかもそれだけをする技術のように誤解されやすいが，実際には福祉教育，計画づくり，予算獲得，ソーシャルアクションなど幅広い技術を含んでいる。また，伝統的ソーシャルワークの代表格として「ケースワーク，グループワーク，CO」が日本

でも紹介され，大学の講義科目などとしても根づいてきたのだが，「ケース
ワーク，グループワーク，コミュニティワーク」にした方が語呂がよいという
理由も，幾分かはあったようだ。

1）リンデマンの「機関・施設連絡調整説」

CO を唱えた初期の人物として，たとえばリンデマン（E. C. Lindeman）がい
る。リンデマンは1921年に，「地域」とは，「個人」の集合体というより，「グ
ループ」の集合体だと捉えられる。そして，それらは「現実的には連帯が難し
い」と言っている（Harper et al. (eds.) 1959）。

今の日本の地域もそうだ。よく，行政職員が，何かを決める時に「地域の
方々と相談しよう」というけれど，そういう場合，町内会・自治会などを通し
て意見集約しようという意味であることが多い。実際，地域を見渡してみれば，
町内会・自治会，老人クラブ，福祉委員会，各種 NPO やボランティア・グ
ループなどの住民組織がいくつもあるほか，地元の企業や商店街などがつくる
商工会などもあり，たしかにグループの集合体と捉えられる。どの団体もそれ
ぞれの目的や思いをもって結成されており，全体の利益が一致するとは限らず，
時には「ねたみ」や「不協和音」が生まれるものである。

リンデマンの説に従えば，難しいからこそ，調整役の専門家が必要なのだ。
コミュニティが問題を公平にコントロールできるように，専門家，組織，機関，
施設の結束を強くすることによって，各々から力を引き出せるようにするため，
意識的な努力を含んだ社会的な組織化が CO である。リンデマンのこの定義
は，CO の考えの根底をなし，今の私たちに受け継がれているもので，その特
色から「機関・施設連絡調整説」と呼ばれている（Reid 1981=1992：187；牧里
1990：147）。

2）社協活動の基礎理論となったロスの「地域組織化説」

また，1950年代の経済成長の影でコミュニティ崩壊が懸念された時代には，
マレー・G・ロス（M. G. Ross）の理論が注目された。1955年に発表されたロス
の理論は，住民が自らの意思で主体的に参加する手続きやプロセスを重視する
もので，問題解決の結果だけでなく，地域が変革する過程を重視したことで知

表5-2 古典的CO代表的論者が提示する方法・技術

	記録	計画	研究・調査	合同予算	教育・広報	共同募金運動・財源確保
Lindeman (1921)						
Devine (1922)		計画	調査		教育および予防策、広告、プロパガンダ	
Pettit (1925)						
Steiner (1930)						
Lane (1939)	継続的な一ヵ所に集める記録	計画	特別な研究および調査	合同予算	教育、説明、広報	共同募金運動
Kultz (1940)		計画およびサービスの実行				
Fink (1942)		コミュニティ・プランニング				
McMillen (1945)		コミュニティのニーズの決定、推進方法や調査方法の決定			説明の方法	
Ogden (1946)		状況把握			人々に知らせる、新聞報道	
Mayo (1946)						
Stroup (1948)		コミュニティ・プランニング	調査		広報	財務
King (1948)						
Newstetter (1953)						
McNeil (1954)		会議方法の決定	社会福祉ニーズの決定			
Ross (1955)					広告	
Ross (1958)			調査および決定		セールスおよびプロパガンダ	
Dunham (1958)		計画	実情調査（統計、研究）、分析、評価	合同予算	教育、法制化の推進	共同募金運動、財源確保
Stroup (1960)		計画	調査	合同財政	広報	

	組織化	連絡・相談・調整	討議・会議・委員会	交渉	合同サービス	社会行動，その他
Lindeman (1921)	業務を通じた関係調整					
Devine (1922)	資源の組織化	調整および調和				
Pettit (1925)		ニードや人々の適合				
Steiner (1930)	効率・統一行動のための統合	調整（共同作用）				
Lane (1939)	組織化	施設相互間の相談	集団討議，会議，委員会	交渉	合同サービス（社会サービス交換）	ソーシャル・アクション
Kultz (1940)		プログラムを通じた関係調整，機関の相互関係				
Fink (1942)	社会的機関のための会議，近隣の調整の会議	会議，インフォーマルな部会			社会サービス交換	
McMillen (1945)	グループをはげます，グループの活動を動機づける	グループの活動を動				規範への精通，個人・グループの行動への理解
Ogden (1946)	地域の資源を集める	適合				リーダーの発見
Mayo (1946)						闘争
Stroup (1948)	コミュニティ・サービスの開始	調整				
King (1948)	地域の関心を喚起し維持する，ニードに応じる団体を開発する	ニードに応				
Newstetter (1953)		グループ間の関係調整				
McNeil (1954)	資源の動員					
Ross (1955)	地域開発，地域組織化	地域の関係調整・サービス・参加				
Ross (1958)			委員会組織化	交渉		開発的アプローチ，直接行動，過程アプローチ，セラピー・アプローチ
Dunham (1958)	組織化		会議，相談			非立法的なソーシャル・アクション
Stroup (1960)	調整，サービスの開始				調整（社会サービス交換）	ソーシャル・リサーチ，アドミニストレーション，ソーシャル・アクション

注：分類項目はレイン報告書（1939年／1966年・牧賢一訳）を参考にした。

られている（ロス 1963）。

たとえば，ある地域が問題の多発に悩んでいるとして（たとえば，犯罪が繰り返される，交通事故が頻発する，子どもの非行が加速しているなど），住民たちがそれについて話しあい，自分たちでできる対応策を考え，実際に取り組みを始めることが大切であり，「地域内の資源（解決するために必要な人材や道具，活動場所など）」を動員していくことが鍵となる。逆にいえば，そのコミュニティのことをよく知らない外部者に安易に頼ってしまうのはできるだけ避けた方がよい。住民の意思決定と団結をもって地域社会の問題を解決に導こうとするものだが，問題解決がうまくいけば，住民は自信に満ちてこれからも活動が続けられるし，もし仮に問題解決が失敗したとしても，信頼で結ばれた住民同士の結束は，確実にその地域の「強さ」として残る。援助者はそのような視点をもち，住民を励ましていくことも大切だ。このような問題解決の「過程」を重視するロスの理論は，「地域組織化説」あるいは「統合説」などと呼ばれている。ロスは，CO の「傾向」として，①自己決定，②地域社会固有の歩幅，③地域から生まれた計画，④地域社会の能力増強，⑤改革への意欲，の5点を挙げ，これらを重視すべきだとしている[7]（ロス 1963：40-50）。

上記の②でいう「歩幅」とは，成長のペースのことである。この5つを見るだけでも，コミュニティの構成員が深く考え，進むべき道を自らの意思で決定し，行動しながら成長していく過程が重視されていることがわかるだろう。

なお，日本では社協が1951年に法制化されたのだが，同じ頃に発表されたロスの組織化の方法論は日本語にも翻訳され[8]，社協活動の基盤となる方法論として導入された。

3）CO を体系化した「レイン報告」

時代は遡るが，早い時期に CO の全体像を体系的に示したことで知られているのが，1939年に発表された「レイン報告」だ。レイン（R. P. Lane）を委員長とする全米社会事業会議での委員会報告のことであり，アメリカ各地の萌芽的な CO の取り組みを調べて類型化し，また，すでに発表されていた CO の諸理論を12の機能に分類した[9]。CO が科学的概念に高められ，ソーシャルワー

クの一方法としての位置づけを得る上で，レイン報告の果たした功績は大きい。

レイン報告での CO の定義は，欲求（ニーズ）の発見と規定，地域住民の参加などを重視していていることから「ニーズ・資源調整説」と呼ばれている。

表 5 - 2 は，レイン報告の12分類を参考に，CO の諸定義に含まれる機能を筆者が分類したものである。今日のコミュニティワークにほぼそのまま受け継がれていることがわかる。

4）ウェイルとギャンブルの8つのモデル

その後もいくつかの理論モデルが発表されているのだが，比較的まとまったもので最近に出されたのが，ウェイル（M. O. Weil）とギャンブル（D. N. Gamble）による8つのモデルがよく知られている。表 5 - 3 がそれだが，今日の日本の状況に照らしても参考になる。働きかける対象によって（たとえば，相手が近隣の住民組織なのか，NPO などの市民団体なのか，行政など権力機構なのか，銀行などの資金提供者なのか，など），あるいは目的によって（住民の生活の質の向上，特定の問題の予防・解決，権力構造の変革，財源の拠出など），これらのモデルを使い分けることが有効であろう。

4　コミュニティソーシャルワーク——地域を支援する方法②

（1）援助のカベを超え現代の問題に切り込む

近年，地域で起きている問題は深刻さを増している。近隣とのつながりを欠いた世帯の中で，問題発生の理由や形態は個別化・多様化していて，また同一の世帯（家庭内）に複数の問題が重複し，「多問題家族」と呼ばれる世帯も増加している。

そうした中で，比較的に住民に共通するニーズ（高齢者の健康維持・介護予防，子育て，防犯・防災，住民の親睦など）を満たそうとするコミュニティワークでは，カバーすることの難しい問題がある。個人や世帯を襲う難解な問題と丁寧に向き合い，より個別的にアセスメントし，支援計画を立て（プランニング），専門職とボランティアなどの地域資源が力を合わせて支えていく仕組みが，これま

表 5-3　ソーシャルワークのた

| 比較に用いる特徴 | モデ ||||
	近隣とコミュニティの組織化	機能的コミュニティの組織化	コミュニティの社会経済的開発	社会計画
望まれる結果	メンバーの組織化の能力を発揮させる：都市全域の計画と外部の発展の影響を変える	アドボカシーや行動と態度の変革に焦点を当てた，社会正義のための活動；またサービスを提供することもある	草の根の視座から開発計画を立てる：市民が社会経済的投資を活用する準備をさせる	選ばれた団体かヒューマン・サービスの計画協議会による，活動の都市全域ないしは地域での提案
変革の標的となるシステム	市当局：外部の開発業者，コミュニティの成員	公衆：政府の諸制度	銀行，基金，外部の開発業者：コミュニティの市民	コミュニティの指導者の視座，ヒューマン・サービスの指導者の視座
初めに組織に関わりのある人	近隣や教区，地方の郡の住民	コミュニティ，地域，国や地球規模での志を同じくする人々	都市や地域における低所得，周辺に追いやられたり，抑圧された人口集団	選挙によって選ばれた役人，社会的機関と機関間にまたがる組織
関心事の展望	地理的なエリアでの生活の質	特定の問題や人々のアドボカシー	所得，資源と社会的サポートの開発：基礎的な教育とリーダーシップの技術の改善	行政的な区域での，社会的ニーズの地理上の計画への統合：ヒューマン・サービスのネットワークの調整
ソーシャルワーカーの役割	オルガナイザー，教師，コーチ，促進者	オルガナイザー，アドボケイトの起草者／コミュニケーター，促進者	交渉者，後援者，教師，プランナー，マネージャー	調査員，提言の起草者，コミュニケーター，マネージャー

資料：Weil, M. O., & Gamble, D. N. "Community Practice" Edwards, R. L. et al. (eds), *Encyclopedia of*
出所：松永ら編（2002：96-97）。

で以上に必要になっているのだ。そうした背景から，「コミュニティソーシャルワーク」（以下，CSW），あるいは「地域を基盤としたソーシャルワーク」という援助情報が注目されるようになり，「コミュニティソーシャルワーカー」（あるいは「地域福祉コーディネーター」など）と呼ばれる援助者が社協などに配置されるようになっている（以下，コミュニティソーシャルワークとコミュニティソーシャルワーカーを CSW と表記する）。

（2）個別支援・地域支援・仕組みづくりの一体的展開

1）CSW に含まれる機能

前述したように，個人・世帯の事情を個別的に受け止め，支える「個別支

めのコミュニティ実践のモデル

ル			
プログラム開発とコミュニティとの連絡	政治活動・社会活動	提携（coalitions）	社会運動
地域でのサービスの効果を改善するための，機関のプログラムの拡張や方向づけのし直し：新たなサービスの組織化	政策か政策形成者を変えることに焦点を当てた，社会正義のための活動	プログラムの方向に影響を与えたり，社会資源を得られるほど強固な，多組織間の権力基盤の構築	特定の人口集団や問題に新たなパラダイムを提供するような，社会正義のための運動
機関のプログラムの出資者：機関のサービスの受益者	選挙権を持つ公衆，選挙によって選ばれた役人：不活発か潜在的な参加者	選挙によって選ばれた役人：基金：政府の制度	公衆：政治システム
機関の理事会や運営管理者：コミュニティの代表	特定の政治的な支配下にある市民	特定の問題に利害関係のある組織	新たなビジョンやイメージをつくり出すことができるリーダーや組織
特定の人々へのサービスの開発	政治的な力の構築：制度の変革	社会的ニードや関心事にかかわる特定の問題	社会における社会正義
代弁者，計画策定者，マネージャー，提言の起草者	アドボケイトのオルガナイザー，調査員，志願者	仲介者，交渉者，代弁者	アドボケイトの促進者

Social Work 19th edition, NASW, p. 581.（柴田謙治訳）。

援」と，それを支える地域づくりをねらったコミュニティワークとしての「地域支援」を一体的に展開させるのが CSW といわれる。前者では，CSW の専門職がフェイス・トゥ・フェイスの状況で個人・世帯に対する相談援助をケースワーク的に行うアプローチと，その個人・世帯を地域のアクター（さまざまな専門職やボランティアなど）が協力して支えるアプローチがある。後者では，個別の課題の普遍化や資源開発によって地域に「仕組みづくり」をするコミュニティワーク的なアプローチがある（ある 1 つのケースを支援した経験を基に，同様のニーズをもつ人に対しても適用できるようにルールや予算，チーム体制，活動場所をつくるなど）。

　たとえば，ある若年のひきこもりの社会参加の支援をきっかけに，商店街の

空き店舗を使ってひきこもりの青年たちの溜まり場のようなカフェをつくったり，それを障害者の就労支援事業化したりするなどの働きかけがある。この場合，ひきこもりの青年たちを個々に支援することに加え，今後表面化し得る問題への予防の体制を敷くこと，またカフェの運営を支えてくれるボランティアの住民や商店主の力を喚起し，つないでいく地域づくりというさまざまな機能をCSWが含んでいることがわかる。では，実際にどのようにCSWが展開するのか，2つの例を挙げてみてみよう。

事例1　ごみ屋敷への介入後の「福祉勉強会」の立ち上げ

D区社会福祉協議会では，区内の各地区へのCSWの配置を進めており，地域の福祉・医療などの多分野の専門職や住民と協力して，地域に埋もれた問題の発見と解決に取り組んでいる。

ある時，住民から社協に連絡があり，一人暮らしの男性E氏（80代）の様子がおかしいと知らされた。「いつも一人で大声を出している」「家から異臭がし，虫がわいている」ということであった。社協のCSWがE氏宅を訪問したところ，本人は長年地域から孤立しており，ごみ屋敷の状態にあると判断できた。

本人の同意の下，①民生委員などによる見守り，②住民（ボランティア）との共同による清掃，③医療サービスへのバトンタッチ，という支援を計画・実施した。さらに，ボランティアに携わった住民の間から，「E氏の問題は他人事ではない」「私の将来の姿かも知れない」という危機意識の涵養が見られたことを機に，④住民による「福祉勉強会」を立ち上げ，高齢者の生活を安心・安全に保つための意識づけや情報共有を行った。

事例2　会議体を中核とした仕組みづくり

F市社会福祉協議会では，15の中学校区（地区社協圏域）ごとに相談・支援体制を構築しており，行政，専門職，住民の協働によって個別の生活課題を解決するとともに，地域支援の仕組みづくりに力を入れている。

校区の中には「生活支援会議」という会議体が設置されているところがある。必要な時に招集され，関係者の協議を通じて個別的な支援を計画するとともに，新たな仕組みを生産する場となっている。たとえば，認知症高齢者への支援を発端とした見守りネットワークの構築，ひきこもりの問題への対応から保護者のサロン開設，生活困窮者の居住の支援から格安物件情報がFAXで提供されるシステムの開始（宅地建物取引業協会との連携）などが実現した。

2）2つの事例に見られた CSW のポイント

「事例1」では，周囲から孤立し，ごみ屋敷で暮らす住民を個別的にアセスメントし，本人同意の上で介入（個別支援）を地域資源と連携して行ったこと（①②③）に加え，地域コミュニティがもつ予防機能を喚起できた点（地域支援）でも成果（④）が見られた。なお，E氏に対しては，今後，地域の人々が様子を気にかけ，困りごとがあれば手助けするような体制が築かれる。このような仕組みを「ソーシャル・サポート・ネットワーク」という。

ここでいう「予防」には2つの側面が含まれるだろう。すなわち，同様の問題を抱えた当事者の発見と組織化，将来の問題発生への備え（直接的な支援，つまり支援システムの構築）と，幅広い支援者の発掘・育成と組織化（間接的支援）である。事例1の④は後者にあたるのだが，将来の担い手が育つことで，前者の予防にも発展することが期待できる。

「事例2」においても，地域支援の具体的な進展が顕著であった。困難なケースに対して地域で協議・対応し，個別支援の後にシステムを作って残すことが原則となっている。このような会議体は，いわば「仕組み化するための仕組み」としての実効性を示している。

両事例とも，総合相談体制（窓口やコーディネーターの配置）によって，広い視点でのニーズキャッチを実現している。また，グループワークやネットワーキングの手法を組み合わせて支援の質を向上させると同時に，サービス開発にもつなげている。

（3）ソーシャルワークを地域で統合的に活用する

「個別支援」と「地域支援」を一体的に行うこと，ソーシャルワークの諸方法を統合的に活用すること，そして既存の制度の対象に縛られず，さまざまな問題を抱えた「要援護者」を発見して支援につなげるという点は，CSW の鉄則だといえる。上の2つの事例で明らかなように，個々の住民がもつ状況を個別的に把握し，個別的なメニューで支援すること（個別支援），そして，同様の課題を抱えた要援護者も発見・支援できるようし，地域のさまざまな主体が協

力できるようネットワークを強化していくこと，そして誰もが孤立や排除のリスクから守られるようなシステムを構築し，問題解決力を備えた地域へと変革していくこと（地域支援，あるいは地域のしくみづくり）が欠かせないのだ。そして，問題状況に即してさまざまな援助方法（介護，医療，住宅の提供など多分野の支援を含めて）を駆使することが不可欠である。

　図 5-2 のとおり，ソーシャルワークの一連のプロセス（ニーズ発見／アセスメント～プランニング～実施～モニタリング～評価）のどの段階においても，「個別支援」と「地域支援」に目配りして，バランスよく援助が展開することが望ましい。

　繰り返しになるが，現代の問題群に向き合う上では，既存の制度や施策によって規定される「対象者」だけを見ようとしていたのでは，把握・支援に限界がある。CSW が求められるのには，従来の制度別・対象別の援助から一歩前に進んで，援助の「総合性」「包括性」を強めようという目的があるといえる。

　では，「総合」「包括」とは何か？　色々な意味があるだろう。「高齢者」「障害者」「ひとり親家庭」「低所得者」など，対象別・カテゴリー別のタテ割りの発想を超える。さらには，法律や政策，補助事業，予算などごとに分断された事業を横断的に展開できるようにする。さまざまなソーシャルワークの方法をより状況に即応して駆使できるようにする。そして，医療，住宅，労働，司法，教育など，関連する分野の人といつでも協力できるようになる。こうしたことが援助の総合性・包括性を保障するものといえる。国は「地域共生社会」を政策の柱に据え，現代的な問題やニーズ（社会福祉法では「地域生活課題」と規定される）に地域ごとに対応できるよう，推進を図っている。CSW はその中で「扇の要」の役割を期待されているのだ。

図5−2　コミュニティソーシャルワークの基本的な展開プロセス（特定非営利活動法人日本地域福祉研究所）

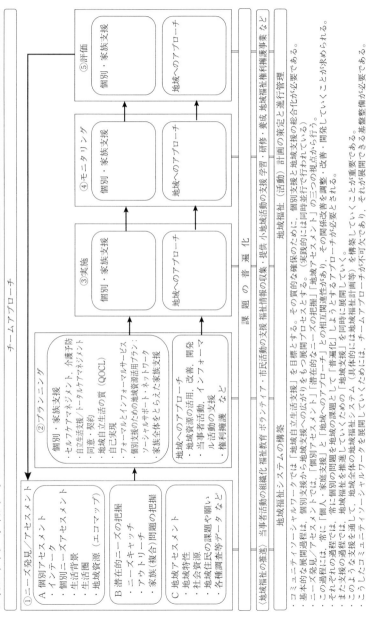

・コミュニティソーシャルワークでは「地域自立生活支援」を目標とする。その質的な確保のために、個別支援と地域支援の総合化が必要である。
・基本的な展開過程は、個別支援から地域支援への広がりをもつ展開プロセスとする。（実践的には同時並行で行われている）
・ニーズ発見には、「個別アセスメント」と「地域アセスメント」「潜在的ニーズの把握」とのニーズの相互関連性があり、「地域アセスメント」の三つの視点から得られる。
・この過程には、常に「個人・家庭支援」と「地域へのアプローチ」として「普遍化」していく。
・またそれぞれの過程では、常に個別の問題を地域の課題として「普遍化」していこうとするアプローチへと展開していく。
・このような支援を通して、地域福祉の推進（具体的には地域福祉計画等）を構築していくことが重要である。
・こうしたコミュニティソーシャルワークを展開していくためには、チームアプローチが不可欠であり、それが展開できる基盤整備が必要である。

出所：社会福祉士養成講座編集委員会編（2009：131）。

5 目指すべき地域の姿

（1）地域づくりの成長軸

　本章で説明したソーシャルワークには，CO／コミュニティワークとCSWがあった。このような地域福祉の援助方法が何を目指して展開されるのか，最後に整理しておこう。

　野口定久は，社会福祉が今日の問題に向きあいつつ，目指すべき達成課題に，「ローカル・ガバナンス」と「ソーシャル・インクルージョン」を掲げている（野口 2008）。噛み砕いていえば，住民（とりわけ，福祉当事者）が自らを取り巻く多種多様な問題に対して，解決の場に参加し，意見し，方針を決定し，自分にできることからやっていくこと，そして誰もが孤立や排除を感じることなく，能力を発揮していけるような社会へと成長していくこと，これが地域福祉の目指す到達点ではないだろうか。

（2）3つのゴール

　ローカル・ガバナンスとソーシャル・インクルージョンという理念に近づいていくために，地域福祉の取り組みの目標をどう設定するかについて，3つのモデルを最後に示しておこう。これらは，古くからコミュニティワークの3つのゴール（目標）と呼ばれているものだが，それが達成できたかどうか，もしくはどの程度前進しているかを評価する時の基準にもなる。

　第1は，「タスク・ゴール」（課題達成目標）と呼ばれるもので，問題解決やニーズ充足がどの程度進んだかということである。一例を挙げると，大規模な集合住宅（団地）で孤立死（孤独死）が相次ぎ，住民がそれを機に「孤独死ゼロ作戦」などと銘打った活動を組織化し，見守りや相談，支援を強化する取り組みがある（行政や社協などはそれをバック・アップし，活動のノウハウ・予算・場所などを提供したり，PRしたり，関係機関などとつないだりしている）。定量的な目標（つまり数値目標）としては「孤立死を○○％減少する」「活動メンバーを○○

人確保する」「週に〇回活動する」といったことがあり，評価の段階では数値
で達成率を判断できる。一方，定性的な（数値化できない）目標もあり，「安心
して暮らせる町にする」「気になる人がいたら迷わず通報できるようになる」
といったことがある。

　第2は，「プロセス・ゴール」（過程目標）である。タスク（課題）達成に向け
て活動する過程で何を獲得したかということ（つまり副産物）である。上の例
でいえば，多くの住民が新たにボランティアとして活動に参加してくれた，挨
拶しあう関係が広がった，解決への責任感や自信が住民の間で芽生えたなど，
得られるものは計りしれない（これらを「住民の主体形成」という）。もし仮に，
「〇〇％減少」という数値目標が未達成に終わっても，ただちに「失敗だった」
と結論づけるのは早計である。活動に共感した住民が数多く参加し，連帯感が
強まったのなら，将来の犯罪や災害，担い手不足など，あらゆる難題に対抗で
きる，いわば「福祉力」の強い地域ができるではないか。

　第3は，「リレーションシップ・ゴール」（関係性変容・構築の目標）である。
タスクに取り組むための手続きを民主的に行い，不当な権力構造を変革するこ
と，さらには行政や関係機関，住民などの関係者（アクター）の間でよい関係
を構築することを目指す。「孤独死ゼロ作戦」の場合，一つの目標に向けて，
これまでつながりのなかったアクター同士が連携する機会となることがある。
たとえば団地自治会と NPO，商店街や企業，行政などの間で，（これまで軋轢
や上下関係があった場合もあるだろうが）共に汗を流す関係，フォローし合う関係
ができれば，これ以上のことはない。

　コミュニティワークにせよ，CSW にせよ，このように問題を抱えた人びと
を見つけ出し，必要な支援・サービスを提供し，社会参加の道筋をつけていく
と同時に，支援者を増やし，支援者同士のネットワークを強め，持続可能な地
域づくりを果たしていくというのが援助の要点である。

6 社会を変えるソーシャルワーク
——個々人の人生に向き合い一緒に問題について考える——

（1）ターゲットとすべき今日的問題群

　さて，「問題の個別化」「多様化」「重複」という表現を，本章では何度か使ってきたが，抽象的な表現ではイメージがつかみにくいのではないだろうか。今日，個人や世帯を襲う問題は驚くほど個別的であり，2つとして同じ問題（の組み合わせ）はないと言っても過言ではなくなってきた。また希薄な近隣関係の中で，そうしたケースは誰にも気づかれずに地域社会に埋もれてしまいがちである。

　たとえば，次のような例は今日の問題として象徴的といえるだろう。

　①　複合的な要因で生まれる貧困（無職の子が実家に戻り，老親と同居する例）

　「8050（はちまる・ごーまる）問題」という言葉が，よく聞かれるようになった。80代の親と50代の子が同居し，社会から孤立する中で，貧困や健康の問題を悪化させているような世帯のことだ（もちろん，親が70代で子が40代，親が90代で子が60代など実際はさまざまだ）。

　日本では厳しい経済状況が続き，非正規の雇用（契約社員，派遣社員，パート，アルバイトなど）がさまざまな業種で急増した。その結果，中高年の人が，不安定な非正規の職に就き，しかもそれを失うことも珍しくない。若年者と違って新しい職を見つけることも難しく，失職して実家に戻ったところ，親も年金暮らしのために一気に貧困状態に陥るといった問題が起きている。生活保護費で年金の不足を補っていたような親のもとに子どもが戻ると，稼働年齢の子と同居という理由で生活保護が打ち切りになるという例もある。

　②　孤立死（孤独死）の変容

　この問題は，悲しいことに，社会問題として誰もが知るところとなった。多くのケースは，一人暮らし高齢者が，誰にも気づかれずに亡くなるもので，死後，かなりの日数が経ってから発見されることが多い。さらに，そのようなケースは，家族・親戚や近隣との関係が途切れているのが一般的だ。

　しかし近年，社会的孤立や貧困の進行に伴い，同居家族のいる世帯で全員が亡くなっているケースが散見されるようになり，社会に衝撃を与えている。たとえば，寝たきりの親を介護していた子が自宅で急死し，無理に助けようとした親も亡くなるといった痛ましいケースが発見されている。一人暮らしの高齢者であれば周囲が気に掛けることもあるが，同居家族がいる場合は盲点になりやすく，気がつけば手遅れになっていることがある。

　昔のような近所づきあいでなくても，住民同士が互いにもう少し気にかけあわなければ，このような事態は防げないだろう。人をつなぐ仕組みづくりは，緊急の課題なのだ。

　③　虐待，DV 世帯における複数の問題

　人との交流がなく，いわば密室になっている家の中で，虐待や DV（ドメスティック・バイオレンス）が深刻化している。虐待には，子どもに対する虐待，障害者に対する虐待，高齢者に対する虐待があり，DV は配偶者などによる暴力である。これらの問題の深刻化を受けて，法整備も進んでいるのだが，やはり早期発見と，手遅れになる前の手助けには，地域の人の目や行動が不可欠だ（児童，障害者（等），高齢者にはそれぞれの虐待防止法があり，虐待の種別として「身体的虐待」「性的虐待」「ネグレクト（保護の怠慢ないし拒否）」「心理的虐待」があることが規定されている。DVに関しては「配偶者からの暴力の防止及び被害者の保護等に関する法律」が制定されている）。

　ある三世代同居（A氏＝80代の女性，B氏＝A氏の息子・50代，C氏＝B氏の息子・20代）の例では，A氏が介護と医療のサービスを受けているほかにも，次々と問題が明らかになった。精神疾患があり自閉症・ひきこもりの状態が続くC氏が，祖母であるA氏への虐待を繰り返している。緊急の対応としては，A氏を虐待から保護しなければならないわけだが，介護・医療のサービスも継続しなければならない。C氏にはメンタル・サポートをしながら虐待をやめさせ，就労支援も視野に入れて関わっていく必要がある。さらにこのケースでは，一家を支えているB氏も問題をもっている。B氏は仕事をしているものの非正規のため収入が十分でなく，それにもかかわらず浪費癖がある。B氏の収入の

安定化，金銭管理の支援も必要だ。

（2）孤立する個人や世帯をいかにして支援するか

　このような問題を挙げてもきりがないほどだが，これまで想定されなかったような問題をもつ個人や世帯が周囲から孤立し，地域の中に埋没しているのが実状である。社会福祉の制度やサービスは，それを供給する「対象者」を定義し，その範囲内にいる人を支援しようとするものであるため，範囲外で問題状況に瀕している人については，対応が遅れがちになってしまう。

　加えて，近隣関係が希薄な地域にあっては，周りの目も排他的で冷たい。「あの人は変わった人だから，関わらないようにしよう」と言われることはあっても，「あの人が困っているから助けよう」という論理は働きにくくなっている。

　状況をさらに悪化させる要因として，ソーシャルワーカーや民生委員などが心配して声をかけても，当の本人が「自分は大丈夫だ。放っておいてほしい」と拒絶的なリアクションを取ってしまう人も多い。申請主義の仕組みからすれば，本人が助けを求めてさえくれれば支援が開始できるのに，と思う場面である。援助者から見て，明らかに困っていそうなのに（たとえば，家がごみ屋敷状態である，病状が明らかに重篤である，虐待が疑われるなど），助けようにも助けられないというもどかしい状況。ソーシャルワーカーは，こうした問題も自分から見つけ出し（アウトリーチ），相手と心を通じるまでじっくり向き合い（信頼関係の構築），支援につなげることが求められる。

　支援を拒否する人たちの反応をよく見ていくと，筆者は，少なくとも3つのパターンがあると思っている。①介入拒否（一切の支援者による介入を拒む。ソーシャルワーカー，民生委員などの訪問はすべて追い返す），②サービス利用拒否（ソーシャルワーカーや民生委員などとの関係は概ね良好なのに，なぜか医療や介護などのサービスは拒む。たとえば，疾病があるのに通院・服薬を拒むなど），③セルフネグレクト（生命や健康を自ら放棄するように行動する。たとえば，お金があっても生活費に使わないなど），というものである。

　ソーシャルワーカーは，そのようなさまざまな障壁にも負けず，個々人の人生に向き合い，一緒に問題について考え，解決の糸口を探す援助者である。そして，地域にあるフォーマルとインフォーマルの社会資源をうまくつなぎ，同様の問題を抱えた人にも対応できるよう，居場所づくり，当事者の会の立ち上げ，サポーターのチーム結成，相談ルートの確立，そして孤立者をつくらない地域づくりなどの多彩な仕組みづくりを進めていくのだ。

注
⑴　「限界集落」とは，65歳以上の高齢者が人口の過半数を占める集約や地区のことを指して使われる。最近では，都市部の集合住宅がまるごと高齢化し，「都市型限界集落」と呼ばれることもある。
⑵　「消滅可能性都市」とは，「日本創成会議」が提唱した概念で，少子化と人口減少に歯止めがかからない市区町村のことである。具体的には，2010年からの30年間で20〜39歳の女性が5割以上少なくなる市区町村のことを指す。
⑶　たとえば，生活福祉資金貸付事業，日常生活自立支援事業などが挙げられる。
⑷　行政が策定する法定計画の「市町村地域福祉計画」や「都道府県地域福祉支援計画」とも一体的に策定することが理想的だといえる。
⑸　社会福祉事業法（現・社会福祉法）が1951年に成立した時，中央社会福祉協議会（現・全国社会福祉協議会），都道府県社会福祉協議会が規定された。しかし，より住民に近い立場で活動する市町村社会福祉協議会も自発的に組織され，1950年代終わり頃には全国津々浦々に市町村社協ができていた。なお，市町村社協が法的な規定を得たのは，1983年の社会福祉事業法改正の時である。
⑹　なお，1951年に現在の全国社会福祉協議会＝全社協，都道府県社協が発足したのだが，より住民に身近な立場でCOを進めるべき市町村社協は，法的根拠のなかった1950年代において，すでに全国津々浦々に自主的に設立されていた。
⑺　さらに，ロスは「COの諸原則」（13項目）を次のとおり示している（原文ママ）。①地域社会に現存する諸条件に対する不満は必ず団体を開発および（または）育成する，②不満の中心点を求め，特定の問題に関して，組織化，計画立案，ならびに行動に向って道を拓くこと，③コミュニティ・オーガニゼーションを開始し，あるいは支える力となる不満は，地域社会内で広く共有されるべきこと，④団体には指導者（公式，非公式両方共）として，地域社会内の主要下位集団に密着し，またそれから承認された指導的人物を関与させるべきこと，⑤団体はその目標と手続き方

法を真に受け入れ易いものとすべきこと，⑥団体のプログラムには，情緒の満足を伴う活動を含めるべきこと，⑦団体は地域社会の内部に存在する善意を，顕在的なものも，潜在的なものも，共に利用するように心がけるべきこと，⑧団体としては，団体内部のコミュニケーション，ならびに団体と地域社会とのコミュニケーションの両方を積極的に，効果的に開発すべきこと，⑨団体は協力活動を求めようとするグループに対する支持と強化に努力すべきこと，⑩団体はその正規の決定手続きを乱すことなく，団体運営上の手続きにおいては柔軟性をもつべきこと，⑪団体はその活動において，地域社会の現状に即した歩幅を開発すべきこと，⑫団体は効果的な指導者を育成すべきこと，⑬団体は，地域社会内に，力と安定，および威信を育成すべきこと（ロス 1963：179-228）。

(8)　市町村社協の法制化は1983年だが，1950年代には全国に市町村社協の自発的な設立が進んでいた

(9)　①継続的な1カ所に集める記録，②計画，③特別な研究および調査，④合同予算，⑤教育，説明，広報，⑥共同募金運動，⑦組織化，⑧施設相互間の相談，⑨集団討議，会議，委員会，⑩交渉，⑪合同サービス，⑫社会行動。

参考文献

大森彌（1982）『コミュニティの社会設計』有斐閣。

岡村重夫（1974）『地域福祉論』光生館。

加山弾（2004）「社会福祉援助におけるコミュニティの対象規定──〈病理学モデル〉から〈エンパワメント・モデル〉へ」『関西学院高等部［論叢］』50，27-39頁。

加山弾（2015）「コミュニティソーシャルワークの概念および実践上の課題──『地域支援』『方法の統合的活用』『広範な対象規定』に着目して」『社会福祉研究』123，44-53頁。

厚生労働省（2017）『自殺対策白書 平成29年版』。

社会福祉士養成講座編集委員会編（2009）『地域福祉の理論と方法──地域福祉論』（新・社会福祉士養成講座⑨）中央法規出版。

高森敬久・高田真治・加納恵子・定藤丈弘（1989）『コミュニティ・ワーク／地域福祉の理論と方法』海声社。

内閣府（2012）『高齢社会白書 平成24年版』。

中沢卓実・淑徳大学孤独死研究会編（2008）『団地と孤独死』中央法規出版。

日本地域福祉研究所監修，中島修・菱沼幹男編（2015）『コミュニティソーシャルワークの理論と実践』中央法規出版。

野口定久（2008）『地域福祉論──政策・実践・技術の体系』ミネルヴァ書房。

牧里毎治（1990）「地域援助技術」岡本民夫・小田兼三編『社会福祉援助技術総論』ミネルヴァ書房，144-151頁。

松永俊文・野上文夫・渡辺武男編（2002）『新版　現代コミュニティワーク論──21世紀，地域福祉をともに創る』中央法規出版。

ロス，マレー・G／岡村重夫訳（1963）『コミュニティ・オーガニゼーション──理論と実際』全国社会福祉協議会。

Devine, E. T.（1922）*Social Work*, The MacMillan Company.

Harper, E. B. & Dunham, A.（eds.）（1959）*Community Organization in Action : Basic Literature and Critical Comments*, Association Press.

Ogden, J. & Ogden, J.（1946）*Small Communities in Action*, Harper & Brothers Publishers.

Reid, K. E.（1981）*From Character Building to Social Treatment : The History of the Use of Groups in Social Work*, Greemwood Press.（＝1992，大利一雄訳『グループワークの歴史──人格形成から社会的処遇へ』勁草書房。）

Stroup, H. H.（1948）*Social Work -An introduction to the field*, American Book Company.

Stroup, H. H.（1952）*Community Welfare Organization*, Harper & Brothers Publishers.

（加山　弾）

コラム5　沖縄県伊江島における土地闘争──阿波根昌鴻の平和への志向

（1）沖　縄　戦

　沖縄戦を知っているだろうか。1945年3月26日に，米軍は沖縄の慶良間諸島へ，4月1日に本島中部の読谷・北谷海岸（西海岸）に，そして4月16日には伊江島に上陸した。米軍が日本軍司令部がある首里城に近づくにつれ，日米攻防戦は激化した。5月4日，日本軍は総攻撃に出たが失敗。5月下旬，沖縄守備軍は首里の司令部を捨て，本島南部へ撤退することとなった。多くの住民は軍を頼って行動を共にしたため，戦闘に巻き込まれ，結果的に県外出身者死者・行方不明者6万5,908人，沖縄県民死者・行方不明者12万2,228人，内一般沖縄住民9万4,000人（推定）が犠牲となった。県民の中には集団自決や日本軍による虐殺，軍命により強制移住させられた後のマラリアによる死亡などさまざまな戦死例があり，実数は今日に至るまで判明していない。特に戦闘員よりも一般住民の戦死者が多いという事実に沖縄戦の特徴がよく表れている。それは，本土進攻を早めるために，物量を投入して一気に沖縄を制圧しようとする米軍と，本土進攻を1日でも遅らせるため出血作戦を前提に総力戦を展開する日本軍とが，一般住民をも巻き込む形で戦闘を行ったからである。沖縄の各地にはいまなお未収集の戦死者の遺骨が数多く存在するといわれている。

（2）阿波根昌鴻と伊江島

　阿波根昌鴻は1901年に現在の沖縄県国頭郡本部村で生まれた。生家は貧しかったが父親を説得し，県立嘉手納農林学校に入学した。数カ月後，健康を害してやむなく退学，大分県別府で療養した。病気回復後，東京で進学する夢をもっていたが，関東大震災が起き，東京行きを断念した。帰沖して伊江島に渡り商業を営む。1925年，24歳の時，島で見初めた喜代と結婚した。間もなく移民募集に応じ，身重の妻を残してキューバ，ペルーへ出稼ぎに行く。その年の10月，長男昌健が誕生した。1934年，33歳の時，沖縄に帰ってくる。

　その後，静岡県沼津市にあった興農学園で農業を学び伊江島に帰る。農民としての阿波根には夢があった。デンマーク式の農場をつくることだった。喜代とともに働き，島の西側に土地を求めた。息子の昌健は農民学校の教師になるため，八重山農林学校へ進学した。

　1944年5月，伊江島に東洋一と呼ばれる飛行場建設が開始され，最愛の一人息子昌健は徴兵された。1945年4月16日，米軍が伊江島に上陸，1週間に渡る激しい攻防戦が展開され，住民1,500人が犠牲になった。生き残った2,500人の村民たちは，米軍によって

慶良間諸島へ強制移住させられた。昌健は沖縄本島で戦死し，還らぬ人となった。阿波根らの村民が帰島を許されたのは2年後だった。破壊しつくされた伊江島に戻ってみると，自らの農地だった場所には新たに米軍の滑走路が完成していた。

　阿波根昌鴻の家や土地をはじめ，伊江島の村民の土地は米軍によって強制的に接収されてしまった。沖縄戦により，伊江島も戦場となり農民の「命」とも言える「生産のための土地」は，「破壊」「人殺し」をするための軍事訓練に使用されるような土地にされてしまったのである。

　日本が戦争に負けたとはいえ，自分の土地を無断で軍用地にしている米軍に対して，憤りを感じた阿波根昌鴻をはじめ，村民の方々は，自分たちの土地を返して欲しいと陳情して訴え続けた。これが土地闘争の始まりである。

　米軍は，1953年から伊江島での軍用地拡大を本格化した。住民の家を焼き払い，ブルドーザーで整地し，抵抗者は投獄し「銃剣とブルドーザー」によって強制的に農民の土地を奪ってきた。1955年，家や土地を奪われた，伊江島真謝区の阿波根昌鴻を中心とする住民たちは，その窮状を訴えるために，「乞食行進」（陳情行動・座り込み）を開始する。那覇市の琉球政府前から出発し，南部の糸満，中部，北部の国頭まで行進し，米軍土地強制接収に対して「うちなぐち」（沖縄の方言）で「安保条約によって，われわれの土地は取られた。家も仕事も，食べるものもない。どうすればいいか，教えて下さい」と訴えた。

　この「乞食行進」は，土地の立ち退きに同意してない自分たちの存在について，当時の報道規制のために米軍の暴挙をほとんど知らされていなかった沖縄の民衆たちの心情に訴え，可視化することとなった。プラカードを掲げ，伊江島の農民歌人である野里竹松が作った詩「陳情口説」を，沖縄民謡にのせて三線とともに歌った。阿波根昌鴻の日誌には，北部の辺士名では「聞く人は，一言も発しないで，殊に野里さんの立退哀歌には，全員が涙を流す状態であった」と記している。また伊江島に赴任を命じられた米兵のなかには，基地のすぐ前の野里竹松の家にある丹精込めて育てられた花を無心する者もいたという。野里竹松はその米兵に「アメリカぬ花ん」の詩を書いた紙を花の枝にはさんでプレゼントしたという。伊江島の住民が「土地に頼って生きる花」にたとえ，米兵に土地の返還を求める島民の気持ちを理解してもらおうとしたのである。

　このような非暴力運動が，「第一次島ぐるみ闘争」へと発展していく。阿波根昌鴻が戦争で失ったものは家や土地だけではない。一人息子の昌健の戦死である。このことは，阿波根昌鴻が平和を訴える根底にあるものだと言う。これらのように，悲惨な想いをした阿波根昌鴻は戦争という大きな壁の向こうにある平和が訪れることを願って，平和を訴え続け活動してきた人物である。

（３）阿波根昌鴻の価値・哲学とソーシャルワーク

　阿波根昌鴻は度々「道理」という言葉を使った。陳情規定にも「道理を通して訴える」と書かれている。「道理」という言葉は「物事のそうあるべきすじみち」「人の行うべき正しい道」と『広辞苑　第6版』には書かれている。

　阿波根昌鴻の平和運動の中心は「ヌチドゥタカラ（命こそ宝）」の精神である。これは戦争の悲惨さを目の当たりにした阿波根昌鴻が強く持っているものである。「戦争中，わしらはあまりにも命を粗末に考えておった。二度と戦争をおこさないためには，何よりも命を大事にすることである」と阿波根昌鴻は言う。

　沖縄では，戦争が終わったことにはなっているが，軍事訓練による事故などに巻き込まれて何の罪もない人々が命を落としている現状がある。これでは戦争が終わったことにはならない。阿波根昌鴻はこの世界から「戦争がなくなるまでは少しでも多くの人に戦争の悲惨さ，命の大切さというものを伝えていかなければならない」という想いから，反戦平和資料館「ヌチドゥタカラの家」を建設した。

　この資料館には，阿波根昌鴻が戦後，伊江島の畑に落ちていた戦争の証拠品であるミサイル，爆弾，パラシュート，有刺鉄線，戦時中の服などを拾い集め，また友人から譲り受けたものがそのまま展示されている。資料館では，展示物に触れ，においを嗅ぐことができる。資料館入口のすぐ右には，血の跡が残る子どもの破けた服がかけられている。説明書には「1945年4月16日，アメリカ軍が伊江島に上陸しました。日本軍は『泣く子は利敵行為だ！』と母親の胸に抱かれていた赤ちゃんを銃剣で刺し殺しました。赤ちゃんは母親の腕の中から滑り落ちて，母親の手にはこの服だけが残りました」とある。その現場を見ていたかのように当時の様子が目に浮かぶ。

　阿波根昌鴻は展示物にはできる限り説明を書き込んだ。生々しい死体の写真も展示した。戦争では何が起こったのか，戦争とはどういうものなのか，人間の尊厳とは，社会正義とはということを「ヌチドゥタカラの家」に鮮明に残したのである。

　阿波根昌鴻は，農民というアイデンティティを持ち，平和運動の活動家であった。しかし，乞食行進，団結道場，反戦平和資料館建設といった平和運動の方法，目的は，現実的かつ科学的であった。特に戦後に続く土地闘争等の米軍との戦いを続けていくなかで，阿波根昌鴻は，米軍が沖縄のことを実によく理解できていることに気づいていく。米軍が力づくの弾圧から分裂工作や懐柔政策に転換していく中で，米軍に対抗するためには，農民も社会科学を学ぶことの必要性を感じた。自らも63歳で，東京の中央労働学院で社会の仕組み（賃金論，労働論等）を学び，ヌチドゥタカラ（命こそ宝）という価値を具現化していく中での理論を統合化して，「平和学習」を確立していく。

　私たちが生活している資本主義社会は，お金を儲けることが一番の価値となった。それを原動力に戦後我が国は，経済的・物質的に豊かになっていった。しかし競争の中で

最大限の利益を上げることのみを国や資本家が第1の目的にしている限り, 醜い戦いや暴力は後を絶たない。阿波根昌鴻は,「私たちの平和運動は, 米軍基地を沖縄からなくしただけでは終わらない。地球上の資源や富を, 世界の人々が平等に分け合える社会にしなければならない。そして『能力に応じて働いて, 必要に応じて受け取れる社会』をつくりだすまでに続けるのです」と語り続けた。平和, 平等, 自由を基盤に幸福(しあわせ)であることは, 一人だけ, ある地域だけ, 一つの国だけで実現するものではないことを社会科学的なものの考え方で訴えている。しかしながらそれを実現するためには, まさにソーシャルワークのグローバル定義が「ソーシャルワークは学問である」と提示しているとおり, 複数の学問分野をまたぎその境界を越えて, 広範な科学的諸理論および研究を活用していかなければならない。そして先住民を含めた地域・民族固有の知を大切にしていくことは, 阿波根昌鴻の平和運動の底流につながるものである。阿波根昌鴻は, 伊江島の土地を愛する農民であり, 平和運動家であり, 社会変革を導いたソーシャルワーカーであった。

反戦平和資料館「ヌチドゥタカラの家」の入口には以下のことばが書かれている。「平和とは人間の生命を尊ぶことです。この家には人間の生命を虫けらのように粗末にした戦争の数々の遺品と二度と再び人間の生命が粗末にされない為に生命を大切にした人, また生命の尊さを求めてやまない人々の願いも展示してあります。」

参考文献：阿波根昌鴻 (1973)『米軍と農民』岩波書店。

阿波根昌鴻 (1992)『命こそ宝』岩波新書。

伊江村教育委員会 (1991)『証言資料集成 伊江島の戦中戦後体験記録 ——イーハッチャー魂で苦難を越えて』。

映像文化協会 (1998)『教えられなかった戦争・沖縄編——阿波根昌鴻・伊江島のたたかい』。

沖縄県教育委員会 (1981)『銃剣とブルドーザー 戦後①』。

国分康孝 (1984)『リーダーシップの心理学』講談社。

佐々木辰夫 (2003)『阿波根昌鴻』スペース伽耶。

(髙山直樹)

| 第6章 | グローバル化と向き合う
ソーシャルワーク
――国際移住者を支援するための視座・技法 |

　本章では，第1・2節において，国内外のグローバル化の状況と，その状況に対応するソーシャルワーク実践について述べる。第2節では，日本で生活している代表的な国際移住者について述べる。そして第3節では，近年急速に進んでいるグローバル化が社会にもたらす課題を概観した。そして第4節では「国際移住者に対する支援」として，日本で生活している国際移住者に対する支援の必要性を確認し，ソーシャルワーカーによる基本的な支援を概観した。

1　グローバル化する世界

（1）グローバル化とは何か

　「グローバル化」という言葉を耳にするようになって久しい。「経済のグローバル化」「グローバル化する社会」などのように用いられるが，グローバル化とは一般に，以前と比較して，人やモノ，金や情報などあらゆるものが容易に国境を越える様を表している。確かに私たちの周りには外国製品が溢れ，特に都市部では言語や肌の色が異なる人を多く見かけるようになった。

　ただ，単に国境を越える人やモノなどが増えた，ということのみならず，その背景には各国・地域の相互依存的なつながりがある。

　例えば iPhone。この本の多くの読者も，カバンやポケットの中にこの多機能な機械を持っているのではないだろうか。アメリカのコンピュータ会社が設計し，日本を含む各国で部品が製造され，そしてまた別の国で組み立て・製造されているようだ。さらに部品の原材料の供給先の国をも考えると，この機械は一体「何国製」と言えるのだろうか。もちろん，ある一つの国・地域内だけ

で iPhone の設計から原料調達・部品製造，そして組み立てまでできるのだろう。しかし，（多くの場合経済的）合理性を求めた場合，このようなことが生じる。各国の優れたところの「いいとこどり」だ。これがモノのグローバル化の一例である。

（2）人が国境を越える理由

一方，人も国境を越える。読者の中にも海外旅行の経験や外国での生活経験がある人もいると思うが，世界的に見た場合，非常に多くの人が国際移住を果たしている。

もし「遠方にあるA国に移住してほしい」と言われたら，あなたは移住するだろうか。生活様式や言語の相違は想像に難くないし，そもそもA国で住居や生活費を得ることはできるだろうか……。日本で生活していたときと同じく学業を続け，また仕事を続けられるのだろうか……。このように考えて，ほとんどの人は冒頭の申し出を断るのではないだろうか。このような思考はごく自然な反応だが，一方で世界全体では前述のとおり国際移住した人々，すなわち国際移住者も存在する。

では，なぜ相当な生活の困難さが想定されるのに，人々は国境を越えた移住をするのだろうか。人の国際移住の理由を説明する理論はいくつかあるが，代表的な理論として経済学理論であるプッシュ－プル理論がある。この理論では人が国境を越えて移動する理由を，プッシュ要因とプル要因に分けて説明する。

①プッシュ要因…常居所国（普段生活している国を指し，国籍国とは限らない）を出国するに至る理由を表す。例えば常居所国で職を得ることが困難だったり，内戦などで身の安全を確保できないことなどがある。

②プル要因…ある国際移住者をある国が引き寄せる理由，言い換えれば国際移住者が移住先国を選ぶ理由を表す。家族が住んでいたり，外国人である自分が容易に労働許可を得ることができる，な

どが例として挙げられる。

　就労目的の国際移住を考えてみよう。ある人が常居所国外で働き先を見つけようと別の国に移動するのは，①常居所国では安定した仕事を見つけられないという状況や，②常居所国ではできないチャレンジをしたいという希望などの要因に基づく。そして③滞在・労働許可が容易に得られる，④自分のやりたいことがある・できる，という条件を満たす国への移住を決断する。この場合①や②がプッシュ要因であり，③や④がプル要因である。つまりプッシュ要因とプル要因が相まって国際移住が成立する。但し実際には，必ずしもこれほど単純明快に国際移住の背景を理解・説明できるとは限らず，もっと複雑な事情がある。

　この点について，近年，日本が諸外国と結んだ経済連携協定に伴う国際移住に関する以下の事例から，理解しよう。特にBさんが来日に至る理由・背景を理解してほしい。

事例1
　開発途上国のA国では，非常に多くの人が海外に出稼ぎに出る。これはA国では長年不況が続いており，十分な生活費を稼げる仕事に就くのが困難であるためだが，BさんもA国と経済連携協定が結ばれている日本で介護士として働くことを決意した。家族との離別は辛かったものの，来日して現在特別養護老人ホームで介護士として働いている。

　「事例1」の場合，Bさん自身で来日を決意した，とされているが，その背景には国家レベルの経済的な問題がある。もし日本に出稼ぎをする必要がなければ，言い換えればA国内で十分な生活費を稼げる仕事に就くことができれば，Bさんは家族との辛い離別を経験してまで日本で働くことを選択したのだろうか。またA国で不況が続いているのはなぜだろうか。政治の問題かもしれないし，世界全体の経済のあり方，開発途上国と先進国との関係性が引き起こしている問題かもしれない。

　このように人の国際移動の背景には，個人の力では解決が非常に困難な背景があることを理解しておこう。

（3）グローバル化時代におけるソーシャルワークの必要性

　もし「事例1」のBさんが，「仕方なく」国際移住を選択したのであれば，国際社会によるBさんに対する抑圧が発生しているといえるし，A国全体でこのような抑圧が多発しているのであれば，社会正義が実現できていない，と言うことができる。

　本項のタイトルは「グローバル化時代におけるソーシャルワークの必要性」だが，グローバル化とソーシャルワークが結びつかなかった人もいるのではないだろうか。確かに日本の場合，ソーシャルワーク実践は日本国内においてクライエント個人や家族，小地域を対象に行われることが多いため，ここで取り上げたような地球規模で生じている問題を扱うことに違和感を抱く人もいると思うが，人に対する抑圧を解消させること，社会正義を実現させること，と考えたら，これらはまさしくソーシャルワークが扱うべき問題だ。もし世界中のソーシャルワーカーが他の専門職と連帯して，人に対しても経済的合理性に重きを置く現代の社会に対して大きく異を唱えていたら，海外で働かざるを得ない社会の打破をA国の政府に対して強力に働きかけていたら，「仕方ない」国際移住には至っていなかったのではないだろうか。

2　日本におけるグローバル化

（1）統計的状況

　次に，日本におけるグローバル化の状況を確認しよう。

　表6-1は，2014～2018年における国籍別の在日外国人人口である[(1)]。直近の2018年末では総数が273万1,093人となっており，前年末に比して6.6%の増加となっている。国籍別には，上位5カ国が中国，韓国，ベトナム，フィリピン，ブラジルであり，約76万人から20万人と幅がある。また「その他」に含まれて

表6-1 国籍別在日外国人人口 (2014～2018年, 上位10カ国)

	2014年	2015年	2016年	2017年	2018年	構成比	前年比
総　　数	2,121,831	2,232,189	2,382,822	2,561,848	2,731,093	100.0	6.6
中　　国	654,777	665,847	695,522	730,890	764,720	28	4.6
韓　　国	465,477	457,772	453,096	450,663	449,634	16.5	−0.2
ベトナム	99,865	146,956	199,990	262,405	330,835	12.1	26.1
フィリピン	217,585	229,595	243,662	260,553	271,289	9.9	4.1
ブラジル	175,410	173,437	180,923	191,362	201,865	7.4	5.5
ネパール	42,346	54,775	67,470	80,038	88,951	3.3	11.1
台　　湾	40,197	48,723	52,768	56,724	60,684	2.2	7.0
アメリカ	51,256	52,271	53,705	55,713	57,500	2.1	3.2
インドネシア	30,210	35,910	42,850	49,982	56,346	2.1	12.7
タ　　イ	43,081	45,379	47,647	50,179	52,323	1.9	4.3
その他	301,627	321,524	345,189	373,339	396,946	14.5	6.3

注：各年末における「中長期在留者」及び「特別永住者」の数である。よって短期滞在者等の数は含まれていない。
出所：法務省入国管理局 (2019) を基に筆者作成。

いる国籍は法務省が毎年2回公開している「在留外国人統計」で確認できるが，本章執筆時点の最新のデータ（2019年6月調査）で確認すると195カ国が含まれ，そのうちサンマリノ，モナコ，サントメ・プリンシペ，コモロ，チャド，ツバルの各国籍者の在日者数は1～3名となっている（法務省 更新年不明）。

　一見すると単に数字の羅列にしか見えないこれらのデータは，ソーシャルワーカーに対していくつかの示唆を与えてくれる。表6-1では上位10カ国のみ取り上げたが，ほとんどはアジア諸国の国籍を持つ人が占めていることから，支援を要する人と出会う前に，ソーシャルワーカーは，これらの国の国情，特に政治的，経済的な状況，また人権に関する諸問題やその内容について理解しておくことが必要である。なぜならクライエントのアセスメントに対して大きな助けとなるためである。また国籍別在日外国人人口の多寡（多い・少ない）を知っておくことで，日本における当該国籍者のコミュニティの有無を想定で

表6-2　在留資格一覧

種　　別	活動に基づく在留資格			身分又は地位に基づく在留資格
就労の可否	可　　能	不　　可	個別判断	可　　能
在留資格名称	外交，公用，教授，芸術，宗教，報道，高度専門職（全4種），経営・管理，法律・会計業務，医療，研究，教育，技術・人文知識・国際業務，企業内転勤，介護，興行，技能，技能実習（全6種）	文化活動，短期滞在，留学，研修，家族滞在	特定活動	永住者，日本人の配偶者等，永住者の配偶者等，定住者

出所：法務省入国管理局（更新年不明 a ）及び東京外国人雇用サービスセンター（更新年不明）を基に筆者作成。

きる。多い場合は日本国内でのコミュニティの存在が想定でき，そのコミュニティを社会資源の一つとして活用できる可能性が想定できるし，統計上1～3名しかいなければコミュニティを活用した支援の可能性は難しく，別の社会資源の活用を考えることが必要となってくるのである。

（2）在留資格からみる移住の理由

では，これらの人はなぜ来日し，そして日本で一定期間，あるいは一生涯生活するのだろうか。この理由を在留資格から考察しよう。

在留資格とは日本の国籍を持たない人が，日本国内で在留するにあたって求められる資格である。通常は日本政府（法務大臣）が，来日を希望する外国人の申請に基づいて発給する（海外旅行の経験があれば，訪問先国の政府から「短期滞在」という在留資格を得た人も多いだろう）。

表6-2は日本の在留資格を，種別（「活動に基づく在留資格」と「身分又は地位に基づく在留資格」）及び日本での就労の可否別に表したものである。

「活動に基づく在留資格」は，ある特定の用務を日本で行うための在留資格であり，「外交」から「特定活動」まで24種類ある。さらに就労（各在留資格の定めの範囲内における就労）の可否によって3種類に細分化される。一方「身分又は地位に基づく在留資格」とは，法務大臣によって継続的に日本で生活することを認められた人や，日本人や永住者の配偶者などに対して発給される在留

表6-3　在留資格一覧（一部抜粋）

在留資格	日本で行うことができる活動・対象者	該当例
留学	本邦の大学，高等専門学校，高等学校（略）若しくは特別支援学校の高等部，中学校（略）若しくは特別支援学校の中学部，小学校（略）若しくは特別支援学校の小学部，専修学校若しくは各種学校又は設備及び編制に関してこれらに準ずる機関において教育を受ける活動	大学，短期大学，高等専門学校，高等学校，中学校及び小学校等の学生・生徒
技能実習 (全6種)	技能実習法上の認定を受けた技能実習計画（第一号企業単独型技能実習に係るものに限る。）に基づいて，講習を受け，及び技能等に係る業務に従事する活動（一号の場合）	技能実習生
家族滞在	この表の教授，芸術，宗教，報道，高度専門職，経営・管理，法律・会計業務，医療，研究，教育，技術・人文知識・国際業務，企業内転勤，介護，興行，技能，文化活動，留学の在留資格をもって在留する者の扶養を受ける配偶者又は子として行う日常的な活動	在留外国人が扶養する配偶者・子
技能	本邦の公私の機関との契約に基づいて行う産業上の特殊な分野に属する熟練した技能を要する業務に従事する活動	外国料理の調理師，スポーツ指導者，航空機の操縦者，貴金属等の加工職人等
技術・人文知識・国際業務	本邦の公私の機関との契約に基づいて行う理学，工学その他の自然科学の分野若しくは法律学，経済学，社会学その他の人文科学の分野に属する技術若しくは知識を要する業務又は外国の文化に基盤を有する思考若しくは感受性を必要とする業務に従事する活動	機械工学等の技術者，通訳，デザイナー，私企業の語学教師，マーケティング業務従事者等
特定活動	法務大臣が個々の外国人について特に指定する活動	外交官等の家事使用人，ワーキング・ホリデー，経済連携協定に基づく外国人看護師・介護福祉士候補者等
永住者	法務大臣が永住を認める者	法務大臣から永住の許可を受けた者（入管特例法の「特別永住者」を除く。）

出所：出入国管理及び難民認定法を基に筆者作成。

資格であり，4種類準備されている。「活動に基づく在留資格」とは異なり，日本における就労に制限はない。

　表6-3は，各在留資格によって認められている日本での活動と，該当例である。在留資格から，ある外国人が来日する理由が想定できる。例えば「留

学」在留資格を持っている外国人は，日本の学校で教育を受けるために日本で生活していると考えられるし，各種の「技能実習」在留資格の場合は，技能実習法に基づく技能実習を受けるため，と考えられる。一方「永住者」は，前述のとおり「身分又は地位に基づく在留資格」の一つである。「法務大臣が永住を認める者」に対して発給されるものであるから，日本で生活することそのものを目的としていると考えられる。

　以上は出入国管理及び難民認定法の別表第一及び第二に掲載されている在留資格だが，この他に「特別永住者」という在留資格がある。これは一般に「入管特例法」と呼ばれる法律（正式には，日本国との平和条約に基づき日本の国籍を離脱した者等の出入国管理に関する特例法）を根拠とするものであり，主には，後述する「在日コリアン」や在日台湾人に対して発給されている。

　以上のとおり，付与されている在留資格によって，その外国人が日本でできる活動内容が決まってくる。このような仕組みは世界各国において採用されており，外国人の在留管理の点では必要と思われる。一方でこの在留資格や在留管理の仕組みは，他の要素と相まって，彼らの日本での生活の質を決定するひとつの要素として機能していないだろうか。

　ところで，最近は特にベトナム人，インドネシア人，そしてネパール人の増加が著しい。これらの国籍の人はなぜ来日したのだろうか。表6-4は，この3国の在日外国人の在留理由である。

　ここでは上位5種の在留資格を抜粋しているが，全体は法務省が毎年2回公開している「在留外国人統計」で確認できる。ベトナム人は多い順に「留学」「技能実習2号ロ」「技能実習1号ロ」「技術・人文知識・国際業務」「永住者」の在留資格を以て在留している。またネパール人は「留学」「家族滞在」「技能」「技術・人文知識・国際業務」「特定活動」のために，またインドネシア人の場合は「技能実習2号ロ」「技能実習1号ロ」「留学」「永住者」「特定活動」となっている。各国とも上位を占めているのは留学や技能実習など，何かを学ぶ際に求められる在留資格である。この背景として，留学先として日本が適切だった，技能実習生としての来日が可能だった，など狭く考えることも可能だ

表6-4 在日ベトナム・ネパール・インドネシア人の在留資格（上位5種）(人)

ベトナム		ネパール		インドネシア	
留　学	80,683	留　学	28,001	技能実習2号ロ	12,211
技能実習2号ロ	71,058	家族滞在	23,789	技能実習1号ロ	9,635
技能実習1号ロ	60,211	技　能	12,716	留　学	6,673
技術・人文知識・国際業務	28,722	技術・人文知識・国際業務	7,520	永住者	6,313
永住者	15,374	特定活動	4,980	特定活動	4,733

出所：法務省（更新年不明）を基に筆者作成。

が，開発途上国，その中でも特に経済・社会発展が著しい国においては，まだまだ日本から学ぶことが必要とされているとも理解できる。

　与えられている在留資格が，それぞれの在日外国人の生活のありようを規定する大きな要因になり得ることは前述したが，ここで取り上げた技能実習生に生じた課題を見てみよう。前述したとおり，「技能実習」在留資格は「技能実習法上の認定を受けた技能実習計画に基づいて，講習を受け，及び技能等に係る業務に従事する活動」（＝ある仕組みに則って仕事上の講習を受け，関係の業務に従事すること）をするためのものである。「技能実習」在留資格を持つ一人ひとりの外国人が自由に就労先を選べるわけではなく，通常は送り出し国の「送り出し機関」によって日本に送り出され，日本の「監理団体」から紹介された実習先企業で一定期間，技能実習を行うことになる。

　このため，実質的には実習先企業の管理下で生活することになる。ある日の新聞で「技能実習生は逃げ出した」との見出しで，ある技能実習生が置かれた窮状が述べられている（2019年3月23日付「朝日新聞」朝刊〔大阪版〕。詳しくはこの記事を参照してほしい）。この技能実習生は，実習先の社長から「仕事できない，遅い」と言われながら休みなく働かされ続けていたところ，社長からの帰国勧奨を受け，それを引き金となってこの会社から去った（別の見方をすれば，逃げ出した）。これに対して社長は，研修生に対して「技術を上げようという気持ちはなく，稼ぎにきているだけ。お金にならないと逃げる」と批判している。

　本章の冒頭で，iPhone ができるプロセスを簡単に述べた。iPhone は各国の

強みを活かして——各国の「いいとこどり」で——製造されたわけだが，もし様々な「いいこと」——様々な文化的や技術的な多様性——が一カ所に集まったら，その場所はどうなるだろうか。多様性を尊重する姿勢や，異なる文化を持つ人々の間の交通整理が必要だが，経済的にも社会的にも大変アドバンテージのある社会になるのではないだろうか。それがまさしく，多文化社会のメリットである。

　でも，この事例では，「いいこと」をもたらす可能性のある人の人権を蹂躙し，結果的に外に追いやってしまったのである。もしこの事例にソーシャルワーカーが関わり，実習生に対して十分な就労環境や住環境を，また会社側にも外国人のありようについて説明しておけば，さらに，その職場に慣れるまで定期的にこの外国人に関わっていれば，少なくとも無断で「逃げ出す」ようなことにはならず，この記事で述べられている就労上の問題は解決され，このような窮状に至ることは無かったのではないだろうか。実習先から逃げ出すことなく実習を続け，一定期間後，晴れて習得した技術とともに祖国に帰ることができたのではないだろうか。さらに，将来的には日本との架け橋になってくれたのではないだろうか。

（3）日本で生活している様々な国際移住者

　一口に国際移住者といっても，異なる様々な背景を持っている。ここでは日本で生活している国際移住者のうち，主だったグループの特徴や背景などについて説明しよう。

1）日系人

　日系人とは一般に海外に渡った日本人（日本国籍者）で，現在は渡航先国に帰化した人々及びその子孫を指し，多くの場合「日系○○人」（例えば「日系ブラジル人」のように，○○には現在の国籍国名が入る）と呼ばれる。戦前から戦後にかけ，多くの日本人がブラジルなど南米諸国やハワイ王国（のちのアメリカハワイ州）に出稼ぎ目的で移住した。近年では，世界中に380万人の日系人がいるとされる（海外日系人協会　更新年不明）。

1990年に出入国管理及び難民認定法（入管難民法）が改正され，日系人の2世，3世が日本での定住が認められるようになり，その結果，多くの日系人が来日するようになった。来日の背景には本国における不況があるとされる。最盛期（2007年）には36万人以上が，近年（2016年）でも22万人以上の日系人が日本で生活を送っていると考えられる。彼らの代表的な集住地域として，愛知県や静岡県，群馬県などが挙げられる。これらの地域に集住するのは，彼らを労働力として必要とする企業が存在していることが大きい。例えば愛知県の場合，トヨタ自動車を中核とする自動車産業があるし，静岡県も自動車産業が盛んである。また群馬県もいくつかの有数な製造業が存在している。これまで，ブラジルに帰国した人も多数いるが，現在でも日本で生活し続ける人もいる。

2）在日コリアン

文字通りの意味では日本で生活している韓国・朝鮮人を指すが，「在日コリアン」とは一般に，前述の韓国・朝鮮をルーツとする特別永住者を指す。

1910年の日韓併合により，朝鮮半島で暮らしていた人々は朝鮮籍から日本籍とされた。その後労働需要の拡大などを受けて，居住するために日本に渡ったり，強制的に移住させられた。その後，日本は1945年に第2次世界大戦に敗れたが，その後も引き続き日本で生活しているこれらの人々及びその2世以降が，特に在日コリアン，あるいは在日韓国・朝鮮人，と呼ばれる。終戦後，朝鮮半島出身者の日本国籍が，法務府民事局長通達「平和条約の発効に伴う朝鮮人台湾人等に関する国籍及び戸籍事務の処理について」により喪失されることとなり，日本で生活し続ける「元・日本人」に対して，日本政府は特別な在留資格を与えることとなった。それが特別在留許可で，この在留許可を持つ人々が，本章で述べる特別永住者である「在日コリアン」である。2018年度現在の総数は，約32万人である（法務省 更新年不明）。

3）技能実習生

技能実習制度とは1993年から導入された制度であり，特定のルートを通じて開発途上国の人々を日本で受け入れ，特定業種の事業場における実習を通じて，人材育成や技術移転などの国際協力を推進することを目的とする仕組みである。

2017年からは「外国人の技能実習の適正な実施及び技能実習生の保護に関する法律」(外国人技能実習法) をもとに実施されている。来日する人々に対し，在留資格「技能実習」(1号イ〜3号ロ，全6種のうちいずれか) が発給され，一定期間日本で生活している。

この制度では，あらゆる職場で外国人を受入れることができるのではなく，2018年12月28日時点で，農業，漁業，建設，食品製造，繊維・衣服，機械・金属関係及びその他の業種，80職種で行われている144作業に限定されている。

4) 難　民

① 難民とは誰の事か

難民とは，迫害などを理由として祖国 (常居所国や国籍国) を出て，他国に避難している人々を指す。各国で難民の受け入れ形態に相違があり，日本の状況に照らした場合，庇護を求める国への入国の経緯の点で条約難民，第三国定住難民，インドシナ難民に大別できる。それぞれの難民の定義は次のとおりであり難民となる理由・背景は異なる。一方で共通点として国籍国外で生活していることを挙げることができ，国籍国外に移住した背景として，一個人・一家族では到底対処しきれない，ある国家や国際社会からの計り知れないほどの大な影響があったことを指摘できる。すなわち難民とは，強制性の高い国際移住を余儀なくされたことで，やむを得ず祖国を離れた人々，である。

また第三国定住難民を除き，難民は移住先の国を決めて移住したのではなく，移住が必要な段階で移住できる (できそうな) 国に移動した場合がほとんどである。このため，難民としての国際移住は，他の国際移住者とは決定的に質が異なるものであることを知っておこう。

② 条約難民

まず条約難民とは，難民条約による庇護を求めて祖国などから脱出した人々[(2)]を指す。この条約では難民を「人種，宗教，国籍もしくは特定の社会的集団の構成員であることまたは政治的意見を理由に迫害を受けるおそれがあるという十分に理由のある恐怖を有するために，国籍国の外にいる者であって，その国籍国の保護を受けられない者またはそのような恐怖を有するためにその国籍国

の保護を受けることを望まない者」と定義し，①人種等の理由によって迫害を受けた，または受ける恐れがあること，②そのため国籍外の国にいること，③国籍国の保護を受けられない，あるいは受けることを希望していないこと，の3要素を満たす人々を条約難民と定義している。実務上では，これらの定義を満たし庇護を求めた先の国の政府（日本の場合は法務省）によって，難民である旨の認定の申請をして認定された者を指し，1982年以降，750人が難民として認定されている（法務省入国管理局 更新年不明 b）。

③　第三国定住難民

第三国定住難民とは，かつて祖国（A国）を脱出して祖国外の国（B国）の難民キャンプなどで生活していた人々のうち，国際的な人道支援などの一環として，第三国（C国）政府により，C国での定住を認められた人々を指す。

日本では，2008年に閣議了解により，第三国定住難民の本邦受入れが決定され，その後2010年より当初はパイロット事業として開始され，毎年0名（対象となった難民による辞退）～約30名程度，2018年度までの合計で174人の，アジア諸国の難民キャンプで生活している難民を，定住目的で受入れている。

④　インドシナ難民

インドシナ難民とは，1970年代に生じたインドシナ三国（ベトナム・ラオス・カンボジア）での政変を背景に発生した難民を指す。ベトナム戦争の結果，当時の南北ベトナムは「ベトナム社会主義共和国」に統一された。この社会主義化に抵抗を感じ，あるいは実際に政府から迫害を受けた旧南ベトナムの住民を中心とする難民が発生した。さらに隣国のラオス・カンボジアでも政変が生じたが，その混乱から逃れるためにラオス・カンボジアからも難民が発生した。これらインドシナ三国で発生した難民を総称してインドシナ難民と呼ぶ。これらの国々からの難民発生が収束してから相当の期間が経過していることから，インドシナ難民の受け入れはすでに終了しているが，日本での定住が認められた1978年から受け入れ制度が終了した2005年までの間，この政変以前から留学生などとして来日して帰国できなくなった者や，すでに来日している者に呼び寄せられた家族も含めて1万1,319人の日本定住が許可された（アジア福祉教育

財団難民事業本部　更新年不明)。

5）外国にルーツを持つ日本人

　以上は代表的な在日外国人だが，一方で国籍は日本であるものの社会やその人の歴史的経緯によって，自身のルーツが外国にある人々もいる。例として，中国帰国者と日本に帰化した人について述べよう。

　①　中国帰国者

　満州事変以後，日本から多くの人が開拓団として「満州国」，すなわち中国東北地方に移住した。第 2 次世界大戦の末期，ソビエト軍が参戦し同地は混乱した。終戦直後に多くの開拓団が日本に帰国したものの，その後の中国内での混乱もあり，一部の人は帰国できなかったり，日本での生活が安定してからの引き取りを期待しつつ，自分の子どもを中国人に預けたりするケースが生じた。このように帰国できなかった日本人を「中国残留邦人」と呼ぶ。中国残留邦人の多くは女性と子ども（中国人養父母に託された子ども）であり，それぞれ残留婦人，残留孤児と呼ばれる。

　その後，中国残留邦人の一部は帰国したが，終戦から20年以上が経過した1972年から日本政府（厚生省：当時）主導による本格的な帰国支援事業が始まり，残留孤児と残留婦人の合計で6,718人が，さらに家族を含めると 2 万903人が永住帰国した（2018年 3 月31日現在，中国帰国者支援・交流センター 2018）。

　②　日本に帰化した人々

　最後に，日本国籍に帰化した人々について述べよう。帰化とは日本以外の国籍者・無国籍者が国籍を日本に変更・取得することを指し，「日本人になる」と言い換えることもできる。国籍取得は，その国の国民としてのすべての権利・義務を享受することになるので，前述の在留資格の取得ほどには簡単ではなく，まずは諸条件を満たすことが必要となる。「国籍法」では，外国人の帰化要件として，次の 6 点が挙げられている。

- 住所条件：正当な在留資格を有した上で，引き続き 5 年以上の日本での生活経験が必要。
- 能力条件：20歳以上であり，かつ本国法による成年に達していること。

- 素行条件：素行が善良であること。
- 生計条件：金銭的に，生活に困ることがないこと。
- 重国籍防止：日本国籍取得後，重国籍（複数の国籍を有している状態）に
  条件　　　なることを防ぐこと。
- 憲法遵守：日本政府を暴力で破壊しようとしたり，そのような主張をし
  条件　　　ないこと，またはそのような団体を結成したり，加入してい
  　　　　　ないこと。

　以上の国籍法が定める条件を満たした上で，法務大臣の「裁量」によって帰化が許可されることになる。もっとも，帰化とは以上述べた法律上・書類上の手続きのみならず，アイデンティティの問題もある。すなわち，これまでは「○○人」として生きてきた人が，明日からは「日本人」として生きることになり，多くの帰化者がアイデンティティ上の悩みを抱えている。

　管見の限り，帰化申請をする理由に関する統計情報は開示されていないが，毎年1万人前後の人が帰化申請を行い，うち9割以上の人が帰化を許可されている。また申請者の内訳は韓国・朝鮮籍の人が半数を，また中国籍の人が3割前後を占めている（法務省民事局　更新年不明）。

　以上，日本で生活している国際移住者のうち代表的な集団の特徴や背景，おおよその人数を述べた。プッシュ要因とプル要因について前述したが，ここで取り上げた人々は自分の意思のみならず，様々な国際的な各国からの影響を受けることで現在，日本で生活していることを理解できただろうか。次節で述べる国際移住者が抱える課題と相まって，ソーシャルワーカーとしてどのような支援が必要か，考えてみよう。

3　グローバル化が社会にもたらす課題

（1）国際移住者が抱える課題

　日本は一般に「移民国家ではない」と称されるものの，実際には以上述べた

表6-5　在住外国人の困りごと

項　　目	%	項　　目	%
役所の手続き	36	地域のルール	36
住　　居	51	教育・子育て	34
お金の手続き	53	仕　　事	38
医　　療	56	災　　害	20
通　　信	46	そ の 他	15
交通機関	33	（平均）	38

出所：東京都国際交流委員会（2018：9）を基に筆者作成。

とおり，多くのかつ多種多様な背景を持つ外国人や，外国にルーツを持つ人々が生活している。異国である日本での生活にあたって，彼らは様々な生活のしづらさを経験していることが諸調査から明らかになっている。確認してみよう。

　外国人一般に対する調査の一つとして，2018年3月に東京都国際交流委員会が行った調査結果がある（表6-5）。この調査は，東京都在住または在勤の外国人100名に対して行われたものであり，回答者の国籍・地域は40カ国・地域，年代は30歳代を中心とする10歳代から70歳代，日本での在住年数は3～5年を中心とする1～21年以上にわたる（このほか，東京都国際交流委員会 2018参照）。

　ここでは回答者の半数以上が「医療」「お金の手続き」「住居」に関する問題を日本で経験したと回答している。また「通信」「仕事」「地域のルール」に関する問題が指摘されている。この調査結果から，在日外国人は日本での日常生活のあらゆる場面で様々な生活のしづらさを経験していることが理解できる。近年，様々な場面で多文化共生の必要性[3]が叫ばれているものの，在日外国人は日常生活において様々な生活のしづらさを経験しているのである。

　では，より具体的にはどのような問題を経験しているのだろうか。この調査報告書から概観しよう。この種の調査には必ずと言ってよいほど「日本語の問題」が選択肢として含まれているが，本表には含まれていない。これはすなわち，日本語によるコミュニケーションが困難なことにより，本表上の各項目，言い換えれば各生活場面において生活のしづらさが生じている旨，述べられて

いる。また制度の違いについても言及されている。言語の相違に相まって，祖国の社会制度との相違によって問題が生じていることが指摘されている。さらに差別的，と思われる事象，外国人ゆえに住居の賃借を拒否されたという事例も語られている（東京都国際交流委員会 2018：8-19）。

（2）社会に生じる課題

　以上のように述べると，グローバル化に伴う諸問題はあたかも国際移住者側にだけ問題が生じていると思われるかもしれないが，実際には彼らを受入れる人々，すなわち日本の社会や人々にも課題が生じる。

　その一つは，言語や文化の相違に起因する様々な摩擦であろう。例えば，しばしば生じるゴミの排出問題，つまり国際移住者が「燃えるゴミ」と「燃えないゴミ」を分別せず・できずに排出したり，決められた曜日時間を守らず・守れずに排出したりする問題である。これは国際移住者が適切なゴミの出し方を知らなかったり，祖国での排出方法と大きく異なるために生じる問題だが，実際に指定された日時・分別方法で排出しないことによってゴミが鳥など小動物に荒らされ，地域の環境悪化につながっている事例も散見される（もちろん，排出方法を守らない日本人住民もいるのだが）。適切な介入がないと「ゴミの出し方を守らない外国人 VS. それに憤慨する日本人」という対立構造が生じ，諍いの原因となる。

　また主には集合住宅において，週末など国際移住者がある人の部屋に集い談笑やカラオケなどを行うことがある。彼らにとっては普通の，悪意ない文化的な行動だが，それを知らない近隣の日本人にとっては，単に迷惑な人・迷惑な行為としか捉えないだろう。そしてゴミ問題と同様に，生活マナーを守らない日本人もいるのだが，なぜか「生活マナーを守らない外国人 VS. 迷惑を受ける日本人」という外国籍住民と日本人住民の対立構造の火種となる。

　これらの問題を放置せず積極的に解消を目指している一部の地方自治体や住民自治組織もあるが，もしこの問題を放置しておくと問題がエスカレートし，当該地域において外国人の排斥運動が生じたり，さらにヘイトスピーチ（相手

に対する憎悪に満ちた発言）や，ヘイトスピーチを目的とするデモ活動につながる。またヘイトスピーチに対する「カウンター」（ヘイトスピーチに反対する人）の存在が示すように，すべての日本人住民外国人が排斥運動を支持するとは考えにくく，結果的に日本人住民間も分断され，問題が大きくなっていくのである。

（3）課題が生じる要因——「3つの壁」の存在

　以上述べた課題が，国際移住者や彼らを取り巻く社会に存在しているが，これらの課題の背景には，「3つの壁」——「言葉の壁」「制度の壁」「心の壁」——がある。以下，これらについて解説する。

1）言葉の壁

　言葉の壁とは，「受入れ国の言葉がわからず，ホスト住民とのコミュニケーションがうまくできないために，受入れ国で生活していくうえで必要な情報を十分に入手することができないこと」（鈴木 2009：231）である。

　この「言葉の壁」の影響は大きく，前述のとおり国際移住者のあらゆる生活局面に影響する。日本語ができないことそれ自体が困りごと，と考えることも可能だが，他者とのコミュニケーションが取れないことで，他の様々な生活のしづらさ——給与のよい職業に就くことができず，結果的に家計に悪影響を及ぼすなど——が波及的に生じる。

2）制度の壁

　「例えば参政権などのように，ある権利が外国籍の者に対して附与されていなかったり，公務員になっても管理職になれないなど，制限されていたりすること（＝制度的不平等），あるいは，公立学校への就学などのように，外国籍の子どもを排除しているわけではないが，対象者として想定されていないことから，制度利用という局面で不都合が多いといったこと」（鈴木 2009：231）を指す。前述の「ゴミ出しの問題」の場合，多言語でゴミ排出の案内がなければ，国際移住者にとってゴミの排出を適切に行うことは困難な場合もある。当該地域に日本語のわからない人はいない，という前提で，ゴミ集積所に多言語での案内がなく，前述のような問題が起きているのなら，前述の「言葉の壁」も相

まった「制度の壁」といえるだろう。

3）心の壁

　最後に心の壁とは「異なる文化をもつ者に対する差別や偏見」であり，「心の壁は，外国人の社会参加を阻害し，結果的に，外国人自身のなかにも，社会やホスト住民に対する否定的感情や，時に憎悪を生み出す危険性も孕んでいる」（鈴木 2009：231）ものである。前述のとおり外国人だからという理由で不動産の賃借を断られたり，同僚や近隣住民から侮蔑的なことを言われたなどの経験が明らかにされている（東京都国際交流委員会 2018：10-19）。差別的扱いは，居所に関する問題や，退職や退学，それに伴う経済的な問題を引き起こすことになり，国際移住者の生存すら脅かすことにつながる。また「言葉の壁」を引き金とする摩擦についても指摘したが，国際移住者と日本人との相互理解や歩み寄りがなければ，この摩擦はエスカレートの一歩を辿り，ヘイトスピーチのようなことを引き起こすことにつながるのである。

　以上，在日外国人が抱えている困りごとと，その要因と考えられる「3つの壁」を述べた。異なる文化背景を持つ人々が一所に集えば，これらの壁を要因として，様々な形の摩擦が生じる。もし摩擦に対して何もしなければ，地域の平和が脅かされ，さらにはより広い社会の平和が脅かされ，ひいては世界全体の平和が脅かされることに通ずる。一方，技能実習の事例の部分で述べた，多様性を尊重する姿勢や，異なる文化を持つ人々の間の交通整理が適切に行われれば，多様性が尊重され，よりアドバンテージの高い社会の構築につながるのではないだろうか。

　遠い道のり，かもしれないが，どのようにするとこれを実現できるのだろうか。

4　国際移住者に対する支援

　最後に，日本で生活している国際移住者と，彼らを取り巻く社会に対する支

援展開について述べる。

（1）国際移住者を支援することの必要性

　これまで述べてきたとおり在日外国人人口が増加傾向にある中，外国人に対する諸支援の給付に対する反対意見が存在している。「血税で……」「日本人ですら困っている人がいるのに……」という意識が根拠となっているようだが，「日本」など国家単位で考えた際は，このような意識も一理あるかもしれない。

　国際移住者を支援することの必要性について2つの側面から述べていこう。1点目は，国際人権規約（社会権規約：B規約）で規定されているからである。社会権規約第19条において，「この規約の締約国は，社会保険その他の社会保障についてのすべての者の権利を認める」と規定されており，すべての者に対して，社会保障を供することを求められている。世界がグローバル化していること，そして国際移住者として国籍国や常居所国以外で生活している人々が多くいることは先に述べたとおりである（もちろん，多くの日本人も外国で活躍している）。その中には，渡航先国で社会福祉諸制度の支援を要する人もいると思うが，「その国の国籍を持っている人しか支援が受けられない」となったら，このような人たちの生活は，どうなるのだろうか。その人の国籍国の政府が支援することは当然であるにしても，距離的な問題でその実施が難しければ，国籍国外の政府が支援すること，つまりお互いに助け合うのは，もうすでに特段おかしな話ではないのである。

　2点目として，それがソーシャルワークの役割だからである。ソーシャルワークのグローバル定義においてソーシャルワークが「社会変革と社会開発，社会的結束，および人々のエンパワメントと解放を促進する，実践に基づいた専門職であり学問である」と定義されているとおり，抑圧されている人々をエンパワメントし，抑圧が生じない社会を実現させるのはソーシャルワークの役割だからである。問題解決をしつつも，問題解決ができるようにクライエントをエンパワメントし，さらに問題を生じさせる社会環境からの解放を促進させることで，その人が日常で経験している生活のしづらさを解消させることは，

ソーシャルワークの中核的な役割であって，仮に前述の国際人権規約の規定がなかったとしても，行うことが当然に求められるのである（なお，現在抱えている問題の解消に主眼が置かれがちな一般的な人助けとソーシャルワークでは，活動の主眼が異なることに留意しよう。多くの場合，一般的な人助けは現在の問題を解決させることに主眼が置かれるが，ソーシャルワークの場合は，前述のとおり問題解決をしつつ，クライエントのエンパワメントに主眼が置かれるのだ）。さらに，社会一般に対するアプローチを通じて，生活のしづらさが生じない社会を実現させることも役割である。クライエントをエンパワメントし，さらに彼らが自分の力を発揮できる社会が構築できれば，クライエントが関係する個人や社会にとって有益なことだろう。

（2）支援の柱と支援方法

　では，ソーシャルワーカーはどのような方向で支援を提供することが求められるのだろうか。ここでは「多文化・多様性の尊重」「社会正義の実現」「平和構築に向けて」の3つの柱から考察する。

1）多文化・多様性の尊重

　まず比較的ミクロ的な領域，小地域や地方自治体レベルでも実施できることとして，「多文化・多様性の尊重」を挙げよう。本書の読者もテレビや海外旅行で日本とは異なる生活習慣（例えば「乱雑な」交通状況）を見て違和感や嫌悪感を覚え，自国の「素晴らしさ」を「再確認」した経験があるのではないだろうか。これがサムナー（G. Sumner）が提唱した自文化中心主義——凡そ他国の文化などを自国の文化の基準で評価したり，他国の文化よりも自国の文化がより優れているとみなすこと——であり，自文化のモノサシで他文化を評価したために生じる現象である。隣同士に住む外国人と日本人がお互いの生活習慣をお互いに自文化中心主義で見ているとすれば，その場所はお互いにとって居心地のよい生活環境と言えるだろうか。

　一方で，文化の相違を当然のことと捉えて生活すれば，居心地の悪さは緩和できる。このために「接触理論」の活用が考えられる。「接触理論」とは，

オールポート（G. Allport）が提唱した，異文化集団を様々な方法で接触させることによって，両集団間の緊張や敵意が低減される，という趣旨の理論である。その後この「接触理論」は様々な研究者間で再検討が進められ，4つの条件が付されるようになった。それは①「社会的および制度的支持」（「接触の促進を企図した諸方策を，社会的および制度的に支持する枠組みが必要」であること），②「知悉可能性」（「接触が，当該集団成員間に意味のある関係性を発達させるのに十分な，頻度，期間，および密度の濃さを有すること」），③「対等な地位」（接触が「できる限り対等な地位の当事者間で行われる必要があること」），④「協同」（「別々の集団の成員が，どちらにも望ましい何らかの目標の達成のために依存し合っている限り，彼らには互いの友好的な関係を手段として発達させる理由がある）」，である（Brown 1995=1999：244-254）。

　この「接触理論」を活用した具体的な支援例を挙げる。次の事例を通じ，誰が，どのような取り組みをすることで住民間のコンフリクトを緩和できるのか，理解してほしい。

事例2
　　インドシナ難民が多数居住するある小地域では，毎週末に自治会の主催によって，日本人居住者を中心に清掃活動が実施されてきた。しかし居住者の高齢化を背景に，この活動の実施が困難となってきた。
　　この問題に対し自治会は，それまでほとんど清掃活動への参加がなかった外国人住民に対して参加を呼びかけたところ，一部の外国人住民が参加するようになった。当初は清掃方法を自治会役員が教える必要があったものの，慣れるに従ってその必要もなくなり，日本人住民が外国人住民の清掃への参加を認識するようになり，清掃以外の場面における日本人住民と外国人住民との交流が促進されるようになった。

　この事例は一部改変してあるが，筆者が実際にインタビューしたものである。前述の接触理論における4条件に照らすと，本事例は次のとおり整理できる。
　この「清掃活動」は，表6-6の通り説明することができる。①「社会的および制度的支持」に関し，外国人住民に対して「清掃活動」への協力を求めたのは，一自治会役員の個人的な考えによって行われたものではなく，自治会の

表6-6　清掃活動（事例2）の概要

接触理論における条件	本事例における取組など
① 「社会的および制度的支持」	（個人的ではなく）自治会として外国人住民に対して参加を促した。
② 「知悉可能性」	元々, 定期的な接触（週に1回）である。
③ 「対等な地位」	上下関係が生じることのない活動である。
④ 「協同」	日本人住民, 外国人住民両者にとって望ましい「清潔な状態の維持」が活動の目標となっている。

出所：Brown（1995=1999：244-254）を基に筆者作成。

決定事項として行われた。すなわち制度的に行われたものといえる。次に②「知悉可能性」と③「対等な地位」について, 清掃活動は定期的に繰り返し行われるものであり, 何度も接触する機会が含まれている。また活動内で上下関係が生じるものではない。そして④「協同」に関し, 自宅周辺の「清潔な状態の維持」を目標にしているが, 大部分の人にとって「清潔な状態の維持」は望ましい状態であり, 清掃する・しない, という点で衝突が生じることは考えづらいだろう。

　以上, ある小地域における事例から住民間のコンフリクトを縮減させるための方法を検討した。国際移住者が生活している地域・場所において, 何らかの目的（特に公共的な目的）に基づき自治会などの集団が継続的に集う場所・機会を提供し, 上下関係なく交流できる機会を提供することで, 地域住民間で国際移住者の存在が認識されるようになり, 集う場所・機会を通じて両者が協同することで, 一定の肯定的な接触を図ることができる。このような活動をソーシャルワーカーが主催したり, 本事例のように地域住民（自治会）が主催する活動をソーシャルワーカーが側面から支援することで, 両者間がお互いの違いを認識し, お互いに「多様性の尊重」をすることにつながるのである。

2）社会正義の実現

　近隣の人との友好的な関係が構築できても, 友好な関係だけでは生活に必要な種類・量の資源を得ることは難しい。日本の場合, 国際移住者は必ずしも様々な社会サービスを制限無く利用できるとは限らない。このため, ソーシャ

ルワーカーは次の2つのアプローチを通じて，国際移住者に必要な支援が届けられるようにすることが必要である。

①　ソーシャルアクション

前述したゴミ集積場の問題。皆さんだったら，どのように解決するだろうか。一軒一軒国際移住者宅を訪問してゴミの排出方法を説明することも考えられるが，簡便な方法として案内（案内板やパンフレット）の多言語化が考えられる。この実現にはゴミ集積場の管理者（自治会など）や行政機関に対してソーシャルアクションを実施する方法がある。

ソーシャルアクションとは，ある問題の存在や改善の必要性を社会に訴え，必要な処置の実施を求めたり，適切ではない権利構造の変革を求める社会活動を指す。「社会活動」と聞くと，ニュースなどで放映される国会議事堂前での大規模デモ行進を思い浮かべる人もいるかもしれないが，ゴミの排出問題などの身近な社会的問題の解決のための活動も「社会活動」の一つである。

では，このソーシャルアクションは誰が行うのだろうか。ソーシャルワーカーが先頭に立って行うことも考えられるが，このような場合，すなわち地域社会全体に関する問題の場合は，当事者である地域住民が先頭に立って行うことが必要である。ソーシャルワーカーは，当事者にこの活動の方法を教示し，また適宜必要な助言をすることで，問題解決に対して寄与することができる。

②　インフォーマルサービスの利用・創出

ソーシャルアクションは，その問題の存在を関係者やその周囲の人に知らしめる点でも，重要なソーシャルワークの手法の一つである。一方で「即効性」すなわちソーシャルアクションを行った直後に問題解決のための取り組みが開始されるとは限らない，という点も理解することが必要である。差し迫った問題はソーシャルアクションを行いつつ，具体的なサービス提供をすぐに行う必要があるが，前述のとおり，日本の社会保障制度は国際移住者にとって利用しやすいとは限らないことから，適切なインフォーマルサービスの活用や創出も検討する必要がある。インフォーマルサービスとは，一般に制度や政策によらないサービスと定義されるが，近年，外国籍住民が多い地域を中心に，諸

NGO 団体などが，たとえば日本語教室を開き，また通訳・翻訳サービスを提供している。必要なサービスが不足している・ない場合は，ソーシャルワーカー自身がインフォーマルサービスを創出することが必要となってくる。

3）平和構築に向けて

以上の取り組みは地域住民としての国際移住者を支援するための方法だが，もう一点，難民や希望しない国際移住を生み出さない社会の構築が必要であるが，これに対してはソーシャルワーカーの国際的な連帯が求められる。前述のとおり，国家が抱える問題や，国家間で生じている問題を一人のソーシャルワーカーが解決するのは極めて困難である。だからこそ，マクロ領域に存在する問題の解決には，関係者間の連帯が必要である。

そのためには，まず日本国内で起こっている国際問題を，日本国内のみならず国際社会に発信しよう。

5　社会を変えるソーシャルワーク
——国際移住者を対象とするソーシャルワークの展開——

本章では，グローバル化が進む社会について，その背景やソーシャルワークの必要性，日本におけるグローバル化の実態，個人や社会に生じる課題，そして，グローバル化が進むにあたり，多文化化・多様性の尊重，社会正義の実現，平和構築のためにソーシャルワークの実践が必須であることを述べてきた。最後に，国際移住者を対象とするソーシャルワークの展開に関する課題を述べよう。

（1）担い手に関する課題

本章で述べてきたとおり，国際移住者が抱える問題やその原因，問題解消の支援方法は徐々に明らかになりつつあるが，国際移住者に対する支援の担い手に関する課題がある。

これまでは，前述のとおり NGO や地域住民，すなわち，必ずしもソーシャルワークを専門とする人ではなく，「志」がある人が国際移住者に対して支援

を行ってきた。この背景には偏に，日本の社会福祉制度と大きくかかわる。日本の場合，介護保険など法制度による裏づけがある領域において主にソーシャルワーク活動が展開されてきた経緯があるが，これまでは在日外国人人口が少数であることもあり，在日外国人を支援対象とした社会福祉に関する法制度は存在してこなかった。このため，特段の法制度による裏づけがない国際移住者に対するソーシャルワークは十分に発展してこなかった。そのような中，在日外国人は，彼らにとって身近な日本人，例えば NGO や地域住民（ボランティアによって運営されている日本語教室の先生など）に，何か困りごとが生じた際に相談を持ち掛け，援助を求めてきたのである。

　一方，近年「多文化ソーシャルワーク」という名称で，一部の地方自治体において国際移住者を含む外国人（すなわち，国際移住者の2世以降も含む）を主な支援対象とするソーシャルワーク活動が始まっている。国際移住者を支援する公的な制度がない中で，言い換えれば財政的な基盤が不十分な状況におけるNGO や地域住民による支援活動は大変貴重なものであるものの，前述のとおりソーシャルワークによる支援と一般的な人助けでは主眼とするもの・支援の目的が異なる。それゆえ本書の立場からは，NGO や地域住民と協同しつつより一層，国際移住者を対象とするソーシャルワークが展開されることが必要であり，この実現のためには，職能団体等が中心となって，このソーシャルワークが展開できるための基盤づくりや，ソーシャルワーカーの養成が急務である。

（2）国際的な連帯の拡充の必要性

　またもう一点の課題として，国際的な連帯の拡充の必要性がある。グローバル化が進めば進むほど，人の生活にかかわる問題もグローバル化する。この問題の解決には，一国のみならず，様々な国のソーシャルワーカー，さらには他の専門職間の協同が必要だ。しかし管見の限り，十分に進んでいるとは言えないのが現状である。

　聞きなれない言葉かもしれないが，「国際社会福祉」という学問・実践がある。その定義は様々だが，「従来の特定された国や地域に限定された国家福祉

ではなく，国籍や国境，文化の違いを超えた国際社会全体を対象とした世界福祉（World Social Welfare）」（川村 2004：2）などと定義される。ソーシャルワーカーを含む様々な専門職が国際的に協力して，一国内ではなく，複数の国・地域が関わっている問題解決に向けて協力する点に，「国際社会福祉」の特徴を見出すことができる。例えば，前述の事例１の場合，日本国内のソーシャルワーカーは，日本におけるＢさんの生活改善のために活動することは可能だが，この問題が生じる要因・背景に対して一人で立ち向かうのは，地理的にも（複数の国に関わっている），専門的にも（ソーシャルワークの知見だけで解決できるものばかりではない）困難だ。このような問題に対して「国際社会福祉」として対応することが求められる。

　現状では，IFSW（国際ソーシャルワーカー連盟）が，国際的な問題に対してコミットしているが，より実務レベルでの展開が求められる。

　注
(1)　国際移住者や在日外国人等について，本章では基本的に国際移住者を用いるが，一部データの制限（データ引用元の表現）などの理由により，一部では在日外国人等・在住外国人という言葉も用いる。国際移住者とは本文中にあるとおり，国境をまたぐ移住をした人を指すが，在日外国人等とは日本で生活している国際移住者に加え，国際移住の経験はないものの外国にルーツを持つ人々（在日コリアンや帰化した人など）も含む。
(2)　「難民条約」とは，難民の地位に関する条約と難民の地位に関する議定書の総称である。
(3)　「多文化共生」について，必ずしも唯一の定まった定義があるわけではないのだが，日本において日本人と外国人が差別されることなく，ともに生活している状態を指す。

参考文献
アジア福祉教育財団難民事業本部（更新年不明）「日本の難民受け入れ」（http://rhq.gr.jp/japanese/know/ukeire.htm，2019年５月10日アクセス）。
海外日系人協会（更新年不明）「日系人について知ろう」（http://www.jadesas.or.jp/aboutnikkei/，2019年４月15日アクセス）。

川村匡由（2004）「国際社会福祉の位置づけ」川村匡由編著『国際社会福祉論』ミネルヴァ書房，1-14頁。

鈴木江理子（2009）「『新たな住民』の到来と地域社会——共に生きる社会に向けて」庄司博史編『移民とともに変わる地域と国家——国立民族学博物館調査報告』83，229-244頁。

中国帰国者支援・交流センター（2018）「中国帰国者の年度別帰国状況（昭47.9.29日中国交正常化後）」（https://www.sien-center.or.jp/about/ministry/reference_02.html，2019年5月14日アクセス）。

東京外国人雇用サービスセンター（更新年不明）「資料一覧　在留資格一覧表」（https://jsite.mhlw.go.jp/tokyo-foreigner/tenshokusha/nihon_hataraku_gaikokujin/spec_1a/reside.html，2019年4月15日アクセス）。

東京都国際交流委員会（2018）「東京都在住外国人向け情報伝達に関するヒアリング調査報告書」（https://www.tokyo-icc.jp/topics/pdf/201812research.pdf，2019年4月15日アクセス）。

法務省（更新年不明）「在留外国人統計（2018年6月末）」（https://www.e-stat.go.jp/stat-search/file-download?statInfId=000031770316&fileKind=0，2019年4月15日アクセス）。

法務省入国管理局（更新年不明a）「在留資格一覧表（平成30年8月現在）」（http://www.immi-moj.go.jp/tetuduki/kanri/qaq5.pdf，2019年4月15日アクセス）。

法務省入国管理局（更新年不明b）「我が国における難民庇護の状況等」（http://www.moj.go.jp/content/001290415.pdf，2019年5月10日アクセス）。

法務省入国管理局（2019）「平成30年末現在における在留外国人数について」（http://www.moj.go.jp/content/001289225.pdf，2019年4月15日アクセス）。

法務省民事局（更新年不明）「帰化許可申請者数，帰化許可者数及び帰化不許可者数の推移」（http://www.moj.go.jp/content/001180510.pdf，2019年4月15日アクセス）。

Brown, R.（1995）*Prejudice : Its Social Psychology*, Blackwell Publishers.（＝1999，橋口捷久・黒川正流編訳『偏見の社会心理学』北大路書房。）

（荻野剛史）

コラム 6　マララ氏による社会変革活動

（1）学校に行けない子ども

　皆さんにとって就学は当然のことだろう。一方，世界には初等教育すら受けられない子どもがいる。特に女子は「家事が重要。勉強は不要」という文化背景などにより，一層就学が困難な地域もある。未就学は，貧困の再生産につながる大問題だ。

（2）就学向上に向けたマララ・ユスフザイ氏の活動

　このような状況下，就学の重要性を訴え続ける人がいる。マララ・ユスフザイ氏（マララ氏）である。義務教育制度がないパキスタンに生まれたマララ氏は，過激派集団が女子の就学を否定する中で通学し続けた。またブログでこの集団の批判を続け，教育の重要性を発信していた。これには大きな反響があり，影響力を持ったマララ氏を不快に思った過激派集団がマララ氏を襲撃，奇跡的に回復し，2013年 1 月に退院した。

　退院後は女子教育促進の「社会活動家」としての活動を始めた。例えば2013年 7 月国連本部では各国の指導者に対し，武力の無力さ，教育の強さとその必要性・重要性を演説している。またマララ財団（The Malala Fund）を父とともに設立し，各国で教育促進活動を行っている。これらの活動に触発を受けた人々も諸活動を各地で展開するようになった。

（3）マララ氏の活動から私たちが学べること

　マララ氏が行った活動を，「ソーシャルワークのグローバル定義」におけるソーシャルワークの構成要素にあてはめてみると，啓発活動は「社会変革・社会開発・社会的結束の促進」につうじ，また社会資源の創出は「人々のエンパワメントと解放」につながる。これらの活動は，様々な結果として社会に広く現れている。

　世界各地では様々な社会問題が存在し続けている。マララ氏の活動に倣えば，ソーシャルワーカーは，まずその問題の存在を社会に知らせることが必要だ。そしてその問題に対して直接的に働きかけることが求められる。ソーシャルワーカーには，日々このような活動をすることで社会問題を縮減・解消するための取り組みが求められている。

　　注　(1)　Diary of a Pakistani schoolgirl（2019.12.13アクセス）.

　　　　(2)　CNN English Express 編集部編（2014）『マララ・ユスフザイ国連演説&インタビュー集』朝日出版社。

　　　　(3)　The Malala Fund（更新年不明）Malala Fund（https://www.malala.org/，2019.12.23アクセス）.

（荻野剛史）

第7章	ソーシャルワークにおける教育と ソーシャルワーク・スーパービジョン ――養成校卒業後も学び続けるための取り組み

　そもそもソーシャルワーカーとは何かを考えてみよう。そして，ソーシャル
ワーカーになるための教育とはどのようなものかを学ぼう。本章では，ソー
シャルワーク教育とは何かをまとめた上で，これからの日本の社会福祉士に必
要な地域包括ケアシステムの概念等を説明し，ソーシャルワーク教育に必要な
IPE（Inter Professional Education）や社会福祉士になった後にも必要なソーシャ
ルワーク・スーパービジョンについてを説明している。

　日本では，社会福祉士という国家資格が規定されているが，英語ではソー
シャルワーカーという職種であり，フランス語やドイツ語でも同様の職種を表
す用語がある。そして，社会福祉士は相談援助を行う職種として規定されてい
るが，相談援助＝ソーシャルワークとして，ソーシャルワーク教育を概観し，
そしてこれからのソーシャルワーク教育を地域包括ケアシステムとの関係から
学ぶことが重要である。

　またソーシャルワーカーとして他職種連携の必要性と他職種連携をするため
の IPE やソーシャルワーク・スーパービジョンについても学ぶことは重要で
ある。

1　ソーシャルワーク教育の現状

（1）相談業務を行う資格

　社会福祉士という国家資格ができ，相談支援を行う職種がソーシャルワー
カーであるということが一般的にも広まってきている。しかし，医師や歯科医
師，薬剤師，保健師，看護師等の医療職種に比べ，ソーシャルワーカーの認知

度はまだ低い。ケースワーカーという名称から、ソーシャルワーカーになったのも戦後しばらく経ってからであり、医療職に比べて、一般の人が接する機会の少ない職種である。

　それゆえ、そもそもソーシャルワーカーとは何かを理解することも難しい。カウンセラーならば何をしてくれる人なのかイメージができるが、「ソーシャルワーカーって何をする人？」という疑問を持つ人は多いだろう。秋山(2012)は、ソーシャルワーカーについて、次のように述べている。

　　「社会生活における環境（制度的・物的・金銭的・人的・自然的）と個人の間の相互関係において、個人の側に生じる葛藤、欠如、逸脱等の問題を生活上の障害として持ち、その困難の中にある人を対象として、社会と人間に関する専門的な知識と、その上に経験的に練り上げられてきた法則性を実践原則とする、個人・集団・地域社会に対する専門的方法をもって、相談援助や、連絡調整、運営管理、組織化、計画、アドボカシー等の業務を行い、社会福祉利用者自身と環境との関係に生じる問題を軽減、解決、除去することにより、社会生活上の基本的ニーズを充足・調整し、個人の自立を図り、また人間としての成長を阻害する社会的条件を変えることにより、その権利を擁護し、自己実現を側面的に援助することを目的として（問題の予防やアフターケア、ソーシャルアクションを含む）、人間を『すべてかけがえのない存在』とする人間尊重の立場に立つという価値観を持ち、それらの目的・知識・実践方法を学習するための社会福祉の専門的教育を受け、経験を積んだ援助専門職をいう。」

　つまり、ソーシャルワークの価値に基づいて、専門的な知識を有して援助を行う職種であるということである。

　ここで、「社会福祉の専門的教育」とあるが、社会福祉の専門職なのか、ソーシャルワークという専門職なのかは、その使い方によってさまざまであるが、上記の場合はソーシャルワークを含む社会福祉の専門的教育と言っている。

　専門職として学ぶ場合も、社会福祉の専門的教育なのか、ソーシャルワークの専門的教育なのかが、明確になっていない人も多いだろう。ソーシャルワー

ク教育か，社会福祉教育かについては，様々な定義があり，捉え方がある。社会福祉教育と言った場合，小中高校で学ぶ社会福祉についての一般的な教育もあるし，社会福祉学科等の名称で学部や学科で社会福祉学を専門とする大学教育を指す場合もある。そして，大学だけではなく高等学校卒業後の専修学校から大学院，そして社会福祉の現場も含めて，専門職教育としての社会福祉教育がいわゆるソーシャルワーク教育に該当する。そして多くの社会福祉学科の学生は，社会福祉士という専門職になるためにソーシャルワークを学ぶのであるが，社会福祉士＝ソーシャルワーカーになるための専門的技術だけではなく，日本の社会福祉的制度を含めた広い社会福祉教育も学んでいる。

　では，ソーシャルワークの専門職とは何かを考えてみよう。

　日本の社会福祉に関する専門職の最初は第 2 次世界大戦後に社会事業法や児童福祉法で規定された社会福祉主事や保母（現在は保育士）がある。それ以外にも，児童福祉法や老人福祉法や身体障害者福祉法等で，相談支援を行うと規定された児童指導員，生活相談員等の名称の資格があるが，これらは資格法を有しない資格であった。医師法や保健師助産師看護師法等の資格法を有する医師や看護師等の医療関係の専門職と比べ，ソーシャルワークの専門職は明確な位置づけが乏しかった。

　そこで，1987年に社会福祉士及び介護福祉士法が制定され，ソーシャルワークを行う専門職として，社会福祉士が規定された。その後，1997（平成 9 ）年に精神保健福祉士法が制定され，精神保健福祉士とは「精神障害者の保健及び福祉に関する専門的知識及び技術をもって，…（中略）…地域相談支援…（中略）…の利用に関する相談その他の社会復帰に関する相談に応じ，助言，指導，日常生活への適応のために必要な訓練その他の援助を行う」職種であると規定されている。根拠法は社会福祉士とは異なるが，日本精神保健福祉士協会ホームページでは，「社会福祉学を学問的基盤として，精神障害者の抱える生活問題や社会問題の解決のための援助や，社会参加に向けての支援活動を通して，その人らしいライフスタイルの獲得を目標」としていると明記されており，社会福祉学を学問的基盤としている。つまり国家資格として，ソーシャルワーク

表7-1 相談支援を行う社会福祉の資格（一部）

資格名		根拠法	内容等
社会福祉士	国家資格	社会福祉士及び介護福祉士法	社会福祉士の名称を用いて，専門的知識及び技術をもって，身体上若しくは精神上の障害があること又は環境上の理由により日常生活を営むのに支障がある者の福祉に関する相談に応じ，助言，指導，福祉サービスを提供する者その他の関係者との連絡及び調整その他の援助を行う
精神保健福祉士	国家資格	精神保健福祉士法	精神保健福祉士の名称を用いて，精神障害者の保健及び福祉に関する専門的知識及び技術をもって，精神科病院その他の医療施設において精神障害の医療を受け，又は精神障害者の社会復帰の促進を図ることを目的とする施設を利用している者の社会復帰に関する相談に応じ，助言，指導，日常生活への適応のために必要な訓練その他の援助を行う
社会福祉主事	任用資格	社会福祉法	都道府県，市等の福祉に関する事務所において，生活保護法，児童福祉法及び母子及び父子並びに寡婦福祉法，老人福祉法，身体障害者福祉法及び知的障害者福祉法に定める援護，育成又は更生の措置に関する事務を行う。社会福祉主事は，都道府県知事又は市町村長の補助機関である職員とし，年齢20年以上の者であって，人格が高潔で，思慮が円熟し，社会福祉の増進に熱意があり，かつ，次の各号のいずれかに該当するもののうちから任用する。①大学等において，厚生労働大臣の指定する社会福祉に関する科目を修めて卒業した者，②都道府県知事の指定する養成機関又は講習会の課程を修了した者，③社会福祉士，④厚生労働大臣の指定する社会福祉事業従事者試験に合格した者，⑤前各号に掲げる者と同等以上の能力を有すると認められる者として厚生労働省令で定めるもの
児童福祉司	任用資格	児童福祉法	児童相談所において，児童の保護その他児童の福祉に関する事項について，相談に応じ，専門的技術に基づいて必要な指導を行う等児童の福祉増進に努める。任用用件は以下の通り。①都道府県知事の指定する児童福祉司若しくは児童福祉施設の職員を養成する学校その他の施設を卒業し，又は都道府県知事の指定する講習会の課程を修了した者，②大学等において，心理学，教育学若しくは社会学を専修する学科又はこれらに相当する課程を修めて卒業した者であって，厚生労働省令で定める施設において1年以上児童その他の者の福祉に関する相談に応じ，助言，指導その他の援助を行う業務に従事したもの，③医師，④社会福祉士，⑤社会福祉主事として2年以上児童福祉事業に従事した者であって，厚生労働大臣が定める講習会の課程を修了したもの，⑥前各号に掲げる者と同等以上の能力を有すると認められる者であって，厚生労働省令で定めるもの

身体障害者福祉司	任用資格	身体障害者福祉法	身体障害者更生相談所において，身体障害者に関する相談及び指導のうち，専門的な知識及び技術を必要とするものを行う。任用資格は以下の通り。①社会福祉主事で，身体障害者の更生援護その他その福祉に関する事業に2年以上従事した経験を有するもの，②大学において，厚生労働大臣の指定する社会福祉に関する科目を修めて卒業した者，③医師，④社会福祉士，⑤身体障害者の更生援護の事業に従事する職員を養成する学校その他の施設で都道府県知事の指定するものを卒業した者，⑥前各号に準ずる者であって，身体障害者福祉司として必要な学識経験を有するもの
知的障害者福祉司	任用資格	知的障害者福祉法	知的障害者に関する相談及び指導のうち，専門的な知識及び技術を必要とするものを行う。公務員試験に合格した以下の条件を有する者がなれる。①社会福祉主事で，知的障害者の福祉に関する事業に2年以上従事した経験を有するもの，②大学において，厚生労働大臣の指定する社会福祉に関する科目を修めて卒業した者，③医師，④社会福祉士，⑤知的障害者の福祉に関する事業に従事する職員を養成する学校等を卒業した者，⑥前各号に準ずる者であって，知的障害者福祉司として必要な学識経験を有するもの
介護支援専門員	介護保険法に規定された専門職	介護保険法	要介護者等からの相談に応じ，及び要介護者等がその心身の状況等に応じ適切な居宅サービス，地域密着型サービス，施設サービス，介護予防サービス若しくは地域密着型介護予防サービス又は特定介護予防・日常生活支援総合事業を利用できるよう市町村，居宅サービス事業を行う者，地域密着型サービス事業を行う者，介護保険施設，介護予防サービス事業を行う者，地域密着型介護予防サービス事業を行う者，特定介護予防・日常生活支援総合事業を行う者等との連絡調整等を行う者であって，要介護者等が自立した日常生活を営むのに必要な援助に関する専門的知識及び技術を有するものとして介護支援専門員証の交付を受けたものをいう。

を行う専門職は，社会福祉士と精神保健福祉士と理解できる。

　表7-1に，相談支援（いわゆるソーシャルワーク）に関わる職種の一部を提示した。相談支援や相談業務，いわゆるソーシャルワークを行う職種は多種多様であり，施設等の児童指導員や生活相談員，生活指導員等もソーシャルワーク業務を行う。

　国家資格とは，文部科学省（2006）によると「国の法律に基づいて，各種分野における個人の能力，知識が判定され，特定の職業に従事すると証明される

資格，法律によって一定の社会的地位が保証されるので，社会からの信頼性は高い」資格であるとされている。それに対して，任用資格とは，公務員に対して使用される用語である。公務員として採用・転任されることを任用といい，該当する任用資格を取得した後に当該職務に任用・任命されて初めて効力を発揮する資格である。そして，国家資格には，①有資格者以外はその業務に携わることを禁じられている業務を独占的に行うことができる業務独占，②有資格者以外はその名称を名乗ることを認められていない名称独占，③業務知識や技能を評価する技能検定に分類されている。

　社会福祉士や精神保健福祉士は，名称独占の国家資格である。ゆえに，相談支援，相談業務は，社会福祉士や精神保健福祉士以外の人も行うことができる。相談援助，相談支援という業務を行う人は，①任用資格だけを有して相談業務を行う，②社会福祉士資格を有して社会福祉主事等の公務員に任用され相談業務を行う，③社会福祉士資格を有して社会福祉法人や医療機関，株式会社等で相談業務を行う，④社会福祉士，精神保健福祉士の資格を有していないが，相談援助業務，相談支援業務を行うというように，さまざまである。医師が医師国家試験に合格した人しか医師と名乗れなくて，医師が行う業務＝医業を行えないという状況と比べると違いがわかりやすいだろう。

　しかし，近年は病院等では，社会福祉士を有していないと相談業務を行えない，つまり医師や看護師と同様に国家試験合格後に正式に採用決定となる場合もあり，社会福祉士国家資格が必須となっている場合もある。地方自治体の福祉職の採用は，児童指導員任用資格や社会福祉主事任用資格で受験できるが，社会福祉士を有する枠がある所も多数できている。名称独占の国家資格であるために，国家資格をとっても仕方がないということが学生たちの間でもよく言われるが，名称独占だけであっても業務独占の国家資格と同様に扱われつつあり，社会福祉の資格は，変化してきているといえよう。

（2）日本におけるソーシャルワーク教育

　北米やイギリスで Social Work と呼ばれているものが，日本に導入された

場合にカタカナのソーシャルワークとなるが，それは同じものだろうか。それ
ぞれの国の分野か発展過程，社会保障や社会福祉サービスの制度によって，
Social Work として提供されるものや捉え方に若干の相違があるだろう。例え
ば，制度が違えば，対象とする人たちが異なるし，文化の違いによってはマク
ロ的なソーシャルワークを行うことが国家批判となるところもあるだろう。し
かし，世界的に Social Work と呼ばれるもののスタンダードを作ろうという
動きがあることも事実である。

　医学教育分野では，世界医学教育連盟（World Federation for Medical Educa-
tion：WFME）のグローバルスタンダードを準拠し，グローバルスタンダード
に基づく医学教育プログラムの分野別評価を受ける仕組みが確立している。
2017年3月に日本医学教育評価機構が WFME から正式に日本の医学教育を評
価する機関として認められている。

　しかし，ソーシャルワークの場合は，世界基準の教育プログラムの成立には
至っていない。医学教育と異なり，ソーシャルワーク教育は，その国の制度や
法律等に影響を受けるため，その国独自の科目設定にならざるを得ないのかも
しれない。ゆえに，日本のソーシャルワーク教育を考える場合には，国家資格
としての社会福祉士及び介護福祉士法に基づく社会福祉士のカリキュラムで考
えることになる。

　社会福祉士及び介護福祉士法では，ソーシャルワークという用語は使ってい
ない。同法では，社会福祉士とは，「社会福祉士の名称を用いて，専門的知識
及び技術をもって，身体上若しくは精神上の障害があること又は環境上の理由
により日常生活を営むのに支障がある者の福祉に関する相談に応じ，助言，指
導，福祉サービスを提供する者又は医師その他の保健医療サービスを提供する
者その他の関係者…（中略）…との連絡及び調整その他の援助を行うことを業
とする者をいう」とされている。

　図7-1にあるように，社会福祉士を取得する方法はさまざまなルートはあ
るが，4年制大学卒業を前提としている。いわゆる社会福祉系大学の卒業時に
国家試験を受験して資格を取得する場合（第7条第1号），社会福祉系の大学で

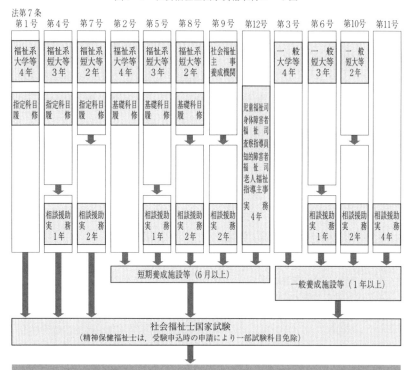

図 7 - 1 社会福祉士国家資格取得ルート図

出所：社会福祉振興試験センター，社会福祉士受験資格（資格取得ルート図）（http://www.sssc.or.jp/shakai/shikaku/route.html，2019年 3 月31日アクセス）。

在学中に指定科目を取得できなかったが基礎科目は履修し，卒業後に短期養成施設に入学した後に国家試験を受験して取得する場合（同条第 2 号），一般大学等の場合は卒業後に 1 年以上の社会福祉士養成施設等に入学した後に国家試験を受験して取得する場合（同条第 7 号）がある。

　社会福祉士になるためのカリキュラムは，1988年に創設された頃から，社会福祉士と取り巻く状況が大きく変化したことから，社会福祉士に求められる役割も変化した。社会的な状況の変化から，厚生労働省（2007）は「社会福祉士の役割を国民の福祉ニーズに応じて適切に果たしていくことができるような知

識及び技術が身につけられるようにすることが求められる」として，①総合的かつ包括的サービス提供等に係る専門的知識，②虐待防止，就労支援，権利擁護，孤立防止，生きがい創出，健康維持等に関わる関連サービスに関わる基礎的知識，③相談に応じたり，サービス選択を支援する技術，④ネットワーク形成の技術，⑤地域の福祉ニーズ把握と福祉サービス創出へ働きかける技術，⑥専門職としての自覚と倫理の確立，利用者本位の立場に立った活動の実践等を踏まえたカリキュラム改正を2007年度に行い，2009年度から施行された。なお，社会福祉士のカリキュラムは，2021年度に改正される予定である。

　表7-2にあるように，2009年度のカリキュラムは，総時間数が1,080時間から1,200時間に増えたこと，科目名称等が変わったこと，科目数としては増えたこと，各科目について，シラバスの内容（ねらい，含まれるべき事項）が明示されたこと等が特徴として挙げられる。それ以外の大きな特徴としては，旧カリキュラムの社会福祉援助技術総論が相談援助の基盤と専門職，相談援助の理論と方法となり60時間の時間増となったこと，社会福祉援助技術演習も相談援助演習となり120時間から150時間となり，いわゆるソーシャルワークの科目に重点が置かれた改正となったことである。

　そして，教員の質の向上も図られ，特にソーシャルワーク実習・演習担当教員については，「現場における相談援助の知識及び技術を活用することにより，実践力の高い社会福祉士を養成する観点から，①5年以上の実務経験を有する社会福祉士や一定の教歴を有する者を原則としつつ，②これ以外のものについては，「社会福祉士実習・演習担当教員講習会」を新たに創設し，その受講を義務付ける」こととされた。従来は，ソーシャルワークの現場経験がなくても，他分野であっても大学や養成校が認めた教員がほぼ担当できた実習・演習科目について，質の向上が図られた。つまりソーシャルワークの現場経験がなくても，大学院を修了していることで実習・演習の教員になれた旧カリキュラムから，現場経験重視，ソーシャルワーク重視の形態に変化した。このように日本のソーシャルワーク教育は，時代のニーズに応じて改正されていることがわかる。

表7-2　新旧カリキュラム比較——2009年改正・2021年改正

1987年科目名	2009年科目名	2021年改正（予定）科目名	1987年時間数	2009年時間数	2021年時間数(予定)
社会福祉原論	現代社会と福祉	社会福祉の原理と政策	60	60	60
老人福祉論	高齢者に対する支援と介護保険制度	高齢者福祉	60	60	30
障害者福祉論	障害者に対する支援と障害者自立支援制度	障害者福祉	60	30	30
児童福祉論	児童や家庭に対する支援と児童・家庭福祉制度	児童・家庭福祉	60	30	30
社会保障論	社会保障	社会保障	60	60	60
公的扶助論	低所得者に対する支援と生活保護制度	貧困に対する支援	30	30	30
地域福祉論	地域福祉の理論と方法	地域福祉と包括的支援体制	30	60	60
社会福祉援助技術論	相談援助の基盤と専門職	ソーシャルワークの基盤と専門職	120	60	30
		ソーシャルワークの基盤と専門職（専門）			30
	相談援助の理論と方法	ソーシャルワークの理論と方法		120	60
		ソーシャルワークの理論と方法（専門）			60
社会福祉援助技術演習	相談援助演習	ソーシャルワーク演習	120	150	30
		ソーシャルワーク演習（専門）			120
社会福祉援助技術現場実習	相談援助実習	ソーシャルワーク実習	180	180	240
社会福祉援助技術現場実習指導	相談援助実習指導	ソーシャルワーク実習指導	90	90	90
心理学	心理学理論と心理的支援	心理学と心理的支援	30	30	30
社会学	社会理論と社会システム	社会学と社会システム	30	30	30
法　学			60		

医学一般	人体の構造と機能及び疾病	医学概論	60	30	30
介護概論			30		
	社会調査の基礎	社会福祉調査の基礎		30	30
	福祉行財政と福祉計画			30	
	福祉サービスの組織と経営	福祉サービスの組織と経営		30	30
	保健医療サービス	保健医療と福祉		30	30
	就労支援サービス			15	
	権利擁護と成年後見制度	権利擁護を支える法制度		30	30
	更生保護制度	刑事司法と福祉		15	30
合　　計			1,050	1,200	1,200

出所：厚生労働省「平成19年度社会福祉士養成課程における教育内容の見直しについて」(https://www.mhlw.go.jp/stf/seisakunitsuite/bunya/hukushi_kaigo/seikatsuhogo/shakai-kaigo-yousei/index.html, 2019年3月31日アクセス)，厚生労働省「令和元年度社会福祉士養成課程における教育課程の見直しについて」(https://www.mhlw.go.jp/stf/seisakunitsuite/bunya/hukushi_kaigo/seikatsuhogo/shakai-kaigo-yousei/index_00012.html, 2019年12月26日アクセス)から筆者作成。

　他方でソーシャルワークのグローバルスタンダードが設定されている中で，グローバルスタンダードにもある教育を行うにはどうするかを考えなければならない。

　なお，IASSW（国際ソーシャルワーク教育学校連盟）とIFSW（国際ソーシャルワーカー連盟）は，共同でソーシャルワークのグローバルスタンダードとして，①Global Standard for Social Work Education and Training, ②Global Definition of Social Work, ③Global Agenda, ④Ethics in Social Work, Statement of Principles を定めている。このうち，教育に関わる①Global Standard for Social Work Education and Training は日本でも翻訳され出版されているが[1]，その内容については社会福祉士養成カリキュラム等の中で未だ検討されていない。ゆえに，日本ではグローバルスタンダードに基づくソーシャルワーク教育という場合は，ソーシャルワークのグローバル定義（以下，グローバル定義）に基づく教育ということになろう。

（3）地域包括ケアシステム時代のソーシャルワーク教育

　現在，日本では，少子高齢社会の進展，生産年齢人口の減少等の社会事象に対応するために至る所で地域包括ケアシステムという用語を聞く。地域包括ケアシステム，地域共生社会，我が事・丸ごとという3つの用語が，これからの日本の社会福祉や社会保障を支える重要なキーワードとなる。

　特に最初に提唱された地域包括ケアシステムという概念は重要であり，その経緯を概観することは社会福祉教育を考える上で参考になるであろう。

　2000年に介護保険制度が成立したが，それ以前の1994年に高齢者介護・自立支援システム研究会の報告書「新たな高齢者介護システムの構築を目指して」から，新介護システムの創設を目指すことが適当であるとし，高齢者の自立支援を基本的理念として，地域ケア体制の整備が必要であり，「『ケアマネジメント』の考え方を基本に，サービス連携の拠点やネットワークづくりを勧め，関係者が有機的に連携した地域ケア体制を整備していくことが求められ」「地域全体が高齢者や家族を支えていく施策の展開が望まれる」と述べている[(2)]。

　2003年，厚生労働省老健局長の私的研究会として発足した高齢者介護研究会が発表した「2015年の高齢者介護」は，地域包括ケアシステム研究会の提唱する地域包括ケアシステムの原点ともいうべきものであると考える。同報告書では，「介護以外の問題にも対処しながら，介護サービスを提供するには，保健・福祉・医療の専門職やボランティアなど地域の様々な資源を統合した包括的なケア（地域包括ケア）が提供されることが必要」であり，そのために「関係者の連絡調整を行い，サービスのコーディネートを行う在宅介護支援センター等の機能が必要」と指摘している。これを受けて地域包括支援センターが創設されたのは，2005年の介護保険制度改正においてである。

　2009年には，地域包括ケア研究会という名称で，その最初の報告書が「今後の検討のための論点整理」として発表された。同報告書は，「地域包括ケアシステムの方向性とその図型を実現するために解決すべき課題」を明らかにしている。そしてこれ以降，一気に地域包括ケアの実現に向けて動き出し，地域包括ケアシステムという用語が一般的に広まっていった。

　2012年2月には社会保障・税一体改革大綱が発表され，この中でも社会保障改革の具体的内容として，地域包括ケアシステムの構築として「できる限り住み慣れた地域で在宅を基本とした生活の継続性を目指す地域包括ケアシステム（医療，介護，予防，住まい，生活支援サービスが連携した要介護者等への包括的な支援）の構築に取り組むこと」が明記された。その後も，2013年社会保障制度改革国民会議報告書，2013年には，持続可能な社会保障制度の確立を図るための改革の推進に関する法律が制定されている。地域包括ケア研究会は，その後2014年，2016年に報告書を出しているが，地域包括ケアシステムを示す図も進化している（図7-2）。

　そして，地域包括ケアシステムの提唱から，相談支援，つまりソーシャルワークは，地域包括支援センターという機関の創設によって，重要になった。地域包括支援センターでは，保健師，主任介護支援専門員，社会福祉士が必置となり，介護保険制度でケアマネジャーが一般的に知られるようになったのと同様に，社会福祉士も同センターにより周知されたといえよう。そして，地域包括支援センターは，地域包括ケアの有効的機能のための機関として当初から位置づけられていた。

　地域包括支援センターは，「地域住民の心身の健康の保持及び生活の安定のために必要な援助を行うことにより，地域住民の保健医療の向上及び福祉の増進を包括的に支援することを目的として，包括的支援事業等を地域において一体的に実施する役割を担う中核的機関」（厚生労働省「地域包括支援センターの設置運営について（通知）」である。業務として，包括的支援事業と介護予防支援事業があり，包括的支援事業の中で「総合相談・支援」が位置づけられている。厚生労働省「地域包括支援センターの設置運営について（通知）」においては，総合相談支援事業とは「地域の高齢者が，住み慣れた地域で安心してその人らしい生活を継続していくことができるようにするため，どのような支援が必要かを把握し，地域における適切なサービス，関係機関及び制度の利用につなげる等の支援」を行い，「初期段階での相談対応及び専門的・継続的な相談支援，その実施に当たって必要となるネットワークの構築，地域の高齢者の状況の実

図7-2　地域包括ケアシステムを表す図の変遷

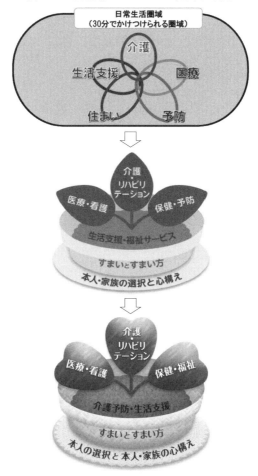

出所：上段図：厚生労働省「平成22年度日常生活圏域ニーズ調査モデル事業全国担当者等会議」資料
　　　　　（http://www.mhlw.go.jp/topics/kaigo/needs/2010/，2019年3月31日アクセス）。
　　　中段図：三菱 UFJ リサーチ＆コンサルティング（2013）「〈地域包括ケア研究会〉地域包括ケア
　　　　　システム構築における今後の検討のための論点」（持続可能な介護保険制度及び地域包括
　　　　　ケアシステムの在り方に関する調査研究事業），平成24年度厚生労働省老人保健健康増進
　　　　　等事業。
　　　下段図：三菱 UFJ リサーチ＆コンサルティング（2016）（「〈地域包括ケア研究会〉地域包括ケア
　　　　　システムと地域マネジメント」（地域包括ケアシステム構築に向けた制度及びサービスの
　　　　　あり方に関する研究事業），平成27年度厚生労働省老人保健健康増進等事業。

態の把握をおこなう」とされている。つまり，地域包括ケアシステムを推進していく上で，地域包括支援センターは重要な役割を担うとともに，1994年の「新たな高齢者介護システムの構築を目指して」では，ケアマネジメントとしか言及されていなかったが，「相談」という概念を介護保険制度に取り入れたものといえる。

　地域包括ケアを進展させる一方で，2015年に，厚生労働省は「新たな福祉サービスのシステム等のあり方検討プロジェクトチーム・幹事会」を立ち上げ，「新たな時代に対応した福祉の提供ビジョン」を発表した。このビジョンでは，現状と課題として，①複雑化する支援ニーズへの対応，②人口減少社会における福祉人材の確保と質の高いサービスの公立提供の必要性，③誰もが支え合う社会の実現の必要性と地域の支援ニーズの変化への対応を挙げ，新しい地域包括支援体制の確立として，現在は高齢者でのみ提唱されている「包括的な支援の考え方を全世代・全対象に発展・拡大させ，各制度とも連携して新しい地域包括支援体制の確立を目指す」としている。

　この分野を問わない新しい地域包括支援体制には，「複数分野の問題に複雑に絡む問題を抱える対象者や世帯に対し，相談支援（対象者や世帯との相談と，それを踏まえて必要となるサービスの検討，プランの作成）を分野横断的かつ包括的に提供することが求められる」としている。また，「対象者を制度に当てはめるのではなく，本人のニーズを起点に支援を調整すること」であり，それは「個人のニーズに合わせて地域を変えていくという『地域作り』にほかならない」と述べている。

　そして，新しい包括的な相談支援システムは，「①相談受付けの包括化とともに，それのみではなく，②複合的な課題に対する適切なアセスメントと支援のコーディネートや，③ネットワークの強化と関係機関との調整に至る一貫したシステム作りであり，④また必要な社会資源を積極的に開発していくものである」としている。新しい地域包括支援体制を担う者として，「①複合的な課題に対する適切なアセスメントと，様々な支援のコーディネートや助言を行い，様々な社会資源を活用して総合的な支援プランを策定することができる人材，

②福祉サービスの提供の担い手として，特定の分野に関する専門性のみならず福祉サービス全般についての一定の基本的な知見・技能を有する人材」が求められるとしている。

つまりここで，高齢者を対象とした全世代・全対象に地域包括ケアシステムが拡大され，保健医療福祉の枠を超えて様々な問題に対応し，個々の問題解決とそれを容易にするための地域のシステム構築を行うことを明言したということである。

2016年には，「我が事・丸ごと」地域共生社会実現本部が設置され，「平成29年の介護保険法の法改正，30年度・33年度の介護・障害福祉の報酬改定，30年度に予定されている生活困窮者支援制度の見直しに向けて，部局横断的に幅広く検討を行う」ことが提案された。前述の新しい地域包括支援体制に加えて，2035年までに新たな保健医療システムを構築するために，①質が高く，効率的な医療提供体制，②地域包括ケアシステムの構築，③地域包括ケアシステムの深化・「地域共生社会」の実現，④医療介護人材の確保・養成，人材のキャリアパスの複線化等を提唱した。

介護保険制度の成立により，一気にケアマネジメントという用語が一般に広まった。そして社会福祉教育の分野でも，ケアマネジメントとソーシャルワークの関係性は様々に議論された。しかし，支給限度額を基本とした介護保険制度の枠内でのケアプラン作成を本来業務とする介護支援専門員（ケアマネジャー）に，最初の介護支援専門員基本テキストでは，高齢者の介護に関わる相談全般を社会資源の開発に至るまで介護支援専門員が担うように書かれており，極めてソーシャルワーク的な支援も求められていた。しかし，地域包括ケアシステム，地域共生社会，我が事・丸ごとという流れの中で，ソーシャルワーカーへの認識が高まり，ソーシャルワークは地域包括支援センターの社会福祉士の業務として，ケアマネジメントは居宅介護支援事業所の居宅介護支援専門員の業務として，整理されつつあるといえよう。

地域包括ケアシステムのもう一つの特徴は，様々な職種が協働して形成していくという考え方である。しかし，個々の利用者の問題解決を行い，そこから

地域を変え，地域全体の問題解決ができるように制度までを変えるためには，個々の問題解決を行え，地域や制度まで幅広く考えられる人材の養成が必要である。

　2018年3月に，厚生労働省社会保障審議会福祉部会福祉人材確保専門委員会が「ソーシャルワーク専門職である社会福祉士に求められる役割等について」を発表した。同報告書では，社会の状況の変化に伴い，ソーシャルワーカーに求められている役割も大きく変わっていることを指摘した上で，「地域共生社会の実現に向けて求められる，複合化・複雑化した課題を受け止める多機関の協働による包括的な相談支援体制や地域住民等が主体的に地域課題を把握して解決を試みる体制の構築に必要なソーシャルワークの機能を社会福祉士が担うために必要な実践能力を明らかにし，その能力を身につけることができるよう，社会福祉士の養成カリキュラム等の見直しを検討すべきである」と提言している。同報告書から社会福祉士を取り巻く状況の変化を表すいくつかのポイントを次にまとめる。

①　ニーズの多様化・複雑化に伴って対応が困難となるケースや，社会福祉や社会保障だけではない多様な分野にまたがる課題の顕在化（例えば，性的マイノリティの児童の問題への対応，受刑者等の高齢化，出所後の支援の必要性）

②　医師，看護師，保健師などの医療職やスクールカウンセラーなどの心理職等との連携を含めた多職種連携と協働の必要性

③　「ニッポン一億総活躍プラン」による地域共生社会の実現に向けた住民主体の地域課題解決への支援

　特に同報告書では，③の地域共生社会の実現を推進するソーシャルワーカーの機能の向上について等について強調されており，地域住民や社会福祉法人，医療法人，ボランティア，NPO法人，教育機関，商店・企業等地域社会全体とつながるソーシャルワーカーが期待されている。そして，2016年の地域力強化検討会における中間とりまとめに示されたように，「我が事・丸ごと」の実現のためにも現在の養成カリキュラムの見直しが必要であるとしている。

このように，ソーシャルワーク教育は再び大きな転換期を迎えている。社会福祉士養成教育も，学生の教育だけではなく，現任教育による地域包括ケアシステムや共生社会に対応できるソーシャルワーク，社会福祉士の養成が求められるであろう。

（4）ソーシャルワーク教育における IPE の必要性

　前述のように，これからの時代のソーシャルワーク教育のもう一つのキーワードは，多職種連携である。医療分野においては，医師を頂点とするヒエラルキーという概念が少しずつ修正され，チーム医療という病院内での医療の提供のあり方が提唱されるようになった。2009年に発足したチーム医療推進協議会では，チーム医療を「一人の患者に複数のメディカルスタッフ（医療専門職）が連携をして，治療やケアに当たること」としている。つまり医療職に限定されている連携がチーム医療である。それに対して，医療だけではなく介護，福祉等複数の分野の複数の職種が連携をしていこうという風潮が生まれている。それを支えるのがインタープロフェッショナル教育（Inter Professional Education：IPE）（以下，IPE）である。IPE は，多職種連携のために学生の時から，複数の職種で保健医療福祉等の問題解決方法を学んだり，他の職種の役割や機能を理解するための教育である。多職種連携は，専門職連携とも言いIPW（Inter Professional Work）と表記される場合もある。現在では，多くの医学・看護・薬学等医学領域の大学で IPE が実施されている。

　イギリスの the UK Centre for the Advancement of Inter Professional Education（CAIPE）の定義を，埼玉県立大学（埼玉県立大学編 2000）は，「専門職連携教育（IPE）とは，複数の領域の専門職者が連携およびケアの質を改善するために，同じ場所でともに学び，お互いから学び合いながら，お互いのことを学ぶこと」と訳している。

　それぞれの専門職がばらばらに支援活動を行うのではなく，お互いに連絡を取りながら支援を行うことが IPW であり，IPW を実践するためには，学生のうちから他職種と一緒に教育を受ける必要があるという考え方が IPE である。

　日本では，在宅医療・介護連携という動向から IPW が推進されている。厚生労働省は，「医療と介護の両方を必要とする状態の高齢者が，住み慣れた地域で自分らしい暮らしを続けることができるよう，地域における医療・介護の関係機関（診療所，病院，訪問看護事業所，薬局，介護サービス事業所等）が連携をして，包括的継続的な在宅医療・介護を提供することが重要である」とし，そのために「関係機関が連携し，多職種協働により在宅医療・介護を一体的に提供できる体制を確保するため，都道府県・保健所の支援の下，市区町村が中心となって，地域の医師会等と緊密に連携をしながら，地域の関係機関の連携体制の構築を推進する」としている。

　現状での多職種連携は，地域包括ケアシステムと同様に当初は介護保険分野のみを対象にしているが，将来的には全世代・全国民を対象としたものとなるであろう。実際に，児童虐待等は，児童相談所だけではなく，医師，心理職，警察，弁護士等の多職種による対応が求められており，まさしく IPW である。

　そして IPW を実践するための教育が IPE である。WHO（2010）は「専門職連携教育および連携医療のための行動の枠組み（Framework for Action on Inter Professional Education and Collaborative Practice）」を作成し，IPE の重要性を指摘している。WHO（2010）は，「専門職連携の教育と連携医療の実践が，世界的な医療従事者不足の危機を緩和する上で重要な役割を果たす革新的戦略であると認識している。専門職連携教育とは，効果的な連携を実現し，健康アウトカムを改善するために複数の専門分野の学生が互いに学習し合うことである」としている。

　日本の IPE は，現状では大学間横断型 IPE と大学内完結型 IPE がある。大学間横断型 IPE とは，複数の大学が協働して授業等を行う方式である。大学内完結型とは，一つの大学の学部間で協働して授業を行う方式であり，県立大学等で看護，福祉，理学療法士・作業療法士や管理栄養士等，複数の学部学科を有するところが行っている。IPE の先駆的な実践大学では，埼玉県立大学が大学間横断型 IPE を埼玉医科大学，城西大学，日本工業大学の埼玉県内4大学で彩の国連携力育成プロジェクト実施している。[3]また千葉大学では，看

表 7 - 3 　社会福祉士が連携を行う職種（一部）

医　　師
歯科医師
薬剤師
保健師・看護師・助産師・准看護師
診療放射線技師
臨床検査技師
理学療法士
作業療法士
視能訓練士
言語聴覚士
歯科衛生士
歯科技工士
臨床工学技士
義肢装具士
あん摩マッサージ指圧師，はり師，きゅう師
柔道整復師
救命救急士
栄養士・管理栄養士
介護福祉士
小中高教員
弁護士
警察官
保育士
臨床心理士・認定心理士等のカウンセラー
刑務官
保護司

護学研究科附属専門職連携教育研究センターにおいて，千葉大学医学部・看護学部・薬学部の連携教育を実践している。[4] このように現在，多くの医療系学部では IPE が重要視されている。

　社会福祉教育では，まだすべての大学で行われているわけではなく，ソーシャルワーク教育における IPE が明確になっているわけでもない。またソーシャルワークの資格教育に導入する場合に，通信制一般養成施設を有する社会福祉士養成では，IPE の実践は難しい。しかし時代の趨勢から，早急に何らかの形で IPE を取り組む必要があろう。

　表 7 - 3 に，これからの社会福祉士が連携する職種を挙げる。社会福祉の現場，特に地域でソーシャルワークを実践するためには，様々な職種を理解し，協働することが必要である。

2　ソーシャルワーク教育における
ソーシャルワーク・スーパービジョン

（1）ソーシャルワーク教育におけるソーシャルワーク・スーパービジョンの
重要性——認定社会福祉士・認定上級社会福祉士との関係から

　2011年に設立された認定社会福祉士認証・認定機構（以下，機構）では，社会福祉士資格取得後の体系的な研修制度の充実とより専門的な知識及び技能を有する資格として，認定社会福祉士，認定上級社会福祉士を制定した。認定社

会福祉士になるには，社会福祉士を取得して 5 年以上の実務経験＋指定された研修の受講＋社会福祉士としてスーパービジョンを受けた経験（スーパーバイジー実績）が必要である。認定上級社会福祉士になるには，認定社会福祉士として 5 年以上の実務経験＋研修＋認定社会福祉士取得後のスーパービジョンを行った経験（スーパーバイザー実績）とスーパービジョンを受けた経験（スーパーバイジー実績）＋論文発表，学会発表＋試験合格が必要であり，認定社会福祉士・認定上級社会福祉士として，スーパービジョンの重要性が示されている。

　ソーシャルワーカーになってからその専門性を向上させ，より質の高い専門職となるためには，ソーシャルワーカーになってからの教育の一つとしてスーパービジョンが必須であることがわかる。ゆえに本節では，ソーシャルワーク教育におけるソーシャルワーク・スーパービジョンについて述べる。

（2）スーパービジョンとは何か

　スーパービジョン（Supervision）は，一般的には「監督」という意味で使われている。一般企業では，スーパーバイザー（Supervisor）という用語が，エリアマネジャーとか顧客のカスタマーサポート役，流通業界においてはチェーン店と本社・本部を結び，チェーン店のオーナーに対し店舗経営指導を行う仕事も指す場合もある。

　スーパービジョンを専門職教育で使用する分野は，カウンセラーや臨床心理士，公認心理士等の臨床心理分野，精神科医や保健師等の精神医学保健分野，ソーシャルワーカーの社会福祉分野等の実践訓練方法として使用されている。また，支援専門員（ケアマネジャー）や介護福祉士，精神医学以外の看護師でも使用される場合もあり，広く対人援助を行う職種の資質向上のために行わなければならないものということは浸透しているといえる。

　久保（2014）は，精神医学の教育分析等から，心理臨床におけるスーパービジョンの重要性を述べている。そして，カウンセリングの各分野におけるスーパービジョン研修等を概観している。

日本の社会福祉分野では，スーパービジョンの捉え方は様々であり，混乱しているという指摘もある（藤林 2015）。厚生労働省の地域包括ケアシステムに関する報告書の分析から，スーパービジョンという用語が実態として「①企業等でも使用されるような一般的な組織マネジメント，組織の管理指導としてスーパービジョンを使用する場合，②ケアマネジメント支援と同義に使用する場合または介護支援専門員に対するスーパービジョンに限定して使用する場合，③事例検討や事例研究等同義あるいは同時に使用する場合，④地域ケア会議等において多人数・多職種を対象にして行う者として使用する場合，⑤対人援助やケアマネジメントのスキルとして使用する場合」があることを考察している。

　つまり，対人援助に必要なスーパービジョンといっても，分野により状況により捉え方が様々であるといえるが，社会福祉士が受ける・行うスーパービジョンは，ソーシャルワークのスーパービジョンである。そして，ソーシャルワーク実践において，スーパービジョンが重要であるという認識は明確だといえる。

　他方で，2006年の社会保障審議会福祉部会の報告書において「資格取得後の体系的な研修制度の充実や，より専門的な知識及び儀棒を有する社会福祉士」を認定する仕組みを検討することが提言された。そして2007年には社会福祉士及び介護福祉士法改正法の成立時に参議院，衆議院の両方から，「より専門的対応ができる人材」が求められる付帯決議がされた。これにより，2011年10月30日に認定社会福祉士認証・認定機構が設立され，認定社会福祉士・認定上級社会福祉士が生まれた。

　認定社会福祉士認証・認定機構によると，認定社会福祉士，認定上級社会福祉士ともに「社会福祉士及び介護福祉士法の定義に定める相談援助を行う者」で，認定社会福祉士は「所属組織を中心にした分野における福祉課題に対し，倫理綱領に基づき高度な専門知識と熟練した技術を用いて個別支援，他職種連携及び地域福祉の増進を行うことができる能力を有することを認められた者」であり，認定上級社会福祉士は「福祉についての高度な知識と卓越した技術を用いて，倫理綱領に基づく高い倫理観をもって個別支援，連携・調整及び地域

福祉の増進等に関して質の高い業務を実践するとともに，人材育成において他の社会福祉士に対する指導的役割を果たし，かつ実践の科学化を行うことができる能力を有することを認められた者」となっている。認定社会福祉士，認定上級社会福祉士になるためには，社会福祉士を取得してからの実務経験や研修の受講が必要であるだけではなく，スーパービジョンを受ける，スーパービジョンを行うことも必須となっている。つまり，より専門性の高い社会福祉士になるためにはスーパービジョンが必須とされているということである。

　日本でスーパービジョンといえば，カデューシン（A. Kadushin）の定義が有名である。野村（2015）は，「1976年の初版本においてカデューシンはすでにスーパービジョンの効果に関して，ソーシャルワーカーの苦痛や拒否的反応への実践的方法として次のように言及している。『スーパービジョンは，スーパーバイジーによって情緒的・心理的苦痛を排除し，拒否的になることを防ぎ，距離を置きすぎたり，脅迫的になることを防ぐための方法や戦略となりうる』」としている。

　カデューシンの定義は，日本では教科書等でも多く引用され，スーパービジョンの機能として認知されている。しかし，スーパービジョンの定義はカデューシンの定義が世界的なスタンダートではなく，様々な定義が実際にはある。例えば，アメリカのムンソン（C. Munson）やイギリスのモリソン（T. Morrison）等のスーパービジョンの定義も紹介されてきている。

　スーパービジョンには，絶対的な方法はなく，ソーシャルワークと同様に今目の前にいるスーパーバイジーに対して，行うものである。スーパービジョンの形態には，個人スーパービジョン，グループスーパービジョン，ピアスーパービジョンがあると言われているが，その用語の使い方も様々であり，定型化したものはない。

　例えば，スーパーバイジーが，自分が現在扱っているケースについて，このやり方でよいかどうか悩んでスーパービジョンを受けたと仮定しよう。スーパーバイジーは，どのような利用者に対して何を行っているか，どのような理論を用いているか等を記載した用紙（定型ではない）を用意して受ける場合が

多い。その用紙を用いて，1時間程度のスーパービジョンを展開する。専門職としてのソーシャルワーカーとして，その利用者に対して，どうアセスメントをしたか，どうプランニングをしたか，介入の結果どうだったのかをスーパーバイザーとのやり取りで明らかにしていく，スーパーバイザーによってやり方は異なるが，自分が行っているソーシャルワークを明確化するために「なぜそのように思ったのか」「なぜそのようなことを行ったのか」という問いかけがスーパーバイザーから投げかけられる場合がある。自分の行っている実践を言語化し，明確化することが重要であり，その言語化された実践に対して，教育的，支持的なスーパービジョンを行うことになる。

（3）ソーシャルワーク教育におけるソーシャルワーク実習のスーパービジョン

社会福祉士という国家資格のスーパービジョンといった場合に，①社会福祉現場の社会福祉士等の専門家へのスーパービジョン（認定社会福祉士の仕組みに組み込まれている場合のスーパービジョンとソーシャルワーカーが個人や職場で質の向上のために受けるスーパービジョンの2種類がある），②社会福祉士になるための相談援助実習を行う学生へのスーパービジョンの2つがある。ここでは，現任訓練としてのスーパービジョンではなく，学生に対するスーパービジョンについて述べる。

学生が受けるスーパービジョンとは，いわゆる相談援助実習において，実習先の実習指導者から受ける指導であり，先に述べた2007年改正において，演習とともに教育内容が大きく見直されたものである。この改正においては，実習先の学生指導の担当者（実習指導者）は，3年以上の実務経験を有する社会福祉士であることに加え，実習指導者研修課程を修了することが求められ，ソーシャルワーカー教育の質の向上が図られた。

相談援助実習のガイドラインとしては，2013年に日本社会福祉士養成校協会（現・日本ソーシャルワーク教育学校連盟）が出したものがよく使われている。同ガイドラインは，2007年の社会福祉士及び介護福祉士法改正により，ソーシャルワーク実践力を有する社会福祉士養成，「とりわけ実習教育の標準化」に向

図7-3　相談援助実習・実習指導の構造と内容

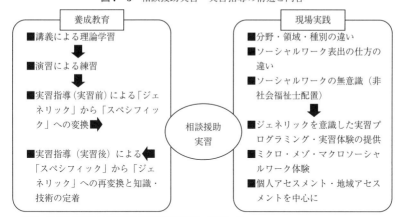

出所：日本社会福祉士養成校協会実習教育委員会（2013：4）。

けて検討を行い，その後の実習指導者講習会等や会員校からの要望により，作成されたものである。相談援助実習の質を高めるために作成されたものである。図7-3にあるように，いわゆる座学としての講義やアクティブラーニングとしての相談援助演習を踏まえて，相談援助実習があり，それらは相互に補完し合う仕組みとなっている。

　表7-4に示した相談援助実習のガイドラインを見てみよう。厚生労働省の指針に沿って，どのような実習を行うべきかが示されている。

　日本の社会福祉士のテキスト等では，実習スーパービジョンという用語がよく使われている。日本社会福祉士養成校協会実習教育委員会（2013）でも，「実習機関・施設の指導者から実習生が受けるスーパービジョンを『実習スーパービジョン』と呼び，養成校教員から実習生が受けるスーパービジョンを『実習教育スーパービジョン』として」いる。

　教員から受ける実習指導が実習のスーパービジョンといえるかどうかは，実習関係の書籍によって定義が様々である。呼び方や定義は統一されていないが，実習先と大学等の両方から，実習指導または実習スーパービジョンを受けるというのが一般的である。

表7－4　一般社団法人日本社会福祉士養成校協会　相談援助実習指導ガイドライン

厚労省「相談援助実習指導の目標と内容」		養成校協会ガイドライン		
ねらい	内　容	中項目	小項目	想定される教育内容
①相談援助実習と相談援助実習指導の意義について理解する。 ②相談援助実習に係る個別指導並びに集団指導を通して、相談援助に係る知識及び技術について具体的かつ実践的に理解し、実践的な技術等を体得する。 ③社会福祉士として求められる資質、技能、倫理、自己に求められる課題把握等、総合的に対応できる能力を習得する。 ④具体的な体験や援助活動を、専門的援助技術として概念化し理論化し体系立てていくことができる能力を習得する。 ⑤実習先で必要とされる相談援助に係る知識と技術に関する理解を深める。	ア　相談援助実習と相談援助実習指導における個別指導、集団指導それぞれの集団指導の意義 イ　社会福祉士として求められる資質、技能、倫理、自己に求められる課題把握等、総合的に対応できる能力を習得する ウ　実習先で行われる介護や保育等の関連業務に関する基本的な理解 エ　現場体験学習及び見学実習（実際の介護サービス等各種サービスの利用者等の体験を含む。） オ　実習先で必要となる相談援助に係る知識と技術に関する理解とその方法について学ぶ	(1) 実習と実習指導において個別指導、集団指導それぞれの学習形態や、期待される学習形態について学ぶ (2) スーパービジョンの意義や構造について学ぶ (1) 実習前に、実習を行う実習分野（利用者理解を含む）と施設・事業者について学ぶ (2) 実習機関・団体・地域社会等の全体像に関わる理解 (3) 実習機関・施設、地域等のサービス提供の援助対象や課題、関連機関との連携のあり方を学ぶ (1) 実習先で行われる介護や保育等の関連業務に関する基本的な理解 (1) 現場体験学習及び見学実習を通して、利用者・各種サービスの利用者等について体験（体験を含む） (1) 実習先で必要となる相談援助に係る知識と技術の活用方法について学ぶ	①相談援助実習と相談援助実習指導における学習方法や学習形態、主体的に参加できる ②実習の契約形態、実習指導形態があることや学習に活用できる ①義務、相談援助実習と相談援助実習指導との学習や知識と技術を相互に関連づけることができる ②義務、相談援助実習を評価することの内容と仕組みを活用できる ①実習スーパービジョンの意義を理解し、説明できる ②実習スーパーバイザーとしての責任を理解し、説明できる ①実習分野の利用者の特性を説明できる ②実習分野に関する機関・施設のサービス面について、根拠法に基づいて説明できる ①実習機関・施設、地域等の職員構成について、設置運営に基づく職員配置を、実際の状況について説明できる ②地域特性や社会資源等を整理し、説明できる ③実習機関・施設等が地域の中で担っている役割を理解し説明できる ①利用者の生活支援に対して、関連職種の業務内容を理解できる ①現場体験学習及び見学実習を通して、サービス利用者の状況や機関・施設の環境、利用者との関わり等を説明できる ①講義等で学んだ知識と技術を実習機関・施設における援助の活用に即して説明できる ②実習先の相談援助で用いられるツールを理解し活用できる	①実習前・中・後における実習指導の意義・内容・方法と、到達点について理解させる ②講義、相談援助実習と相談援助実習が相互的であることを理解させる ③実習における評価の意義と方法について活用し評価表を参照しつつ、評価観点を理解させる ④実習における評価の意義と方法について活用し評価表を、評価項目、評価尺度、評価観点を理解させる成績評価の意義、項目、評価観点を理解させる ①相談援助実習におけるスーパービジョンの方法と展開について理解させる ②契約内容と担任の役割について理解させる ①実習分野の利用者の状況を文献資料に基づいて理解させる ②実習分野の施設・機関のサービス実態を統計的に理解させる ③利用者の施設・事業の文献などに事例的に理解させる ①実習先組織の運営管理や職員構成、設置体制、利用者像を理解させる ②支援体制、利用者の地域特性や社会資源などを理解させる ③サービス利用の手続き、方法について理解させる ①介護、保育業務を理解させる ②その他関連職種（看護・調理・栄養・リハビリ等）の業務を理解させる ①現場体験学習及び見学実習の意義と視点を理解させる ②引率者によって現場体験学習及び学習を行わせ、施設の状況や機関、施設環境、利用者の関わりを理解させる ③現場体験学習及び見学実習の学びをレポートにまとめさせる ①実習機関・施設における相談援助の場面で活用する知識と技術を理解させる ②実際に相談援助で用いられるツール（アセスメントシート等）を活用させる

216

教育内容	到達行動	
カ　実習における個人のプライバシー保護と守秘義務（個人情報保護を含む）の理解	(1)　実習における個人のプライバシー保護と守秘義務（個人情報保護）の必要性について具体的に学ぶ	①個人のプライバシー保護の必要性について説明できる ②実習機関・施設における個人情報の取り扱い方法について説明できる ③社会福祉士として求められる個人のプライバシー保護の在り方、行為について説明できる	①プライバシー保護と守秘義務について理解させる ②個人情報保護法をはじめとする関係法規（福祉事業者個人情報保護ガイドライン・実習先のプライバシーポリシー等）を理解させる ③社会福祉士及び介護福祉士法、社会福祉士の倫理綱領による守秘義務について理解させる ④①～③を踏まえて、事例を通じて個人のプライバシー保護、秘密保持を理解させる
キ　「実習記録ノート」の記録内容及び記録方法の理解	(1)　「実習記録ノート」の意義と記録方法（記録の書き方には、文章の書き方、表現方法を含む）について学ぶ	①「実習記録ノート」を意義・目的を説明できる ②「実習記録ノート」を活用できる （求められる様式や文章を書くことができる）	①「実習記録ノート」の意義・目的を理解させる ②「実習記録ノート」の取り扱いについて理解させる ③記録方法と課題について、「実習記録ノート」の様式にあわせて理解させる ④①～③を踏まえて、「実習記録ノート」を記入させる
ク　実習生と実習担当職員との三者論議を踏まえた実習計画の作成	(1)　相談援助実習の実習計画の作成について学ぶ	①相談援助実習のねらいを踏まえた実習目標が立案できる ②自らの関心を明確に取り扱う事を学ぶ ③実習機関・施設の実際に応じた実習計画を立案できる	①相談援助実習のねらいを踏まえ、実習目標を具体化させる ②学生自らの関心を明確化し、実習課題と関連づけさせる ③実習計画を作成させる
ケ　巡回指導	(1)　実習教育スーパービジョンを受けて実習に活かす	①実習教育スーパービジョンを活用することができる ②実習記録ノートや計画表を活用できる ③実習課題の達成状況について、教員とともに確認できる ④実習内容を振り返り、必要に応じて実習課題を修正できる	①実習におけるスーパービジョンの構造、契約や活用について理解させる ②自己の関心、長所や弱点を理解させる ③「実習記録ノート」をスーパービジョンや評価に活用させる ④実習内容を踏まえて実習課題を修正させる
コ　実習成果の確認及び整理を踏まえた課題と実習総括レポートの作成	(1)　実習成果の確認及び整理を踏まえた課題の整理を行う (2)　実習総括レポートを作成する	①スーパービジョンを受けながら「実習記録ノート」や課題を読み、実習で学習した内容を抽出できる ②実習を通して自らの成長と今後の課題を確認できる ③①②の内容を踏まえ、実習総括レポートを作成できる	①個別及びグループ・指導等によりスーパービジョンを受けながら、「実習記録ノート」と実習で学習した内容と今後の課題を説明する ②実習総括レポートの意義を理解させる ③実習総括レポートを作成させる
サ　実習の評価全体総括会	(1)　実習全体を通しての学びを発表し、評価を受ける		①実習を総括する意義を理解させる ②実習全体の学習内容の機会をさせる ③実習生同士の相互評価の機会を受け、自己評価させる ④総括のフィードバックを連鎖させる、活用させる ⑤今後の学習課題を進路を考えさせることによって求められる社会福祉士像を明確化させること

※実習前の教育内容は、実習中・後も適宜おこなわれること

3 社会を変えるソーシャルワーク教育
——自らが実践して学べる実習体制の確立に向けて——

　北米では大学院レベルの長期間の実習がメインであるが，日本の社会福祉士実習では，ソーシャルワークの実践ができるまでの期間がないこと，3年生で実習に行く場合が多くソーシャルワークの知識が十分ではないこと等から，実習指導または実習スーパービジョンでは，実習態度の指導から始まり，利用者とのコミュニケーション，施設の管理運営等の理解，実習先機関・施設の実践の見学等が主であり，現場の社会福祉士のように実際に学生がソーシャルワークを行うわけではない。

　例えば，介護の実習では最終段階において実際に介護計画を立案し実際にその介護を行うし，看護実習においても同様である。つまり他の専門職では，少しだけであっても実際にその専門職の業務を行うことが実習である。医学教育では，長年にわたって見学実習であったが，それでは卒業後に即戦力としての医師になれないことから，OSCE（Objective Structured Clinical Examination，客観的臨床テスト）とCBT（コンピューターベースドテスト）による実習前評価が行われている。医療系大学間共用試験実施評価機構（2002）では，「医療倫理，コミュニケーション能力育成，技能・態度教育および医療における安全性への配慮と危機管理に関する教育を充実し，学生も診療に参加する型の実習に転換することが強く求められてきた。また，各大学の裁量にまかされてきた臨床実習開始前の学生の適性と能力を全国的に一定水準のレベルに確保することも求められている」として，2019年1月には「診療参加型臨床実習に参加する学生に必要とされる技能と態度に関する学習・評価項目（第3.12版）」を作成している。

　本来であれば，実習開始前に専門職としての知識と技能を有していると確認した上で，実習に行くことができ，実習の場でソーシャルワークの実践を自らが実践して学ぶという方式が専門職教育では望ましい。しかし，日本の社会福祉士実習の実態として，まだまだそのレベルには到達していない。

社会福祉士が専門職として確立するためには，ソーシャルワーク実習において何を学ぶかを具体的，体系的にしていかなければならない。

注
(1)　国際ソーシャルワーク学校連盟（IASSW）・国際ソーシャルワーカー連盟（IFSW）・日本社会福祉教育学校連盟（2009）『ソーシャルワークの定義——ソーシャルワークの倫理：原理についての表明；ソーシャルワークの教育・養成に関する世界基準』相川書房。
(2)　ちなみに，「新たな高齢者介護システムの構築を目指して」では，（住宅対策とまちづくり）として，「高齢者が住み慣れた地域や家庭で生活を続けていくための木場として，住宅，住環境の整備を進めていく必要がある」とし，地域包括ケアシステムの基本となる住まいについても言及はしている。
(3)　彩の国連携力育成プロジェクト（https://www.saipe.jp/）として，IPW を含めた実践を行っている。
(4)　千葉大学大学院看護学研究科附属専門職連携教育研究センター（https://www.iperc.jp/）として，医学部・看護学部・薬学部と連携した亥鼻 IPE を運営している。

参考文献
秋山智久編（2012）『世界のソーシャルワーカー——養成・資格・実践』筒井書房。
医療系大学間共用試験実施評価機構（2002）「設立趣旨」（http://www.cato.umin.jp/establish.html，2019年3月31日アクセス）。
医療系大学間共用試験実施評価機構　医学系 OSCE 実施小委員会・事後評価解析小委員会，「診療参加型臨床実習に参加する学生に必要とされる技能と態度に関する学習・評価項目（第3.12版）」（http://www.cato.umin.jp/pdf/osce_312.pdf，2019年5月28日アクセス）。
介護支援専門員テキスト編集委員会（2000）『介護支援専門員基本テキスト』（全3巻）長寿社会開発センター。
久保陽子（2014）「スーパービジョン再考」皆藤章編『心理臨床実践におけるスーパービジョン——スーパービジョン学の構築』日本評論社，35-38頁。
高齢者介護研究会「2015年の高齢者介護——高齢者の尊厳を支えるケアの確立に向けて」厚生労働省。
高齢者介護・自立支援システム研究会（1994）「新たな高齢者介護システムの構築を目指して」厚生労働省。

厚生労働省（2006）「地域包括支援センターの設置運営について（通知）」（https: //www.mhlw.go.jp/web/t_doc?dataId=00tb9386&dataType=1&pageNo=1，2019年3月31日アクセス）。

厚生労働省（2007）「社会福祉士養成課程における教育課程等の見直しについて」（https: //www. mhlw. go. jp/bunya/seikatsuhogo/dl/shakai-kaigo-yousei01. pdf, 2019年3月31日アクセス）。

厚生労働省（2014〜）「医療と介護の一体的な改革　医療介護総合確保促進会議，地域医療介護総合確保基金，医療と介護の連携に関する報告書等，在宅医療・介護連携推進に係る全国担当者会議」。

埼玉県立大学編（2000）『IPWを学ぶ利用者中心の保健医療福祉連携』中央法規出版。

チーム医療推進協議会（2018）「チーム医療とは」（http://www.team-med.jp/specialists，2019年3月31日アクセス）。

日本社会福祉士養成校協会実習教育委員会（2013）「相談援助実習・実習指導ガイドラインおよび評価表」。

野村豊子（2015）「ソーシャルワークにおけるスーパービジョンの文化の醸成――ソーシャルワーク・スーパービジョンの現状と課題」一般社団法人日本社会福祉教育学校連盟監修『ソーシャルワーク・スーパービジョン論』中央法規出版。

原田信一・市瀬幸平・橋本泰子編（1983）『社会福祉実習』相川書房。

藤林慶子（2015）「地域包括支援センターにおけるソーシャルワーク・スーパービジョン」一般社団法人日本社会福祉教育学校連盟監修『ソーシャルワーク・スーパービジョン論』中央法規出版。

文部科学省（2006）「これからの博物館の在り方に関する検討協力者会議（第2回）配付資料」（http: //www. mext. go. jp/b_menu/shingi/chousa/shougai/014/shiryo/07012608/003.htm，2019年3月31日アクセス）。

The International Association of Schools of Social Work, IASSW and IFSW to update Global Standards for Social Work Education and Training. (https: //www. iassw-aiets. org/iassw-and-ifsw-to-update-global-standards-for-social-work-education-and-training/, 2019.3.31)

WHO（2010）Framework for action on inter professional education & collaborative practice. (https: //apps. who. int/iris/bitstream/handle/10665/70185/WHO_HRH_HPN_10.3_jpn, 2019.3.31)（＝2014，三重大学訳「専門職連携教育及び連携医療のための行動の枠組み」。)

（藤林慶子）

コラム7　賀川豊彦から受け継ぐべきもの

（1）困難な時代にこそ

　社会福祉の 礎 <small>（いしずえ）</small>を築いた人物の一人である賀川豊彦<small>（かがわとよひこ）</small>は，その生涯を通してあまりに残酷な運命の下にあり，にもかかわらず社会の最下層で苦しむ人々に心を寄せ，力づけるものであり続けた。賀川の生きた時代とは大きく異なり，現代は世の中が豊かになったといえる。しかし，不安定な就労や居住，いじめやハラスメント，巧妙な犯罪，プライバシー侵害など，社会不安はむしろ増幅しているのかもしれない。今の時代を読み解き，これから進むべき方向を模索する時，先人に学ぶことは多い。今日，さまざまな社会福祉の制度やサービス，それを提供する人々，それらを動かすシステムは，当たり前のように存在する。しかしそれらは，他者の痛みに寄り添い，逆境に立ち向かい，社会変革を追い求めた先人たちの努力の積み重ねでできている。

　社会福祉の未来は，今を生きる私たちが拓かなければならない。賀川の思想や実践を羅針盤にして一緒に探ってみよう。

（2）愛されない子として

　賀川は1888年，兵庫県神戸市に生まれた。父は徳島の有力な事業家であったが，母は父の本妻ではなく 妾 <small>（めかけ）</small>だった。しかも幼少期に父母を亡くし，父の本妻に引き取られた。つまり，妾の子でありながら本妻に引き取られたのであり，家族の愛を受けずに少年時代を過ごしたのである。その後家が破産し，賀川は15歳で叔父に引き取られた。賀川は健康にも恵まれず，13歳の時に胸部疾患と診断され，19歳で喀血して危篤となる。その頃，賀川はキリスト教に出会い，信仰の道に入っていった。貧しい人々の力になるべく過酷な路傍伝道を続け，その結果肺結核を悪化させて倒れてしまう。そして21歳のクリスマス・イブ，賀川は「余命2，3年」と医師から告げられる。

　これほどまでの苦難を突きつけられれば，私たちは運命を恨む以外，何ができるだろう。しかし青年・賀川は，自分に残された時間がわずかしかないなら，最貧に喘ぐ人々に命を捧げようと決意し，神戸の貧民窟<small>（ひんみんくつ）</small>（スラム）に移り住んだのであった。

（3）信仰に導かれて

　賀川にとって最大の転機は，中学時代のアメリカ人宣教師たちとの出会いだった。彼らは，賀川が泣いていれば励まし，喀血した時は隣りに寝て，経済的にも支援した。賀川はようやく愛される存在となったのだ。

　16歳の時に洗礼を受け，教会の伝道を手伝った。またその傍らで，キリスト教社会主義者たちの書物を読み，実践への思い，つまり聖書に書かれた「隣人愛」を行動に移そ

写真　子どもたちと賀川豊彦

出所：公益財団法人賀川事業団雲柱社　賀川豊彦記念
松沢資料館提供。

うと意思を固めていく。結核という
"時限爆弾"を抱えながらも，貧民窟
での働きは実に13年半にもおよんだ。
その後も失明など病魔に苦しみつつも
心まで折られることはなく，72歳で生
涯を閉じるまで，賀川の思想や活動は，
計り知れない果実を後世に残すことと
なった。

（4）貧民窟で社会悪に対峙する

　貧民窟（スラム）は，あらゆる社会
悪の巣窟であった。そこで目にしたの
は，貧困の挙句に人間性を喪失した人々の凄惨な姿だった。賀川は病人，賭博者，淫売
婦，犯罪者などに寄り添い，奉仕した。その中で，頻発する「貰い児殺し」（生まれた
ばかりの赤ちゃんに養育費を付けて人に渡し，受け取った人がその子を栄養失調にして
殺してしまうこと）に打ちのめされる。賀川は，そのうちの一人，「おいし」を引き
取った。しかし，やがて「おいし」は高熱で泣きながら亡くなってしまう。何もできな
い自分に，賀川も泣いた。

　労働者が貧困に陥る社会構造を知り，貧困は本人の責任ではなく，社会（経済構造）
によって生み出される問題だと賀川は確信した。また，貧困の解決には，金や物の提供
だけでは不十分だと賀川は思った。それらは一時的な支援に過ぎず，消費すればなく
なってしまう。それより，精神が満たされるべきだと考えたのである。精神の向上は貧
困を脱する原動力になるし，反対に精神的な堕落や退廃はいつまでも貧困状態にとどめ
る原因となる。賀川はこう考えて，貧困者と一緒に過ごすことにした。

（5）貧しい人々の中に「生きる力」を見出す──セツルメント運動

　賀川は貧民窟を撤去したいと思っていたが，それは容易ではない。ならば，貧困者た
ちと一緒に過ごし，慰め，笑い合いたいと賀川は考えた。「貧民窟にも，同情されるこ
とを侮辱ととらえる自我がある」と，賀川は述べている。どん底に喘ぐ人々の中にも道
徳があり，愛があり，相互扶助があることを，見出していたのである。共に過ごし，
「仲間になる」ことは，相手への尊厳をもち，人格を認め，「人格と人格との接触」を図
ることにほかならない。

　このような考え方と行動の源流は，19世紀末にイギリスで始まり，世界各地に広がっ
た「セツルメント運動」に見ることができる。賀川もこれに刺激を受けていた。1923年
に関東大震災が起きると，賀川は翌日には神戸から船で横浜に渡った。東京・本所（墨
田区）にテントを張って救援活動を開始し，また本所基督教産業青年会を作った。賀川

は東京帝国大学（現・東京大学）の学生たちに働きかけ，継続的な救援活動を促した。これがいわゆる東京帝大セツルメントへと発展していくのである。

（6）組合活動を通じた相愛互助の精神

　賀川はまたアメリカに留学し，貧民窟の労働者による大規模なデモ行進を見て衝撃を受けた。雇用主に対して個々の労働者は弱い立場に置かれているが，団結して交渉すれば，より有利な条件を獲得できるという労働組合の原理を学んだ。賀川の発想は，貧困者に対する救済や慈善（救貧）から，組合活動（防貧）へと転換していった。

　賀川にとって組合運動は，「相愛互助」，つまり貧しい人たちが相互に支え合うという理想を実現する手段である。それは都市の労働者，貧困に苦しむ農民，貧民窟の住人などを広く解放するものであった。賀川は労働組合，農民組合，消費組合などの設立に関わり，また庶民が生活必需品を公正な価格で協同購入する仕組みとして神戸購買組合（現在は大規模な生活協同組合の「コープこうべ」になっている）を設立した。

（7）今に受け継がれる賀川の思想

　賀川の掲げた「相愛互助」は，一人ひとりの人間の幸せから世界平和までを一連のものとして実現させようと希求するものであった。神戸での賀川の救援・伝道活動はイエス団と命名され，今は社会福祉法人・学校法人となって多くの施設を運営している。また，賀川が設立した雲柱社（公益財団法人・社会福祉法人・学校法人）も今日，賀川思想を私たちに伝え，実践を行っている。コープこうべは，1995年の阪神・淡路大震災の時，救援活動でその組織力を発揮した。日本生活協同組合連合会は今も賀川を「生協の父」と呼び，東日本大震災でも多大な救援活動を行った。このように，賀川の足跡は近代的な姿に発展し，現代につながっている。

　今，私たちは，賀川のような先人が開拓した道（制度，組織，資格など）をたどっている。時代は変わっても，さまざまな苦難が人々を理不尽に襲う。人々の痛みに目を背けず，共に歩み，あらゆる人が「この世に生れてよかった」と心から思える社会へと変革を働きかけるソーシャルワーカーの使命を，忘れずにいよう。

　　参考文献：阿部志郎ほか（2009）『賀川豊彦を知っていますか――人と信仰と思想』
　　　　　　　教文館。
　　　　　　　A. ブリッグス・A. マカトニー／阿部志郎監訳（1987）『トインビー・
　　　　　　　ホールの100年』全国社会福祉協議会。
　　　　　　隅谷三喜男（1995）『賀川豊彦』岩波書店。

（加山　弾）

あ と が き

　本書は，ソーシャルワークをまさに学びはじめた，あるいは学び直そうとする人たちに，「ソーシャルワークとは何か，何をなすためのものか」を問い，共に答えを探すことをねらいとして編んだものである。

　今日の日本において，直接にせよ間接にせよ「ソーシャルワーク実践」に携わる人々は数知れない。社会福祉士の資格をもつ人，資格取得を目指す人も増えた。しかし皮肉なことに，専門職として，または専門技術として「ソーシャル（社会的）」であることの意味を真に理解している人，あるいは自らに問うている人は減ってきているようにも思われる。日々，さまざまな人々や地域社会の困難に対峙するソーシャルワーカーたちが冒頭の「問い」と向き合うことで自らの「立ち位置」を確たるものにしてほしい，学生たちにはそのような道を志してもらいたいという，およそ大それた思いを胸に，私たち執筆陣が本書を企画するに至った。

　当初の構想段階から刊行までにはかなりの年月を費やしてしまったのだが，この間には「ソーシャルワークのグローバル定義」が採択され，世界中で「ソーシャルワークとは何か」が（各国の状況に即して）再確認された。私たちと同様の問題意識をもつ人々の議論も深められた。遅まきながら，本書もそうした論壇に連なるものとなることを志している。

　ソーシャルワークが世の中の人々の福利（ウェルビーイング）の実現のための，言い換えれば幸福を追求するための支援であることを，本書を通じて述べてきたのであるが，逆に言えばそれだけ人間の不幸せや生きづらさ，不安が社会に蔓延しているということになる。貧困，障害，孤独，被抑圧（いじめや暴力を受けること，偏見・排除など不平等な待遇を受けること）などは今日的な問題群を読み解くキーワードだが，それを「自己責任」として片づけてしまう（本人の属性・能力，怠慢などに原因を求める）のが，今の世の中の風潮だろう。しかし，ソーシャルワーカーはそれとは異なる立場を取る。誰かが不幸せ，生きづらさ，

不安を抱えて暮らさなければならないのだとすると，それを強いる構造的な要因が社会の側にあるのではないかと考え，批判的なまなざしを向ける。

　だが，ソーシャルワークを生業とする専門職が，あろうことかこのことに無頓着でいるという矛盾を，時々，目の当たりにするのも事実である。なぜなら，彼ら彼女らの多くが行政や公益法人に雇用される以上，体制側の論理で仕事をすることが，一定程度求められるのも仕方のないことだからである。しかし，さまざまな不条理を目の当たりにした時，それが仮に自らの所属する機関や団体の「対象者」や「利用者」のものでないとしても，「何か手立てを講じるべきではないだろうか」とジレンマをもつソーシャルワーカーも多いだろう。たとえ現存するどの制度の対象でもなかったとしても，人びとの不幸せ，生きづらさ，不安がある以上，本人や周りの環境をくまなく見渡し，支援のための道筋をつけようとするのがソーシャルワーカーの価値規範であり行動原理だからである。

　障害者や外国人，性的少数者，難病患者などの社会の少数者（マイノリティ）を周囲の多数者（マジョリティ）が排除する現象を，「周縁化」や「逸脱」と呼ぶことがある。周縁化や逸脱は，少数者を社会やコミュニティの中で「対等な存在」として認めず，（本人がそれを望むわけでもないのに）社会の隅に追いやることを意味する概念である。結果として，少数者は学校や職場でいじめや嫌がらせを受けたり，就職や結婚などの機会を奪われたりするなど，受け容れ難いほどの不利益を被ることが常である。ソーシャルワーカーは，なぜそれが起きるのか，どうすればそれをなくせるのかを問い続けなければならない。

　社会規範，つまり世の中の仕組みやルールは，ほとんどが多数者にとっての「都合の良さ」で設計されている。しかし，すべての人に当てはまる完全な仕組みやルールなど存在しないのであって，障害や境遇のゆえに規範が適合しない人は，そこからはじき出されてしまうことになる（これが周縁化や逸脱である）。このような 力 の 構 造（パワー・ストラクチャー）を理解すれば，何をもって社会正義（あるいは不正義）とみなし，どのような社会変革，つまり社会を変えるソーシャルワークが必要なのかは，誰の目にも明らかだろう。多様な分野・所属の人々とともに働き，

社会のデザインに影響することが求められることが「ソーシャルワークのグローバル定義」でも明記されている。つまり，社会変革が求められる唯一の専門職がソーシャルワーカーであり，専門職のみならず，ソーシャルワーク実践のすべての関係者，協力者にも共通理解として大事にしてほしいことである。

　ところで，「バリアフリー」という言葉は，そこに社会的な「バリア（障壁）」があるという気づきや問題意識からスタートする。多くの人々の便利さのために設計されたものであっても，ある人にとっては，自由な行動を阻む物理的な壁になることがある。ちょっとした気遣いの不足，あるいは心ない態度が，誰かの生きる道を塞ぐ心理的な壁になることがある。世の中をよくするために作られた制度，発信された情報が使えない，届かない人がいる。私たちは，社会のそこかしこにあるそのようなバリアに敏感でありたい。

　私たちの身近にあるさまざまなサービス，駅や建物のエレベータやトイレ，誰かを幸せにするボランティア……，こういったものの多くは，バリアを克服したいと思う「誰かのソーシャルワーク」の成果物だといえる。コラムで紹介したようなソーシャルワークの先人たちは，まさにその嚆矢として道なき道を切り拓いてきたのであり，私たちはその先を歩いている。

　最後になったが，企画・編集を担当していただいたミネルヴァ書房の音田潔氏には，幾度となく京都と東京を往復していただき，辛抱強く私たちを鼓舞していただいた。ここに謹んで感謝を申し上げたい。

　本書が，このような価値，視点を共にもつ人々の行動の一助になれば，私たち執筆陣にとって望外の喜びである。

　2020年2月

加山　弾

索　引

著者紹介 (所属，執筆分担)

金子　光一（かねこ　こういち）（東洋大学社会学部教授：第 1 章）

志村　健一（しむら　けんいち）（東洋大学社会学部教授：第 2 章）

髙山　直樹（たかやま　なおき）（東洋大学社会学部教授：第 3 章，コラム 1・2・5）

佐藤　亜樹（さとう　あき）（東洋大学社会学部准教授：第 4 章，コラム 4）

加山　弾（かやま　だん）（東洋大学社会学部教授：第 5 章，コラム 7）

荻野　剛史（おぎの　たかひと）（東洋大学社会学部准教授：第 6 章，コラム 6）

藤林　慶子（ふじはやし　けいこ）（東洋大学社会学部教授：第 7 章，コラム 3）

編者紹介

東洋大学福祉社会開発研究センター

東洋大学福祉社会開発研究センターは，文部科学省「私立大学戦略的研究基盤形成支援事業」（2013〜2017年度）の採択を受け，高齢・障害・子どもの社会的孤立に対応する見守り・自立支援の方法を検討すると共に，自治体や社会福祉法人等と連携し多様な支援システムを開発するための研究を行ってきた。2018年度には，内閣府「科学技術イノベーション総合戦略2017民間機関等における研究開発プロジェクト」に認定され，2019年度は「東洋大学重点研究推進プログラム」に採択された。現在，「つながりがある社会を支える価値と支援システムに関する研究」というテーマで，文理融合体制のもと，価値の創造と科学技術を用いた新たな支援システムの開発に取り組んでいる。

新・MINERVA 福祉ライブラリー㉟

社会を変えるソーシャルワーク
——制度の枠組みを越え社会正義を実現するために——

2020年4月30日　初版第1刷発行　　　　〈検印省略〉

定価はカバーに
表示しています

編　著　者	東洋大学福祉社会 開発研究センター
発 行 者	杉　田　啓　三
印 刷 者	坂　本　喜　杏

発行所　株式会社　ミネルヴァ書房
607-8494　京都市山科区日ノ岡堤谷町1
電話代表　(075)581-5191
振替口座　01020-0-8076

© 高山直樹ほか, 2020　　冨山房インターナショナル・清水製本

ISBN 978-4-623-08753-2

Printed in Japan

福祉専門職のための
統合的・多面的アセスメント

渡部律子 著

A 5 判／272頁／本体2,800円

保健・医療・福祉専門職のための
スーパービジョン

福山和女・渡部律子・小原眞知子・
浅野正嗣・佐原まち子 編著

A 5 判／392頁／本体4,000円

福祉職員研修ハンドブック

津田耕一 著

A 5 判／198頁／本体2,000円

自分たちで行うケアマネージャーのための
事例研究の方法

「かかわり続ける」ケアマネージャーの会・空閑浩人 編

四六判／228頁／本体2,400円

住民と創る地域包括ケアシステム

永田 祐 著

A 5 判／228頁／本体2,500円

子どものニーズをみつめる
児童養護施設のあゆみ

大江ひろみ・山辺朗子・石塚かおる 編著

A 5 判／304頁／本体3,000円

ミネルヴァ書房

http://www.minervashobo.co.jp/